江戸山王祭礼絵巻

—練物・傘鉾・山車・屋台—

福原敏男

岩田書院

目次

凡例

・本書の構成は以下の通りである。
「カラー図版」は絵巻物三種、屏風一種、絵本番付表紙一種より構成される。

「モノクロ図版」は木版墨摺一枚番付二十三種（二枚続、同年や欠損もある）、同じ文政七年の絵本番付一種（上記表紙以外は木版墨摺、版本）と木版墨摺一枚番付一種より構成される。

「翻刻史料」は墨書記録三種と木版墨摺一枚番付一種より構成される。

寛政四年「山王御祭礼出候町々小間割」は江戸町触を筆者が表にしたものである。
・本書掲載絵巻図版の下部の多くに場面解説を付した。絵画をじっくり鑑賞されたい読者には目障りかもしれないが、本書は美術書ではなく、祭礼史研究を目的としているためご寛恕いただきたい。
・本書中に引用する文献は巻末の「参考文献」に五十音順に掲載し、本文中には（著者・編者名字　刊行年）のみを記した。

史料翻刻にあたっては、次の要領に従っている。
・基本的には原本の形式を尊重したが、読解の便宜をはかるため、原文にはない読点・並列点を適宜補った。
・丁数や丁の表・裏の記載は、本書内容理解にそれほど関わらないため付していない。
・漢字は原則として常用漢字の新字体を用い、異体字・略字等は置き換えを行った。
・変体仮名は、現行の平仮名・片仮名に改めたが、ゐ・ゑ等そのままとした字もある。
・合字「〻」は原文通りとしたが、平仮名・片仮名に改めた合字もある。
・現行の文法上格助詞「へ」にあたる「江」は原文通りとした。
・慣用句に用いられる畳音記号（例えば「〵」等）は原文通りとした。
・脱字の場合は右傍に（・・脱ヵ）を付した。
・明らかな誤字は訂正した。
・筆者の解読能力や虫食等により判読できない場合は、字数分を□□□で示し、字数が不明な場合は［　　］で示した。
・仮名表記では紛らわしい語句には、右傍に括弧で漢字表記を付した。
・文化五年「山王御祭礼一件帳」（国立歴史民俗博物館蔵）のみ、現状の閲覧機会や写真公開を鑑み、改丁記号（」）を付した。本書翻刻（公的機関蔵）の史料は、上記以外は一般の方が事前申請せずに閲覧可能である。
・筆者の加えた注記にはすべて（　）をもって記した。

江戸山王祭礼絵巻
—練物・傘鉾・山車・屋台— 掲載史料の解題と内容検討

一 はじめに —練物・傘鉾・山車・屋台—

本書の目的は、十八世紀後半、文化九年（一八一二）、文政七年（一八二四）に描かれた三種の江戸山王祭礼絵巻（現在の永田町日枝神社神幸祭）を検討することにある（以下、右と同時期の数十年間に関しては「本書の時代」と表記）。但し、冒頭の絵巻は制作年代と景観年代が異なる可能性もある。

後述するように、三種の祭礼絵巻は基本的に祭礼参加町（その中の家や店）よりの注文制作と考えられ、実際の祭礼の一部が描かれているに過ぎない。また、発注者の要請や絵師自身による誇張や取捨選択もあり、行列順序や参加人数の正確性も担保できない。それらを差し引いても絵画史料の果たす役割は極めて大きい。

史料写真と翻刻の掲載に際し、先ず、本書掲載諸史料の解題を記し、史料内容を検討しておきたい。

江戸時代の山王祭・神田祭について検討する時、圧倒的な迫力をもって屹立するのが『東京市史外篇　第四　天下祭』（東京市役所　一九三九、非売品）である。全二五八頁の最後に、遠慮がちに文字の大きさを小さくして「昭和九年（一九三四）八月、市史編纂嘱託安藤直方稿」と一人のみの文責が記される。古文書、古記録、文学資料さらに随筆の類まで、その渉猟・博捜ぶりは、文献史料を主に用いる後続研究者にとって再考の余地はない、と思わされる程周到である。昭和一桁代の執筆・編纂は全てが手作業であったろうし、「編纂嘱託」の一歴史家による、八十数年間も全く色褪せない仕事の凄みを感じさせる。ただ、戦前という時代においては致し方のないことではあるが、同書は巻頭の錦絵掲載（内容の解読はなされていない）以外、絵画史料への言及がない。

本書は同氏による緻密な研究を補う作業の一つとして、専業絵師の手になる三種の山王祭礼絵巻を分析する。同一祭礼を描いた異なる時期の三絵巻の解読を通して、数十年間の祭礼の変遷も見えてこよう。最終的には、山王権現氏子町（「産子」表記も多いが史料引用以外は氏子と表記）による練物・傘鉾・山車・屋台等の実態を解明することをめざす。そのため本書では、山王祭の幕府公式年中行事としての側面、幕府との政治・経済的関わり、神主・別当による祭式・法会等の儀礼及び神輿渡御等については、必要最小限度の記述に留める。山王祭には徳川幕府による支配イデオロギーの精神・宗教的貫徹という側面が濃厚に漂うが、本書では日常生活では支配されながらも、晴の日に祭礼文化により対抗しようとする江戸町人という視点より、その実態を垣間見たい。

安藤氏の業績以外にも、江戸時代の山王祭町方出し物の先行研究が相当量蓄積されているが、本書では研究史整理に割く余裕はない。岸川雅範氏が近著において、神田祭の事例も併せて要領よくまとめており、加えて拙著・拙論が引用する参考文献を御参照いただきたい（岸川　二〇一七、巻末「参考文献」福原、本書では一部の引用に留めている）。それによると、江戸期の斎藤月岑より始まり、戦前の木村信嗣・三田村鳶魚・岡本綺堂・藤沢衛彦、戦後の牧田勲・山口桂三郎・久留島浩・村田桂一・鈴木理生・黒田日出男・ロナルド＝トビ・竹内道敬・作美陽一・高牧實・伊藤裕久・竹ノ内雅人・皆川義孝・山瀬一男・小藤田正夫・田中敦子・豊田和平・西形節子・入江宣子・亀川泰照・是澤博昭・滝口正哉・八反裕太郎・藤岡摩里子諸氏、機関や研究会としては神田神社・日枝神社・千代田区教育委員会・千代田区立四番町歴史民俗資料館・都市と祭礼研究会等に至る研究がある。

さて、一口に絵画史料を読み解くと言っても簡単ではなく、呉座勇一氏は殊更慎重さが求められることを、以下のように指摘する。「絵画史料は文献史料以上に、恣意的な解釈に陥りがちである。歴史学者が見たいものを絵画史料の中に〝発見〟し、こじつけめいた議論を展開することになりかねない」（朝日新聞be　二〇一八年一月六日）と警鐘を鳴らしている。確かに、絵画史料には文献史料の行間を埋めて余りある情報が横溢しているが、その読み解きに際しては制作の背景を含めて、如何に実証性を担保できるか、が最重要の課題となろう。

先ず、町方出し物に関して以下を参照して略述する（東京市役所　一九三九、日枝神社　一九七九、黒田・ロナルド　一九九四、豊田　一九九九、植木　二〇〇一、木下・福原　二〇〇九、福原　二〇一五、植木・福原　二〇一六、福原　二〇一七a・b・c、岸川　二〇一七、植木　二〇一七）。

本書の時代の練物（史料上は邌物とも表記）とは、中世後期において京都や奈良等の都市で展開した風流囃子物の近世都市版とも言える。風流囃子物とは、祭礼・小正月・盆等に後述する手持ちの傘鉾等とともに、囃子や踊り、仮装行列等が練る都市住民による集団的歌舞であり、祭礼巡行路、寺社境内や屋敷庭等を練りながら、あるいは止まっては演じた。それらは、京都祇園祭をはじめ諸国の山・鉾や山車・屋台等の成立の母胎・温床になったとも言われている。そもそも「練り」とは、近世遊郭の花魁道中のように、歩き方のパフォーマンス自体が特徴でもあり、多人数の行列による揃いの美しさも見られる（福原　二〇一一b）。西日本では「通物」の名称も多く、近世以前の祭礼行列全体の名称としては全国的に「渡物」の記載も多い（祭礼以外の行列にも「渡物」が多用される）。

山王祭の練物に関しては町触に見えはじめ、慶安二年（一六四九）六月十四日の『江戸町触集成』三四号（以下、近世史料研究会編集の史料集を使用、一九九四a）には「町々之ねり物」「ねり物之行列」とある。また、『徳川実紀』では貞享四年（一六八七）以降、神輿渡御も含めた祭礼行列全体を練物等と表現している。なお、本書では『徳川実紀』・『続徳川実紀』（黒板勝美・国史大系編修会　一九六四～六六・同　一九六六～六七）を多く引用するため、各引用に際しては参考文献情報を省略している。

さらに、斎藤月岑編『定本　武江年表』（斎藤・今井　二〇〇三a・b）によると、江戸祭礼において出し（後述する山車）や練物等の記述が頻出する。この練物とは行列全体ではなく、出し以外の歌舞や仮装の行列、曳物（車付台上の造り物）等の附祭・御雇祭の類に限定されている。

本書の時代よりも後世（特に天保改革以降）の江戸祭礼の練物は、地走踊（傘を差し掛けられつつ、行列中また停止して踊る）、踊屋台・踊台（移動舞台）とともに、この三種に規制された附祭や御雇祭の「一つの出し物」の名称としてさらに限定されて使用された。一方、本書の時代の練物は祭礼行列全体ではなく、『武江年表』のように広く捉えられよう。

傘鉾（史料上は笠鉾とも表記）とは、山王祭麹町の出し物として著名だが、遡源的には祭りに際して去来する神が依り付く依代としての矛・鉾より誕生した。銅鉾等の儀仗は先端が光る威儀具であり、その金属類の形状が木材等に模造されて祭りに転用されるようになり、頂が依代として信仰されるようになった。また一方、傘の下には神霊が籠もり、神霊を集め、傘下の人を守護するという傘への信仰が基層にあり、鉾と傘の信仰が習合して傘鉾（風流傘）が成立した。その造形は長柄（一本柱）上の大傘下に幕を廻らせ（円筒形）、傘上に人形等の造り物を飾り立て、幕下に装飾を吊す事例が多い。傘鉾の始源の機能は傘と頂の造り物に疫神等のモノを憑依させて囃して鎮送することであった。本来は手持ち運行であったが、大型化すると台や枠上に立てて舁《か》いたり、台車に立てて曳くようになる。前述の風流囃子物や近世の都市祭礼の成立と展開のなかで、造形的に山・鉾・屋台や山車の類へと発展した傘鉾もあった（傘鉾のままの伝承も数多い）。傘鉾や箱形の灯籠・行灯（夜間は灯りを灯す）を長柄に付ける万度（万灯）等は、風流化して外から中心が見えなくなっても、一本柱が上下を貫通する内部構造は継承され、柱自体を依代とする信仰が基層にある。江戸祭礼の場合、江戸城門を通過するために、一本柱を後部へ倒せる（傾斜可能）構造であった。

前近代の「出し」とは祭礼に関係なく、或る造形物本体の頂より上に「出し」た部分の意であり、本来、その部分名称であった。祭りの出しは神霊や疫病が依り付く本体（鉾や柱）の標であり、同時に神霊自体の表示ともなる。先行研究では拙著を含め、江戸祭礼の「出し」は頂に飾られた人形等の造り物の名称であり、全体名称である「山車」が登場したのは近代初期以降とされてきた。しかしながら、江戸中期にはすでに、「出し」（「出し印」等もある）は同造形の下台車（車輪）より上部（一本柱やその装飾を含める）を指す名称となっていた。もちろん、メディアも未発達な当時、全体名称は統一されてはおらず、一部では西日本と同様、「車楽」「楽車」等の文字を宛て（『江戸名所図会』・『定本 武江年表』・『言海』・『温古年中行事第三集』、福原 二〇一八）、「だんじり」と読んだ可能性もある。

嘉永四年（一八五一）『神田明神祭礼御用留』（都市と祭礼研究会 二〇〇七：五五～五九）によれば、「出し」を「牛車壱輛」にて牽かせる、とある。『守貞謾稿』には「車は芝の牛町より雇ふ」（喜田川・宇佐美 二〇〇一）とあり、同町の運送業者は牛のみでなく、車輪のレンタルも併せて行っており、それが荷車のような台車をも含めたものかは不明である。江戸祭礼の初期には一般荷車の転用であった可能性は高い（本書28頁）ものの、盛んとなった江戸中期以降、牛町の業者は祭礼用の車輪や轅を牛と共にレンタルし、『守貞謾稿』によると六月十四・五日山王祭二日間、牛二頭で金一両を取っている。山王祭における山車は四十五番組より構成され、特に三番組の麹町が多数出したので例年六十本程、『守貞謾稿』は五十七「輛」と車輛としての数詞であり、毎回、六十両程のレンタル料が牛町に入ったのである。江戸は高低差が大きく安全面からも、車輪の整備はプロが行ったのである。また、文化十一年（一八一四）山王祭七番組が出した弁天山車一式は人形屋清七が請け負い、同組は彼に金七両三分、銀十八匁を支払い、清七が牛方の手配も行っている（福原 二〇一七d）。

このように、氏子町が人形師や山車屋等に依頼して造作したのは台車より上の部分である。

本書では慣例にならって江戸期の造形全体名称を山車と表記するが、江戸祭礼の山車の場合、山王祭・神田祭のみでなく、多くの祭礼には山車番組（単独や複数町で構成）が編成されており、ほぼ定番の趣向の山車を出したが、長期的には人形等の造り物を変えることもあった。

本書の時代における二輪車曳きの傘鉾と山車の区別は難しく、先述した一本柱の大型傘鉾は山車に分類できる。現代人の山車イメージは、安政年間（一八五四～六〇）頃に登場した二層櫓の上に勾欄を設け、四周に幕を廻らせ、露天の頂に人形を飾り、前方に囃子座を設ける構造である（従来、江戸型山車と表記、内部に上昇下降機構が備わる）。一方、本書の時代の山車はその前段階であり、一本柱の大型傘鉾・万度（万灯）・吹貫（柱への付口が輪状）、吹流（同半月状）・額・流水飾り等を二輪台車に立て、頂に人形や造り物を飾る構造であり、薄に月の武蔵野山車もこれに相当する。但し、明治期に入っても、一本柱型は残存する（福原 二〇一七b）。つまり、江戸時代を通して、一本柱の傘鉾型や万度型等の山車がほとんどを占め、先述した二層櫓露天人形型が登場したのは幕末であり、岩組型（台車の上に張子の岩を作り、その上に人形等の造り物を飾る）も少数派であった。さらに、一本柱傘鉾の場合、傘下に箱形灯籠・行灯や額が付く等、複数タイプが融合する造形も数多いのである。

十八世紀初期においては、複数人による舁き運行の簡素な傘鉾や万度の山車も認められるものの（福原 二〇一五）、本書の時代以降の山車とは一本柱構造に加え、二輪車牛曳きが基本であり、江戸期を通じて、山車の数詞を一本柱を表す「本」とする史料が多い。

次に本書の時代の屋台とは、山車のように人形を飾る人形屋台と、芸屋台・囃子屋台と称される移動舞台が基本である。後者は四本柱に床張りの吹き抜け構造、御簾等で仕切られた後部や床下を囃子座とする事例が多い。二～四輪の屋根付き仮設建物（屋形）が多く、なかには船型もある。底抜け屋台や日覆と呼ばれる屋台は、床がない吹き抜け構造で、朝顔型とも称される障子屋根（市松模様が多い）の軽量、簡素な造形が多く、囃子方が中を歩きながら囃し、前後を数人が担いで運行する。前者の屋台内の囃子方（の顔）は外から見えず、個人が特定できない匿名性を有するのに対し、底抜け屋台の囃子方は覆面以外、個人を識別できる。そこには囃子専業者や外部からの雇い囃子という問題（卑賤視も含む）等が潜んでいるのであろうか。江戸の地形は高低差が大きく、氏子域が広大な山王祭は長時間巡行になるので、底抜け以外の屋台や山車は基本的に牛曳きであった。

さらに、附祭や御雇祭には曳山（引山）・曳物（引物）等と称される張子（張りぼて）の飾り山が登場したが、基本的には四輪台車に人形等の造り物を飾った。これらは軽量で一回で処分され、人が押したり、綱で曳いた。

山王祭の祭礼行列では、附祭・御雇祭における一回性の風流的な出し物として、以上のような練物や曳山等が、定番の山車の間に挟まれて進み、山王権現の三基の宮神輿はその最後尾を渡御した。

山王祭の祭日は六月十五日と定められたが、太陰太陽暦の満月、望の日に祭りや年中行事が集中するのは、夜間の月光下という自然条件に加え、盆や小正月と同様の信仰的要素があった。また、山王祭には同季節の京都祇園祭のように、傘鉾・山車・屋台・曳山等を氏子町中引き廻し、不可視の疫神等のモノを憑依させ、海に近い旅所へ鎮送するという都市の夏祭りとしての意味もあり、巡行終了後、造り物等は疫神とともに、すみやかに破却したものと思われる（山車人形や山車や屋台の部材等は残す）。

山王祭は幕府権力を象徴する祭礼として、幕府が政治・経済的にも積極的に関与して執行され、経済規模や人的動員数からして、神田祭と共に巨大城下町最大の御用祭であった。この両祭礼は上方文化の影響により江戸文化が確立した十七世紀後半以降幕末まで（山車や附祭がほぼ消滅したのは十九世紀後半）の間、日本一の規模と動員を誇ったと言っても過言ではなかろう（京都祇園祭や大坂天神祭をも凌駕していたのである）。

ここで、本書の時代の山王権現と山王祭について、主に以下を参照し概説する（東京市日本橋区　一九三七、東京市役所　一九三九、千代田区役所　一九六〇、千代田区教育委員会　一九七〇、日枝神社　一九七九、作美　一九九六、千代田区　一九九八、千代田区教育委員会・千代田区立四番町歴史民俗資料館　一九九九、福原　二〇一五、岸川　二〇一七）。

同社の鎮座地は江戸前期に変遷しており、江戸城の拡張に伴って半蔵御門外の堀端に移され、明暦三年（一六五七）の大火により焼失すると、幕府はただちに赤坂溜池際（上）に建造を始め、万治二年（一六五九）遷座式を行った。鎮座地は現在と同様、江戸城の南西、外堀に接した内側、溜池と赤坂御門の中程の小丘（星岡）上であり、現千代田区永田町二丁目、皇居の南西方、外堀通りを挟んで港区と接する高台にある。三代将軍徳川家光は城内に誕生したことから、特に山王権現を崇め、将軍家の産土神として、家康の寄進社領百石に、寛永二十年（一六四三）、五百石を加増して六百石を安堵した（日枝神社蔵「徳川家光朱印状」）。

寛永十一年（一六三四）より山王祭は大祭化し、『撰要集』起立之部二ノ下「山王御祭礼起立」（国立国会図書館蔵）によると、幕府より祭礼を「厚執行」し「江戸大祭」に行われるべき旨が命じられた。また、『定本　武江年表』上（斎藤・今井　二〇〇三a）には同年に「当年より山王御祭礼備り、大祭礼と成る」とある。翌十二年、『徳川実紀』によると、家光が江戸城の櫓上より見物しており、主に『徳川実紀』・『続徳川実紀』によると、将軍による上覧が盛夏にもかかわらず、幕末まで七十一回にも及んでいる。しかしながら、祭礼があまり豪奢に走ることは幕府の望むところではなく、右の『定本　武江年表』上によると延宝九年（一六八一）山王祭以降、山王祭と神田祭が隔年催行となり、『徳川実紀』によると、五代将軍綱吉は同年、吹上多門櫓の上から上覧している。天保九年（一八三八）『東都歳事記』二（斎藤・朝倉　一九七〇）によると、山王祭は丑・卯・巳・未・亥年に行われることとなった、とある。しかし、これはあくまで原則であり、将軍死去や災害のためたびたび翌年への延期がなされ、必ずしも原則は江戸時代を通じて当てはまらない（千代田区　一九九八）。

山王権現氏子町の四至（氏子域）も定められ、『東都歳事記』二によると、北は神田、南は芝、西は麹町、東は霊巌島・小網町・堺町を限るとする。大まかにいうと、日本橋川の南から半円形に江戸城を廻って西の麹町に至るまでの百六十二ヶ町であり、これら氏子町とは山王祭附祭の経費負担町である（江戸町触九八四六号、近世史料研究会　一九九八）。但し、『東都歳事記』では氏子町は「百六十丁余」

とある。因みに、日本橋川から北側が神田明神の氏子域であった。

山王祭巡行路に関しては、先行研究（東京市役所　一九三九等）の蓄積があり、拙前著に「江戸期の天下祭行列巡行路」（福原　二〇一五：七九、滝口正哉氏作成図）を図示している。ここでは河内全節による明治二十二年（一八八九）以後成立の『麹街略誌稿』（千代田区教育委員会・千代田区立四番町歴史民俗資料館　二〇〇一）等による。六月十五日暁に山車や附祭が山下御門を通り、日比谷御門の堀に沿って、桜田御門の前より黒田家邸の南、番付坂を登って山王社前より右へ進む。永田町梨の木坂を下り、御堀端を通る。長蛇の行列の位置によって異なるものの、半蔵御門外で昼食となり、同門より内郭へ入る。吹上上覧所、竹橋御門を出て、大手前より酒井家・小笠原家の邸に沿って、常盤橋御門を出て、山車・附祭は退散する（流れ解散で自町へ帰る）。神輿はそれ以降、氏子町々を巡行して茅場町御旅所へ渡御し、奉幣や神饌を献じ、山下御門を通って山王権現へ還御する。城内巡行路に関しては江戸前期に変遷があったが、本書の時代では上記であるが、城内巡行路については『正宝事録』（三二〇二・三二〇五号）が詳細である（近世史料研究会　一九六六：四二九・四三二）。

ここで本書の時代に先立つ十七世紀中・後半の町方出し物のいくつかを概観しておきたい。

先ず、絵画史料に関しては、十七世紀中・後半の山王祭（のみ）の全貌を描き出した紙本着色六曲一双『江戸天下祭図屛風』に注目する（京都市個人蔵、岩崎・榊原・辻　一九九八、千代田区教育委員会・千代田区立四番町歴史民俗資料館　一九九九、黒田　二〇一〇、八反　二〇一八）。ここに描かれた祭礼風流の研究は最重要課題であるものの、未だ場面同定はなされておらず、今後に期したい。絵巻としては、拙著（福原　二〇一五）に紹介した『江戸山王祭礼之図』三巻（日枝神社蔵）が一七〇〇年代初頭の作である。また、『徳川実紀』承応元年（一六五二）十月二十三日条によると、四代家綱が弟の長松君（後の綱重）に対し、幕府絵師狩野が描く「山王祭の畫巻」を賜っているが、絵巻自体は確認されていない。

文献史料としては、延宝五年（一六七七）『江戸雀』初巻によると、引山や花屋体に錦や金襴を張廻し、小歌や三味線・笛・鼓・太鼓・鉦を打ち鳴らす。笠鉾や母衣負人、思い思いの出で立ち、その粧いは花やかで羅綾の袂、錦繍の裔をひるがえす、とある（日本随筆大成編輯部　一九七四）。

天和三年（一六八三）頃の戸田茂睡『紫の一本』（鈴木・小高　二〇〇〇：二二九、福原　二〇一五）には次のように記されている。露払いは山王町、大伝馬丁より諫鼓鳥、麹丁十一ヶ町は笠鉾上の出し飾りとして、金の烏帽子を着け、御幣を持った猿や突（撞）舞いの猿の作り物を毎回出し、その他は年により替わる。弓丁より大弓、鍛冶丁より大太刀、以上は必ず渡る。また、屋台の車を牛に引かせ、銀の千貫箱を車に積んで、鼠の面被りに引かせる。塩汲みの躰を学ぶ趣向は塩桶を金銀にて模し、立つ波を絵に描き、寄せては返す荒磯を表し、囃子方が岩根の波の音を添えて、まるで高師の浜の風が荒れ、塩汲みの袖も濡れる情景である。花籠の造花は咲き初めの梅・桜・岩根の躑躅・深見草・一村薄・萩・刈萱・藤・白菊等をまるで本物の花かと疑うまでに精巧に作った。大母衣・小母衣に吹流・大名・唐人・山伏の仮装も出た。

山王権現の神使が猿（申）と信仰されているところから、祭礼に際して南伝馬町や麹町の町々からは、烏帽子を被り御幣を手にした猿の山車人形を出し、高い柱を昇り降りするからくりの蜘蛛（雲）舞（『紫の一本』では突・撞舞）を演じる猿の傘鉾造り物を出す年もあった。

貞享四年（一六八七）藤田利兵衛編『江戸鹿子』第二巻「山王神事作物次第」（朝倉　一九七〇）に関しては、拙著（福原　二〇一五）及び後掲の「江戸山王祭絵巻」（神田神社蔵）解説で言及している。

これら十七世紀後半の文献には、すでに同期には練物等が展開していたことがわかる。

ここで、町方出し物を規制する江戸町触について見ておこう。山王祭町方出し物に関する初期町触として、慶安二年（一六四九）六月十四日の三四号（近世史料研究会　一九九四ａ、以下は同　一九九四ｂに載る）が挙げられる。天和三年（一六八三）五月の二〇九〇・二〇九一号、同年六月十四日の二一一〇号、貞享四年（一六八七）五月の二五七八号等も山王祭関係町触である。なかでも行列に関する天和三年二〇九一号によると、参加町人の刀指しの禁止、衣装は絹・紬・麻布・木綿の衣料に限定するが、これは笠鉾・吹貫・小旛・作り物や人形の衣料でも同様であり、さらに衣装や道具の金銀箔押しも禁止とされている。

また、以下の同九七二五号（近世史料研究会　一九九八）は、寛政改革の一環として寛政三年（一七九一）四月十五日「惣町名主共」宛に出された町触である。

一山王神田其外共祭礼之義、是迄差定候番組之外練物万度等一切令停止、附祭は惣祭町ニ而大神楽一組、外ニ二組、都合数三ツと定候間、其旨相心得、警固之者共も花美之衣類決而不相成候間、家主共衣類も小紋ニ而も紋付ニ而も勝手次第いたし、麻上下着用警固可致事

但、附祭入用之義、譬は山王祭礼百町ニ候ハヽ、右町々小間延長ニして何間、一ト小間何匁懸りと割付可差出候、尤世話番相立、町々順々ニ可相勤候、且神輿旅所并馳走所供町等は別段入用も懸り候由ニ付、附祭入用相除候共、又は右躰之入用迄打込候残（不脱カ）祭町惣割ニ致候共、其町々申談、其上名主共世話いたし、勝手宜方ニ相極、不同無之様割合可申候、神田祭礼其外共右ニ準可取計事

寛政改革により附祭の練物や万度等は一切禁止されたとあるが、『定本　武江年表』中（斎藤・今井　二〇〇三b：八二）によると、その十年程前の安永年間（一七七二～八一）の記事として「山王・神田祭礼の時、花万度をかつぎ出る事を止られしかば、地車を添えて曳万度と号す」とある。曳万度という方便であるが、この町触により、運行方法を問わず、万度自体が禁じられた。また、町費（町入用）節減のため、附祭担当町において各戸に割り当てる附祭費用徴収の単位、屋敷面積の小間数（一小間は町の表間口の間数で割った一間当り）と額（一小間銀何匁）を各町に書き出させている。附祭世話番を定めて順番に勤め、神輿旅所の茅場町や馳走所供町は附祭入用を免除し、それ以外の附祭費用負担は惣小間割にせよ、と申し渡している。

このように町入用の削減令が出され、江戸の町々に、減額した町入用の見積額の書き上げの提出が命じられた。同年六月の松川町（現中央区京橋二丁目に相当、山王祭氏子町百六十二ヶ町には入っていないので附祭以外の費用か）町入用見積額が『東京市史稿』市街篇三一（東京都　一九三八）に掲載されている。「定式入用」として金五十二両二分、銀四・一八七匁、「臨時入用」として金十両二分、銀四・九八六匁であった。「山王祭礼入用」が「臨時入用」として金一両一分、銀十一・四匁が書き上げられ、年間「臨時入用」の約一割を占めていた。それ以前の正徳元年（一七一一）の同町独自経費として計上した町入用にも「山王御祭礼入目」があった。寛政四年（一七九二）の町触九八四六号（近世史料研究会　一九九八）によると、百六十二ヶ町が附祭経費負担町であり、その氏子町の負担の前提となる惣小間延長は約一万五三四〇間であり、山王祭附祭三種の費用として金七十六両二分十二匁（小間に割ると三分掛け）を負担したのである（本書107～109頁）。

最後に、本書の時代の附祭における町方出し物の披露について特殊事例ではあるものの、興味深い例を示しておこう。特に、吹上上覧所では厳重な警備のなかで緊張を強いられつつも、武士に対する町人（特に若者や鳶等）の意気地や町同士の競《きおい》が発揮されたのであろう。例えば、『定本　武江年表』中（斎藤・今井　二〇〇三b：八二）によると、安永年間（一七七二～八一）、小石川伝通院門前表町角に辰巳屋惣兵衛なる者がおり、「若年より神楽やうの真似をして道化踊をなし、山王・神田、いづれの祭礼にも出て踊る。或は女のかつらをかぶり、小原女となり、巫女の真似をなしてをどり、或は諸侯藩中の鎮守の祭に強て召れけれど、金銀は給はれどもうけず。文化の半の頃、神田祭礼の時、七十余歳にて出しの上に登りて踊りしをおのれも看たり」と、斎藤月岑も実見している。祭りの年番・世話番町でもない者がアドリブやサプライズに懸け、山車や附祭参加の町人も彼の気っ風の良さを好み、勝手な参加を許したのであろう。同書はその後に続けて、大田南畝による惣兵衛翁画像の賛「おまつりと神楽の堂に辰己屋か　かれ木娘や花さかせ爺」を載せる。惣兵衛は附祭の昔話花咲爺に扮し、枯れ木に花を咲かせる俄芸（生娘に猥褻な行為をするような仕種を掛ける）で喝采を受けたのであろう。

また、亀川泰照氏が随筆「寝ものがたり」を以て紹介した山王祭附祭における幇間茶利屋新吉のように、上覧所前でもアドリブを演じた名物男たちが少なからずいたのである（亀川　二〇〇七）。

このように、町方出し物には人（創意工夫・労力・情報・職人技）と資金が注ぎ込まれ、これを解明することは本書の時代の江戸町人文化の実態の一側面を解明することでもある。

二 「江戸山王祭絵巻」（神田神社蔵）

二〇一四年十月、古書の業者市『第十七回　京都古典会特別市会目録』（京都古典会編集・発行、会場は京都古書組合）に「（仮）江戸山王祭礼絵巻」の一部分がカラー図版で小さく掲載、市に出品された。筆者は「時代が古い」と判断し、神田神社（大鳥居信史宮司）に応札を依頼し、首尾よく落札できた。以来、神田明神資料館において展示されることはあるものの、書籍での掲載は本書が初めてである。

本書のなかで本絵巻のみは、或る一度の山王祭を描いたものではないかもしれない。多くの町の山車や附祭が描かれているので、一人による一度の写生ではなく、複数度の山王祭を写生して一巻に描き込んだ可能性もある。つまり、景観年代（当該山王祭の年代）と、制作年代が一致するものか、定かではない。しかし、本書では、後述する絵師の点より、十八世紀後半の或る年の山王祭を描いたものと推定している。その場合、事前に版行された同年の山王祭番付をもとに、描いた可能性もある。詳細については、本絵巻巻末の33頁に記しているが、本書では以下の二つの可能性を想定している。

本絵巻には山車のみでなく、十八世紀中頃には成立していたと思われる附祭が描かれており、祭礼の内容から判断すると十八世紀中・後半の作と思われ、遅くとも同後半の姿であろう（福原　二〇一二ａ）。本絵巻末コラムに絵師と落款に関して述べているように、本書では常陸国土浦藩絵師岡部洞水（一七八〇年以前〜一八五〇年）による若描と推定しているが、その生没年から本作の描写年代は十八世紀後半と考えられよう（洞水に関しては土浦市立博物館　二〇〇二を参照）。偶然の同名か、洞水を騙る絵師の可能性も全くは否定できないものの、筆者は岡部洞水と想定しており、その場合、洞水が十代前半より画業修業していた表絵師筆頭家の駿河台狩野家に蓄えられた山王祭礼図粉本を模写し、あるいはそれに加えて、自らの写生を織り交ぜた可能性もある。

また、十八世紀初頭頃の作と思しき「江戸山王祭礼之図」（日枝神社蔵、福原　二〇一五、小藤田　二〇一六）に比べると、大伝馬町山車は荷車風よりは大型化（専用山車化）しているものの、後続の二輪車の屋台等は四輪屋台の先行形態と思われる。しかしながら、二輪車の屋台（踊台等）は山王祭では寛政四年（一七九二）以降、改革による規制の影響を受け、一時期質素になった可能性はあろう。「江戸山王祭礼之図」には少ないながら見物人が描かれるが、本絵巻にはその姿は見えないのは発注者の要請によるものであろうか。

以上、本絵巻は①十八世紀後半の或る一年の山王祭、②同時期の数回にわたる山王祭が混じる、③それ以前に描かれた山王祭図の模写、④③に制作年の様子を書き加える、の四つの可能性が考えられよう。筆者としては単純に注文制作の記録画として一人の絵師による①と考えたいところであるが、他の可能性も否定できない。

本絵巻下部には板葺きの屋根が連なり、町木戸が見え、町人地（氏子町）における巡行であることはわかるが、それだけでは描かれている行列場所を特定できない。また、江戸期の山王祭行列には、山車や附祭の最後尾に山王権現三基の神輿渡御が続くが、本絵巻は町方による山車・附祭で終わっている。さらに、武家による警固や山王権現関係の行列描写等は冒頭に限られており、実際よりは至って少なく、注文制作ならば発注者は描かれたいずれかの町や番組の内部であろうことを推測させる。

但し、巻末の落款の位置は不自然ではなく、後部欠損はなかろうが、本巻とは別に神輿渡御を中心とする別巻の後巻が描かれた可能性は残る。

絵画表現に関しては、筆致や彩色は細部まで実に見事であり、岡部洞水の真筆ならば十代半ばの筆として、その早熟さは修業中の習作の域を超えている。他の絵師の手になるものとしても、いずれにせよ、山王祭参加氏子町（四十五番を構成する山車番組町、附祭の世話番・年番町）やその地の大店商家等が記念のために注文制作したものと推測される。

三　文化九年「江戸山王社天下祭絵巻」（たばこと塩の博物館蔵）

「江戸山王社天下祭絵巻」は、三ヶ町で構成された山王祭二十一番組による文化九年（一八一二）の附祭のみを描いたもので、翌年末に完成された。伝来は不明であり、京都市の臨川書店より同館が購入した。筆者も国立歴史民俗博物館在職時に、当時の臨川書店蔵本絵巻を実見したものの、祭礼の年代が判明しなかった。本絵巻はすでに同館蔵品図録(たばこと塩の博物館　二〇〇七)に全図カラー図版が掲載されているものの、以下のように年代が確定していないので本書で敢えて取り上げた。巻末に「癸酉文化十年十二月　行歳十六才　勝川忠七書」とあり、同書によると、「本絵巻は、文化十年(一八一三)の第二十一番目にあたる通油町・田所町・新大坂町の山車を描いている」とある。町名により二十一番組による山車と判断した点は評価できるが、文化十年には神田祭が行われ、この絵巻は前年文化九年山王祭における同番組による山車と附祭を描いたものであり、文化九年「江戸山王祭二十一番組山車・附祭絵巻」となろう。二十一番組は隣接する田所町(現中央区日本橋堀留町二丁目に相当、以下同)・新大坂町(同日本橋富沢町)・通油町(同日本橋大伝馬町三丁目)の三ヶ町より構成され、その合同(分担)の附祭と山車を描いたものである。その一連の趣向は、最後尾の龍神山車を先導するように、趣向を龍や異界に統一した附祭である。本書掲載の文政七年「江戸山王祭日本橋本石町・十軒店附祭絵巻」のように、附祭を出した町や番組のみを描く絵巻は散見されるものの、その制作過程はほとんどの場合不明である。おそらく、同じ町や番組、あるいはそこに居住する商家の人々等が、記念等のために専業絵師に発注した注文制作と考えられる。その場合、当然、同年の全ての附祭ではなく、発注した町・番組や商家等による附祭のみが描かれるが、本絵巻の場合も注文制作の可能性がある。

以下、勝川忠七について考えてみよう。巻末の「十六才」から逆算すると忠七は寛政十年(一七九八)生まれらしいものの、出自・経歴はおろか、名の読み方等一切不明である。その姓から江戸の浮世絵師の一流派、勝川派にて修業中の身である十六歳と想像するのみである。同派は宮川長春を祖とする宮川派に発し、肉筆画を専門とした宮川派の伝統を引き、勝川派の画家には肉筆画の名手が多いと言われる(内藤　二〇一二)。同派は勝川春章以降、名の頭に「春」の一文字を付けているので、本絵巻は忠七が未だ画号を授かる以前の勝川派にて修業中の作か、同派とは全く無関係の絵師の作か。いずれにしても、後述するように祭礼内容から考えて、本絵巻は文化九年六月十五日の山王祭を、誇張等はあるにせよ、忠実に描いており、江戸の専業浮世絵師の手になる技量を充分に備えている。いずれにしても、発注者は十代半ばの絵師に直接依頼したわけではなく、師匠を通じて依頼したものか、あるいは師匠か先輩絵師が依頼され、忠七は下請けの可能性もある。

また、文化十年十二月に書いたとあるが、記憶力盛りの十代半ばの絵師が二十一番組のみに張り付いて写生し、その完成に一年三ヶ月も要したのであろうか(発注者により良い写生ポジション等が与えられる便宜が図られた可能性もある)。あるいは何らかの理由で写生後に放置し、翌年末、彩色を終えて完成したとも考えられようが、以下の疑問が残る。一つ目は、前年山王祭時に数え十四、五歳の忠七にとって、附祭とともに移動する背の高い山車の写生が可能であったものか。勝川派(それ以外でも)の年長の絵師が主に写生(忠七は手伝ったのかもしれない)した下絵の完成を忠七が委された可能性もある。二つ目は、忠七による受注制作であった場合、祭礼後一年三ヶ月後の完成は納期としては遅すぎよう。その場合、受注制作ではなく、忠七が修業の一環として自主的に描いたと考えるのか、あるいは何らかの問題が生じて完成が遅れ、翌年末を区切りに納めた、と考えるのか。いずれにしても、精密な筆致であり、完成に時間を要することは言を俟たない。

さて、文化九年山王祭には墨摺一枚番付が二種確認でき、その一つは竹内道敬氏蔵(竹内　二〇一七：一七〜一九)「日吉山王御祭礼番附」(板元木村屋しげ蔵)二枚続である(国立国会図書館蔵「江戸御祭礼番付」は同版)。この年の附祭は以下の三種が出ている。本書106頁に翻刻した原文によると、六番組の桶町は「松に羽衣の出し・楽器の造り物の出しひき物・三保の浦の景牽物・地踊末広かり底ぬけ踊子二人・踊台羽衣おどり子壱人」である。前述した二十一番組の三ヶ町合同は「龍神出し・蜃気楼引物・珊瑚珠造物・乙姫の御所・龍の造物・踊やたい磯馴松対の汐汲・浜辺貝拾ひ手踊・上下(裃)けいご大ぜい」、三十四番組の西紺屋町・南紺屋町・弓町合同は「頼朝鶴ヶ岡の出し・四季の学び大太刀引物・碁盤人形手踊子供大ぜい」であった。それぞれ、冒頭の「…の出し」は三組定番の山車であり、その後ろが基本的に同年のみの附祭であるが、番付の順序は本絵巻のように行列順ではない。

もう一種の同年一枚番付が千代田区立日比谷図書文化館蔵「山王御祭礼番付　文化九年壬申年六月十五日」(板元木屋富五郎・近江屋虎吉・三河屋忠平)の四枚続であり、縦三段に仕切られ、右下より山車が一番組より絵双六のように時計回り渦巻形に並び、最後に中段に進み、神輿と法師武者が配される(千代田区教育委員会・千代田区立四番町歴史民俗資料館　一九九九に部分図掲載)。この二十一番組には「附祭り○龍宮乙姫のねり子○浦島のねり子○汐くみ」とあり、亀に乗った浦島太郎、傘を差し掛けられた乙姫、汐汲二人が描かれている。

四　文政七年山王祭の絵巻・踊子囃子方明細書・屏風

(個人・東京都立中央図書館・神田神社蔵)

文政七年「江戸山王祭日本橋本石町・十軒店附祭絵巻」(個人蔵)は、筆者による命名であり、文政七年(一八二四)山王祭における、本石町一～四丁目の四ヶ町と十軒店が出した附祭のみを描いている。山王祭に際して、同町々は十一山車番組を構成しており、文政七年「江戸山王祭十一番組附祭絵巻」とすることもできよう。料紙の紙質や顔料等絵巻の素材自体から見ても、景観年代と制作年代は一致していよう。本絵巻には落款や印章はないものの、後述のように、祭礼の内容や描写より、山王祭を熟知している江戸の浮世絵師の手になるものに相違あるまい。本絵巻は番付と比較すると、伝来上の紙継ぎの間違いの可能性もあり、十軒店が出した部分が判明しないのは失われた可能性もあろう。

十一番組町の本石町一丁目は現中央区日本橋(以下、「現中央区日本橋」を略す)本石町三～四丁目、同二丁目は室町三～四丁目、同三丁目は室町三～四丁目・本町三～四丁目、同四丁目は本町三～四丁目・室町三～四丁目、十軒店は室町三～四丁目に相当する。嘉永三年(一八五〇)版『増補改正　万世江戸町鑑』(都市と祭礼研究会　二〇〇七)によると、同番組の町名主は本石町三丁目の山本孫兵衛と共通しており、本絵巻は同番組か、それを構成する或る町か、その地の大店か(複数町、店の共同か)が江戸の浮世絵師に附祭を実見させて(良いスケッチポジションを提供して)、描かせたものと推定される。つまり、絵巻の発注者は少なくとも十一番組内の可能性が高く、彼ら自身が附祭を執り行い、自らが資金や技術を傾注した附祭の姿を記念して描かせたのであろう。

現在本絵巻は三重県多気郡多気町の個人蔵であるが、江戸で描かれた本絵巻がいつの頃か、同家に持ち運ばれ、収蔵されたものと思われる。所蔵者の許可を得て、以下、本絵巻の伝来について記す。伝来している西村家は江戸時代、伊勢国多気郡相可の有力商家(松阪商人)の大和屋として知られていた。現所蔵者は同家第十六代目の現当主であり、同家が江戸の大伝馬町と本石町四丁目に出店していた関係で、同家に伝来したものである。本絵巻は同家十一代目西村広休(一八一六～八九、以下、広休)の代に描かれたが、彼の代に同家架蔵となったものか、史料的に不明である。

広休は家業の傍ら、本草・物産学(博物学)の研究に尽力した。以下は小玉道明氏編著(小玉　二〇一五)によるが、同書は昭和七年(一九三二)村林仁八氏稿の「西村広休伝」を冒頭に載せ、それ以外は小玉氏が執筆している。同伝記によると、西村家初代広清は大和国今井の人であり、屋号の大和屋はこれに由来する。

文政二年(一八一九)、広休の父広寧が享年三十六歳で死去した時、広休は未だ四歳、絵巻成立の同七年、九歳の広休は当然、本絵巻制作に直接関わってはいない。なぜ、いつから同家の所蔵になったものか不明であるが、その経緯としては、以下が考えられよう。一つは、同家のみが制作費用の負担をした(あるいは同家が特別多額であった)、二つ目は同家を含む大店・同家江戸店のあった本石町四丁目・十一番組町等が共同制作した本絵巻を、長じて稀代のコレクターとなり、後述する「山本読書室」では書画も学んだ広休が求めて収蔵した。筆者は、広休を育てる文化的環境にあった西村家が単独で発注したものと推定する。なぜなら、西村家は文政五年には「大和屋とて東国随一の分限者あり」(常誉摂門　一九七五)と表され、同家には絵巻作成の資金的余裕は充分であったのである。また、村林氏の前掲書伝記によると、同家について以下のようにある(小玉　二〇一五：一二一)。

大和屋は地方に名だゝる長者で、諸藩の経済問題に関係して居たことは周知の事である。されば其破産の原因も亦、これにあって明治の激変に余儀なくされたものであった。大和屋が大和から来て、直に一世を驚倒される程の分限物(者―引用者註)になるの理由はないが、(中略)古老の間には、大和屋の祖先は密貿易に依り巨利を博したものであると称し、所謂千両又兵衛の伝説もある。又兵衛が何時代の人か何所の人か不明なれども、曾て密貿易の事露はれた時、大和屋の金千両を以て犠牲とせしものであるといふ。今の西村家の菩提寺である相可浄土寺に一小堂があって、中に西村家祖先の木像二躯を安置してある。これはもと西村家邸内にあった経蔵中に安置したものを、大和屋没落後ここに移したものである。（中略）今日は南勢の経済中心は松阪に移って居るが、其以前は多気郡の丹生、及相可と其隣村、飯南郡射和とが、その地位にあったことは、種々な方面から確定出来る。徳川初期には丹生の長井氏（梅屋）、相可の西村氏（大和屋）、射和の冨山氏（大黒屋）あたりが、地方財界の大立物であった。

さらに、以下は小玉氏前掲書による。相可の地は伊勢南部と大和の宇陀榛原を結んだ伊勢本街道の宿場、街村であった。西村家は代々三郎右衛門を名乗り、村の中央に屋敷を構えて両替商を営み、諸国の大名を相手に貸し付けを行っていた。その範囲は、北は青森、会津から、地元の津、田丸、鳥羽、さらに近江膳所、播磨姫路等の諸藩に対して、一時期、貸し付け総額は七万三千両を超えていたと言われる（小玉　二〇一五：四）。

西村家は、先ず大伝馬町に両替商の江戸店を持ち、延享元年（一七四四）の江戸市中富有町人番付には、同町の大和屋三郎右衛門の名が、津の川喜田久太夫や松阪の長谷川次郎兵衛らと共に筆頭にあった。同年は六代目の代にあたり、幕府から江戸の身上のよい町人と問屋に、米価調整の買置米の割当てがあり、大和屋のみに七千石が割り当てられ、大伝馬町の大黒屋・一見・殿村・川喜田・田端屋及び本町四丁目の村田が各四千石であった（「市中富有町人ニ買置米令」、東京都　一九七二）。

同家は大伝馬町の両替商と並行して、寛政四年（一七九二）、七代広常が本石町四丁目に紙問屋を開いた（「寛政四年子年六月十三日樽藤左衛門方書留写」、東京大学史料編纂所　一九六三）。さらに、嘉永四年（一八五一）にも本石町四丁目に紙問屋を継続していたことは、国立国会図書館蔵「諸問屋名前帳」に「本石町四丁目　大和屋三郎右衛門」と明らかである。つまり、同家は商売柄、附祭や絵巻制作に際して必要であった紙を調達することができたのであった。しかしながら、同家は新時代に衰退し、明治二年（一八六九）、紙問屋を井筒屋嘉右衛門に譲っている。

最後に、広休について触れておこう（小玉　二〇一五）。昭和十二年（一九三七）、西村家に残された「西村廣休宅趾ノふう樹」（遺樹）が三重県指定天然記念物になっている。広休は屋敷内に成蹊園（歴木園）と名付けた植物園を設けて、一千種を超える植物を育て、収集した膨大な書籍・写生図類とともに、本草・物産の学（博物学）に関する研究に供したと伝えられている。広休は生涯を通じて草木・鳥獣・貝類等に関心を寄せ、それらの識別と同定を重ねている。十五歳を迎えた文政十三年（一八三〇）には京都の儒者松本愚山に紹介され、医術に関する京都の学塾「山本読書室」に入門する。以来、山本亡羊を師とし、その長子榕室とも採薬を通じて交わり、射和村延命寺や右の読書室の物産会で活動した。しかし、前掲村林氏によると、「先生の書庫に充ちし万巻の書籍及珍奇なる図画標本は其後如何なったか。今は郷里には何の影も止めない。三河の岩瀬文庫（中略）には先生の遺著が、蔵せらる、由。（中略）先生が五十九年間の苦心になる幾多の博物材料は散佚し尽した」（小玉　二〇一五：三五）とある。

しかし幸いなことに、本絵巻は同家に残ったのである。

先述のように、明治二年（一八六九）、西村家は本石町店を他家に譲ったが、本絵巻はその前後に相可の同家に持ち運ばれたものと推測される。あるいは、すでに広休の代（あるいはそれ以降の幕末期）に、自らの江戸店の経済的殷賑や附祭の趣向を楽しむために、相可の地に運ばれたのかもしれない。いずれにしても、持ち帰られて以降、本絵巻は同家において次第に忘れ去られ、それが却って流出を防いだのかもしれない。近年は同家の押し入れの木箱で保存され、現当主の代以前には同家子女により玩ばれたらしい（所蔵者よりの伝聞）。本絵巻は明治以降、祭礼絵巻との認識が薄れ、意図的に切り抜いたような穴があく（玩具絵的使用）。

本絵巻は平成二十八年（二〇一六）に、江戸山王祭絵巻と確認（再発見）され、本邦初公開となった。それは、同年十月十二日より十二月二十二日まで、三重県多気町多気郷土資料館で広休生誕二百年を記念して開催された「相可の豪商　西村広休―本草学の探究者―」展である。同展図録はないものの、同館発行館報（多気町多気郷土資料館　二〇一六）に概要が載る。展覧会準備過程において、津市住の広休研究者の前掲小玉氏が絵巻物の存在を知り、松田清・平野恵両氏を介して筆者に調査を依頼された。筆者は二〇一六年十二月二日に同館において調査を行い、その取材記事が『毎日新聞』三重県版十二月三日「絵巻物　幕末の山王祭　歌川国芳の作？　三重で発見」である（橋本明記者）。筆者は「内容から神社の氏子連が山王祭の本祭りに加えた『付け祭』の行列風景とみられる。最盛期の祭りの様子をつぶさに捉えた文化財級の貴重な絵図」、「国立国会図書館所蔵の『山王祭之図』は歌川国芳の作ではないかとみられている。それと描写のタッチが極めて似ている」、「氏子連が出資して祭りを盛り上げた付け祭で、豪商の西村家が相当額を負担して記録させたのではないか。保存方法を検討し、描かれている物から作成された時代を明らかにしたい」とコメントしている。確かに、本絵巻の描写は国立国会図書館蔵の文政八年（一八二五）「神田明神御祭礼御用御雇祭絵巻」六巻と文政九年「山王祭礼之図」一巻に酷似しているのである（都市と祭礼研究会　二〇一一）。前者は神田祭御雇祭、後者は山王祭附祭として、両者共山王権現氏子町が出しており、本絵巻文政七年と連続している。両者とも作者不詳であるものの、神田祭六巻は明治四十年（一九〇七）に、山王祭一巻は大正三年（一九一四）に購入され、後者は同館目録（帝国図書館　一九三六：一〇三六）によると「国芳画」とのデータもあるが、八反裕太郎氏は神田祭巻を歌川「国貞周辺の絵師」の作としている（八反　二〇一一：八四）。本絵巻を含め三種共料紙の天地幅が二七cm程であり、筆者は文政七～九年三年間の一連の絵巻を国芳（工房）が請け負った可能性を指摘しておきたい。内藤正人氏は、このように落款がない徳川美術館蔵の弘化三年（一八四六）『山王祭礼附祭絵巻　一〈二・三〉』三巻と翌四年『神田明神祭礼附祭　三所之内〈一・三〉』二巻に関して、「当初から尾張家当主の慶臧《よしつぐ》のためにあつらえられたとおぼしきことは、雲上人をはばかり、わざわざ無款《むかん》としたこと」、「お気に入りの浮世絵師であった国芳を指名して、この絵巻をつくらせた可能性が高い」（内藤　二〇〇五：一〇六）としている。無款にも意味があるという美術史家の発言は重要である。国芳による山王祭を画題にした錦絵も散見され（福原　二〇〇七）、弘化三年（一八四六）の絵本番付「山王御祭礼附祭番附」（個人蔵）も描いており、彼は山王祭を知り尽くしていたのである。国芳の落款のある山王祭礼絵巻は安政元年（一八五四、同年は閏七月二十三日に延期された）のみが確認されている（福原　二〇一一d）。

次に同文政七年（一八二四）の「山王祭礼踊子囃子方明細書」（東京都立中央図書館蔵、本書101～105頁、以下、明細書）について述べよう。

前述の文政七年絵巻に描かれている附祭の踊子や囃子方は、墨書写本の明細書に詳しく、明細書は十一番組による附祭のみでなく、同年山王祭の附祭二十二種の踊子・囃子方の一覧である。明細書は縦一八、横九cm、表紙と十二丁の縦冊で、同年に版行された木版摺の芸人練子（踊子）名前帳（筆者は未確認、同種の名前帳は横帳が多い）を筆写したものか定かではない。同書巻末には「津屋氏」と墨書され、同氏が筆写したものか、伝来にかかわったのであろう。もちろん、明細書記載が参加者全てではなかろうし、明細書には踊子・芸人が参加しない引物（屋台ではない）は記されていない。

都市祭礼の特徴は「専業者請負型」にあり、山車等のハード面は先述した牛方・人形師・山車屋等に委託し、以下ソフト面でも同様である。附祭や御雇祭に際し、浄瑠璃（常磐津・富本・清元）、長唄や踊りの専業芸人（家元クラスも）が担当町（世話番町）より依頼され、請負人（プロデューサー）となって、附祭に演じる歌舞音曲の企画や新作を行い、振付・唄・囃子の教授料等を得た。明細書は請負人のもと出演料を得て参加した囃子方と、娘を中心とする町方よりの踊子・練子一覧である。囃子方には芸名を持つ者と持たない者が混じるが、前者全員が専業者とは限らないであろう。踊子・練子は基本的に附祭参加町以外の町方に居住する子女である。

同年山王祭には、当時許されていた三組の世話番による附祭が出され、それは同年四十五番組の山車番組町の内、先述した十一番組町、二十六番組の本材木町一～四丁目、三十九番組の数寄屋町の三組である。本材木町に付随する形で「しんば」による附祭が参加したが、これは日本橋とともに江戸の魚市場・魚河岸の一つであった新場・新肴場のことである（平凡社地方資料センター　二〇〇二）。新場は本材木町二～三丁目（現中央区日本橋一～二丁目に相当）にあった新興魚市場であり、延宝二年

(一六七四)に日本橋魚問屋の独占的集荷に対抗して訴訟を起こした武蔵・相模の十七ヶ村が同年許可を得て同魚市場を設置した。日本橋の本船町・本小田原町の魚市場に対して新市場と称し、俗に新場・新肴場と呼ばれた。新場に出荷する漁村(新肴場付浦)は次第に増えて、天和元年(一六八一)には三十一ヶ村となり、幕府への上納魚を毎月、本小田原町と分担するまで成長した。つまり、江戸の魚市場(魚河岸)は日本橋と新場の二ヶ所となり、魚の流通が官営的な日本橋と、民間業者と半官半民で運営した新場が並立したのである。本材木町二丁目が附祭を出すときは、その一部として新場の魚商たちが附祭を出すことも多く、文政七年には本材木町の附祭のなかに新場のそれが挟まれている。

四十五番組の山車番組順は祭礼における山車行列順と同様であるが、附祭は必ずしも同世話番町が出す定番の山車の前後を行列するものではない。文政七年山王祭の90～91頁一枚番付「御免山王御祭礼番附」(竹内道敬氏蔵、竹内　二〇一七、80～89頁絵本番付(東京都立中央図書館蔵)によると、日本橋本石町と十軒店の附祭は山車行列十二と十三番組の間、本材木町の附祭は二十五と二十六番組の間、数寄屋町の附祭は三十五と三十六番組の間を行列した。この順番は三番と四番の間に行列する御雇大神楽とともに、文政元年(一八一八)「山王御祭礼附祭順番」(竹内　二〇一七：三三～三五)に決められているものの、遵守されたのはその後数回であった。

さて、明細書「一」は「大神楽品替踊台」とあり、本来「御雇大神楽」であるが、「能狂言座禅襖之学」に「品替」された意である。右の両番付によると、山車行列三番と四番組の間に、平川町・山元町・新肴町・弥左衛門町・本材木町四丁分が費用負担し、幕府が援助して専業者を雇った御雇大神楽が行列したが、これは文政七年に限らなかった。「一」はこれ以外に出す予定の御雇大神楽の替わりに、踊台(移動舞台)に替え(させられ)たものと思われる。将軍家や大奥等の所望により、大神楽が踊台に替わったのである。「一」が本絵巻に描かれないのは前欠の可能性、さらに、「一」は十軒店より出したので、本石町の附祭絵巻からは省略された可能性もある。一枚番付と絵本番付ともに先頭は踊屋台「能狂言座禅襖の学」であり、娘二人(十四歳の男形と十三歳の女形)による舞踊である。男形は大将の小刀舞、女形は姫が大小刀を帯びて舞う。これは狂言「花子」の「座禅衾《ふすま》」の翻案か定かではないが、右の二人舞踊は「花子」に因むものとは連想できないものの、女の嫉妬による怒りの舞を演じたのかもしれない。

明細書には、附祭番号(朱字)と附祭名、町方踊子の場合、附祭役名・住所・父親の名前・名前・年齢、囃子方の場合、楽器・住所・芸名が記され、以下の一～十一は本石丁四丁分と同十軒店が出し、その次に本材木町四丁分による十二から二十までの九種(十五～十七は新場)、最後に数寄屋町による二十一・二十二の二種の附祭が記されている。以下、原文「女子供」は十代中・後半の女子であり、娘と記す。「学」はまね(真似)びと読む。

一　大神楽品替踊台、能狂言座禅襖の学、娘二人、後見一人、囃子方十八人
二　衛士の学踊、娘八人、囃子方十六人
三　早蕨摘の学地走踊、娘七人、囃子方十四人
四　二神の学踊、娘二人、囃子方(手替共)十四人
五　仕丁の学踊、娘三人、囃子方十二人
六　鮎汲の学踊、娘七人、囃子方十四人
七　唐子の学軽業、少年二人、口上一人、囃子方六人
八　深艸人形の学地走踊、娘五人
九　深艸人形の学の内、青年二人、囃子方十七人
十　蛍狩の学踊、娘八人、囃子方十六人
十一　伊達警固、娘七人
十二　天ノ岩戸引物綱引の内、万神の神楽の学、娘十人(本材木町四丁分)
十三　孔雀引物綱引の内、鉄棒引、娘二人(本材木町四丁分)
十四　春駒の学踊、娘七人、囃子方二十五人(本材木町四丁分)
十五　住吉景万度引物綱引の内、住吉踊、娘十人、囃子方二十七人(新場)

十六　浦嶋乙姫の学地走踊、娘二人、囃子方二十四人（新場）
十七　珊瑚珠引物の内、龍神囃子、娘十七人（新場）
十八　牽牛織女の学地走踊、青年二人、囃子方十二人（本材木町四丁分）
十九　菊角力の学、娘五人、囃子方十五人（本材木町四丁分）
二十　石橋の学、娘三人、後見一人、囃子方十六人（本材木町四丁分）
廿一　菖蒲引（の学欠ヵ）地走踊、娘五人、囃子方十二人（数寄屋町）
廿二　牛若丸浄瑠璃姫踊台、娘二人、後見一人、囃子方十二人（数寄屋町）

前掲一枚・絵本番付には、十一番組の出し物最後の官女人形の前に、本石丁四丁分と同十軒店「虫籠の引物」が載るものの、明細書と絵巻には見えない。絵本番付によると、虫籠の造り物を車にて綱引三十人で曳き、「人形を花駕籠に乗せ日傘さしかけ女子供七人、供の姿にて染絹単物を着、手傘を持、其外花鑓行列」とあるが、これは同絵巻⑪場面後半や明細書「十一」に相当する可能性もあろう。

また、囃子方に関しては前原恵美氏の説が興味深い。明細書に載る三世常磐津文字太夫は文政三年（一八二〇）に同名を、文政十三年に四世文字太夫を襲名し、嘉永三年（一八五〇）には豊後大掾を受領した。彼は文政七年後も附祭に出演し続け、「常磐津節の家元自らが、ほぼライフワークのように三五年にわたって附祭に出演していることから、常磐津節にとって附祭が重要な意味を持っていた」（前原　二〇一七：八三）と論じている。

次に、本書54～56頁の文政七年の屏風について触れる。平成十八年（二〇〇六）、日本浮世絵商協同組合主催の第十七回浮世絵オークション目録に肉筆浮世絵として「江戸天下祭図屏風」六曲一隻が出品され、筆者は現神田神社権宮司清水祥彦氏と二人で下見しに赴き、神田神社が入手した。その時には不明であったが、その後、文政七年の山王祭を描いた屏風であることが判明した（福原　二〇一二c）。

絵師不詳ではあるものの、山王祭に通じた江戸の専業浮世絵師の手になる作に相違なく、紙本着色六曲一隻、縦一四六、横二七〇cmの中屏風である。史料に則すと文政七年「江戸山王祭新場附祭図屏風」であり、山王祭における新場のみの出し物が描かれている。先述したように、新場は山王祭二十六番組の正式メンバーではないため、本材木町定番の番匠・棟上げ人形山車を共に出すことはないのであろうが、立地的に同町二丁目の附祭に加わる事例が多い。本材木町や新場は新場橋を渡ると山王権現の旅所に程近く、二世安藤広重『江戸名勝図会　新肴場』（東京都立中央図書館蔵）には夏祭りの賑わいが描かれているように、山王祭の新場を描いた錦絵は散見される。筆者は前著において、江戸後期の京山岩瀬百樹編『蜘蛛の糸巻　二巻』（通称「追加」）について、国立国会図書館本を以て翻刻したが、その後半には天明二・三年（一七八二・八三）頃の附祭について記されている。（本）材木町が附祭を請けた時、踊り指南の藤間お□《(かカ)》んが踊屋台にて石橋の所作を演じ、歌は松永忠五郎（狂言座立歌）で大評判をとったが、それはしんばより出したので「しんばの屋台」と称され、出演者は「しんば」の文字で揃え黒天鵞絨を市松模様に切り抜き、下に緋縮緬を着た者が多かった、という（福原　二〇一五：六〇）。本屏風は構図として、全体的に新場の附祭にて完結しており、元より一隻屏風であったと思われ、新場が発注したものと考えるのが自然であろう。

本書90～91頁の一枚番付によると、十一番組（本石町四ヶ町と十軒店連合）附祭は「能狂言座禊の学び・嶋台の上に桜立木御所車の引もの・文車の上に花籠の引物・早わらび摘の学び地走踊・家根に鳳凰山鉾を付、高欄造り船の引もの・頼政猪早太鵺の引もの・からくり大（台）の上に布袋人形の引物・深草人形の学び地走踊・虫籠の引もの・橋の上に官女人形の引物」の十種で構成されている。二十六番組（本材木町四ヶ町と新場連合）の附祭は「雨の岩戸の引物・八百万神かぐらの学び・岩組に桜の立木孔雀の引もの・春駒の学び・彦火々出見尊人形の引もの・住吉の景花小出しすミよし踊の学び・龍神はやし行列・浦嶋乙姫の地走踊・珊瑚珠の引物・牽牛織姫の学び地走踊・機織台に牛の引もの・菊相撲行事女人形引物・石橋獅子の学び」の十三種で構成されている。本屏風はこのなかでも、新場のみの五種の附祭を描いている。三十九番組（数寄屋町）の附祭は「岩組に鍾馗人形の出し・菖蒲曳の学び・上り兜青龍刀の引もの・牛若浄瑠璃姫の学び」の四種から成っている。

次に新場附祭箇所を絵本番付で見ると、ここには装束や採り物、造り物がより詳細に記されている。以下、相当箇所を読み下して原文に則して引用し、さらに同図版を掲載しよう。

①(図1)彦火〻出見尊人形を車にて曳き、綱引八十人、内四十人は半天股引、四十人は染絹半物を着る、②(図2)住吉社の景の花小出しを車にて曳き、綱引七十四人、内二十人は半天股引、四十人の子供は絹染単物を着、四人の女子供は同単物立附を着、鉄棒引の女子供十人は絹模様単物を着、柄太鼓・綾竹・笛・笠・手拭を持ち、住吉踊の学びの所作、囃子方二十七人は絹染単物袴を着、内十七人は日傘差し掛け、担ぎ日覆一荷が付く。警固子供五人は絹染模様単物と裃を着、花駕籠に乗、日傘差し掛け花鎗行列、③(図3中)浦嶋乙姫の学び地走り踊は女子供二人、内一人は紅絹単物狩衣を着、釣竿を持ち、一人は紅絹摺込模様唐衣装を着、玉手箱を持ち、後に上着を脱ぎ捨て(引用者註―引抜という早替わり演出)、一人は海士の形《なり》、提籠を持つ。一人は漁師の形、櫂を持ち、途中、蓑亀の造りものを地車にて引、この上にて此二人の所作あり、囃子方二十四人は絹染単物と袴を着、内十四人は日傘差し掛け、担ぎ日覆一荷、④(図3上)珊瑚珠引物を車にて曳く、綱引九十人、内三十人は半天股引を着、二十人は絹染単物を着、女子供十七人は絹摺込模様唐衣装を着、龍の造り物を被り小幟を持つ、⑤(図3下)龍神囃子行列は日傘差し掛け、男二十人は木綿単物を着、肴の付いた笠を被る。

以上は本屏風を読み解く時に実にリアルな情報を提供してくれる。屏風は先ず、鉄棒引き(手古舞)と警固が先導し、番付①彦火〻出見尊人形山車が登場し、尊は干潮満潮の宝珠をのせた三宝のような台を手にしている。次は②住吉社の景色を造形化した小山車(一本柱万度)を車で曳く。新場魚河岸にとって、漁業・航海の神摂津住吉社と名所反橋の飾り及び魚の造り物は好まれた趣向である。③浦嶋乙姫の学び地走踊は、昇り龍と下り龍の幟(朝鮮通信使の形名旗を思わせる異国・異界の表象)が先導する。④南蛮屏風で黒人が珊瑚等の宝物を運ぶ描写のように、黒奴が珊瑚珠を海底の異界から運び、もたらす引物であり、⑤の龍神囃子行列も異国・異界を連想させる。

各出し物には新場の文字が多く、水分補給の荷い茶屋も描かれ、旧暦六月十五日の山王夏祭りの様子が活写されている。

また、日比谷孟俊氏は天下祭には吉原男芸者の参加も多く、同屏風には四百人以上が描かれ、彦火〻出見尊山車人形の後ろには長唄と富本節が見え、長唄の杵屋の杵の紋と富本節の傘に染め抜かれた桜の紋から、両者の掛け合いであったと論じている(日比谷　二〇一四：五三・五四)。

最後に前掲の明細書を検討する。新場先頭の①と④には踊子・囃子方が登場しないため記されない。明細書十五「住吉景万度引物綱引之内住吉踊女子供十人」②には「踊子」として十六～十八歳の町娘十名、浄瑠璃六名、三味線七名、長唄四名、笛二名、小鼓二名、大鼓二名、太鼓四名の計三十七名。同十六「浦嶋乙姫之学ひ地走踊女子供二人」③には浦嶋と乙姫役の娘二名、浄瑠璃九名、三味線五名、笛二名、小鼓二名、大鼓三名、太鼓三名の計二十六名。同十七「珊瑚珠引物之内龍神はやし」⑤には町娘十七名であり、この新場附祭の踊子、練子は前述の如く、新場以外に住している。

附祭参加町から町娘が出ない点はたまたまであるのか、今後研究すべきテーマであるが、いずれにせよ、文政期には町娘の参加が非常に多いことがわかる。しかしながら、『寛保延享江府風俗誌』によると、延享年間(一七四四～四八)の頃までは町娘が踊りを稽古すること自体が甚だまれであり、その後に「娘持ちたる親は、我等も我等もとおどり習はせ、身上よき町人も是を仕入れ、多く物入りして祭に出し、人に誰夫の娘と賞美を請るを、親の因果に悦びてするやからもあり」という状況になっていた(森・北川　二〇〇七年)。

図1

図2

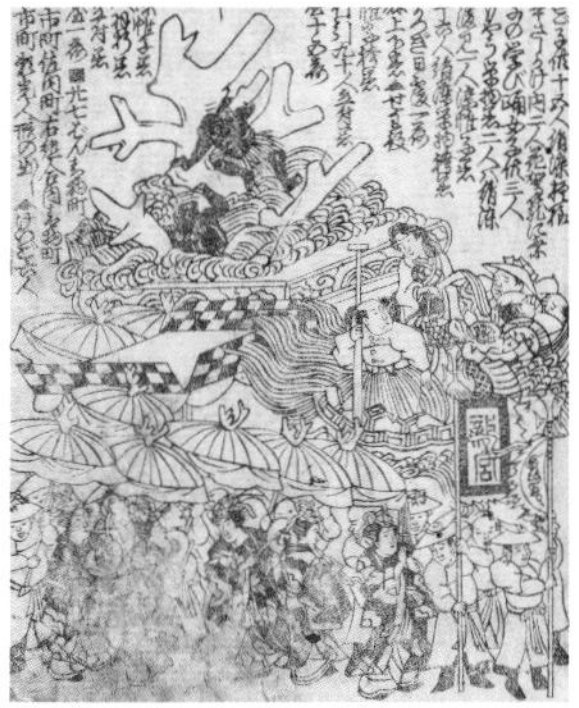

図3

五　山王祭・神田祭の一枚番付（国立国会図書館・個人蔵）

相撲番付のようなランキングを表す祭礼番付（見立番付）もあるが、本書では各種興行番付のような山王祭・神田祭行列（出し物）の木版印刷のプログラムの中でも一枚番付（一枚番付に関しては後述する）を対象とする。本書掲載の祭礼絵巻は基本的に受注した専業絵師が祭礼を実見して描いた記録画と考えられる（もちろん、絵画表現とはそもそも主観の産物である）。発注者からの附祭構想提案（仕様書）を描いた文政六年（一八二三）の「神田明神祭礼一件」（国立国会図書館蔵）もある（福原　二〇一二a：九二～九六）。本書の三絵巻は絵師が実見して描いたものであろうが、番付は祭礼前に版行された。

山王祭・神田祭の番付には、町方が町奉行へ納める非売品（禁売印）と、版元がその一部に絵や彩色等に手を加え、祭礼直前や当日を中心に販売する商品の二種があり、前者が官用、後者が民用で、前者の制作が主目的であった。山王祭・神田祭においては、町方より幕府への事前の申請により、ほぼ毎回変わる附祭や御雇祭の出し物、定番（或る程度のスパンで変わる）の山車人形等の造り物が許可された。嘉永四年（一八五一）「神田明神祭礼御用留」（神田神社蔵、都市と祭礼研究会　二〇〇七）によると、附祭の世話番町が費用を負担して、絵草紙問屋が文字のみの横帳番付を二九五〇冊制作（一冊が約二分四厘）し、祭礼取扱掛（数人の関係町名主）から町奉行所へ送られ、さらに老中・若年寄等へ渡った。この禁売番付は、事前届出通りの順番・参加者・出し物であるか、奢侈禁制等を守り、城内巡行や将軍上覧に際し風俗的に相応しいか等、取極め通りに行われているかをチェックするための一覧表であった。町奉行所の与力や同心、町名主等は番付と当日の行列を見比べながら祭礼を取り締まり、『明和撰要類集』安永八年（一七七九）九月神田祭の条に、番付以外の大人持の花出し（花万度）を田安御門内に繰り入れるのを差し止める騒動があった（東京市役所　一九三九：一一〇）。江戸町触一〇〇九五号（近世史料研究会　一九九八）には番付と相違した際の「御叱」も規定されている程、番付遵守は厳格であった。このように、禁売番付は「「決定稿」でなければならず、「予定稿」は決して許されなかった」（八反　二〇一八：七一一）のであるが、個人的なアドリブの出し物もあった。このような番付がいかなる工程を経て制作されるのか『斎藤月岑日記』に詳しい（亀川　二〇〇八）。

右の限定的禁売番付の一方、附祭等は毎回変わるので、江戸住の見物、氏子であっても番付が必要なのであり、舞台興行芸能や見世物等と同様に、商品としての祭礼番付が成立した。亀川泰照氏によると、「板元の側からすれば、取材の手間はかからず、毎年、一定の収入を得られるという、まことにうま味のある出版物」（亀川　二〇〇七：二一五）と指摘している。

この市販番付に対して、例えば、京都祇園祭の場合は、宝暦七年（一七五七）『祇園会細記』のような版本のガイドブックはあるものの、近世期の山鉾は固定しているため毎年の番付類は必要ないのである。ここで、祇園祭期間の「神輿洗い」という行事に際し、花街の祇園町が節分お化けの仮装のように、毎年のように出した芸妓とお茶屋を中心とした仮装行列「練物」について触れておきたい。これこそ、祇園祭に伴う一回性の風流として、江戸祭礼の附祭・御雇祭に相当するものと思われ、市販用の番付が毎回のように版行されている（岡田　二〇一三・福原・八反　二〇一三）。さらに、前述の禁売番付のような決定稿のみでなく、修正された番付もあった（八反　二〇一八）。

江戸祭礼の場合、明治期に懐古的に江戸期の山王祭を描いた版本はある（菊池　二〇〇三、福原二〇一八）ものの、一祭礼のみを詳細に描いたガイドブックは確認されていない（山路　一九七九）。本書では、江戸中・後期の山王祭絵巻を理解するために、山王祭の一枚番付に加え、その比較対象として、本書と同時期の神田祭の同番付も併せて紹介する。

竹内道敬氏等により、山王祭・神田祭の番付史上、中・後期のものは図版も紹介されてきた（竹内二〇一七）が、本書では文政七年までの山王祭絵巻を対象とするので、前掲書に洩れている前・中期の番付を紹介する。

六月十五日暁、山下御門を出発した山王祭の山車と附祭は、広島藩主浅野家と福岡藩主黒田家の屋敷地の間（現在の首相官邸前から国会議事堂の敷地南側）、霞ヶ岡を上がる旧称番附坂（茱萸《ぐみ》坂とも称す）で集合（勢揃い）した。内郭入城にあたり幕府があらかじめ承認した順（番付順）に整列させ、集合が終わると神輿も山王坂を通って合流し、半蔵御門を通って内郭へ入ったのである（千代田区教育委員会　一九七〇：六・七）。また山王祭に先立って、市販番付を番付坂路傍に掲示（東京市役所　一九三九：一一〇）や、一枚番付が高札に貼られ番附坂に立てられ、見物町人の格好のガイドとなった（江戸文化研究会　一九八三：二六）という記述がある。

作成されても伝存していない江戸祭礼番付は数多いものと思われるが、原本としては一七八〇年代～九〇年代前半に当たる安永九年・寛政二・四年山王祭と同五年神田祭の番付以降が確認できる。同時期の出版環境の整備により、祭礼番付が版行されるようになったのであろう。この時期は、老中松平定信の主導により行われた寛政改革の影響が祭礼や番付版行にも表れている。寛政三年（一七九一）四月、山王・神田祭にも規制が加えられ（同年は神田祭の年）、以降、両祭礼に伴う附祭は専業大神楽一組と他の附祭二組（山王祭四十五番組・神田祭三十六番組の山車番組町を単位とする）の、上限三組に制限された（江戸町触九七二五号、近世史料研究会　一九九八）。

山王・神田祭番付に関しては、前述の竹内道敬氏編著（竹内　二〇一七）には安永九年（一七八〇）山王祭番付から明治二十年（一八八七）神田祭番付まで、山王祭番付二十六種、神田祭番付四十一種の影印掲載と翻刻がなされている（原本の表紙等に色刷はあるがモノクロ図版）。氏は冒頭において、江戸の祭礼関係木版印刷資料に関して、（一）一枚番付、（二）絵本番付、（三）名前帳、（四）歌詞集、の四種に分類・命名した。（三）は附祭参加の囃子方と踊子・練子一覧、（四）は附祭・御雇祭の唄本である。また、江戸の祭礼を描いた錦絵も多いものの、必ずしも上記のように祭礼を当て込んで版行されたわけではなく、誇張された表現や絵空事を描く錦絵も多い。さらに一枚番付にも、文字のみのものと、絵入りの番付に細分できるが、本書では竹内分類を重視して、「一枚番付」とし、その定義に関して、以下、同書を引用する（竹内　二〇一七：一）。

およそ二十五センチ×三十五センチほどの半紙二枚または三枚から成り、貼合せるのが原則らしいが、別々のものも現存する。最上段には山車を簡略に示し、あと二段または三段で祭礼の行列を説明する。基本になった番付らしく、まず絵師が全体を描き、その絵の間に記事を書き込んだらしい。いずれも文字は小さく、読みにくい。すでに確定した山車や曳きものには詳しいが、未定や不確定なものは要点のみの紹介で、説明に濃淡がある。計画がおよそ固まったところで発行したのであろう。大小があり、また特殊なものもある（一枚で表裏のものなど）。変更があった場合には、訂正の上再版されたり、一部に著色したのもある。

一枚のみで完結する「一枚番付」は少数であるので名称には疑問も残るが、帳や冊子形態ではない、一覧できる史料を示すのには適切な名称であろう。このような祭礼番付は文政三年（一八二〇）に板元の森屋治兵衛が販売権を独占し、番付題に「御免」が付くようになった。それまでは様々な地本問屋により作られ、その市販番付の中には間違いも多く見られ、必ずしも番付通りであったわけではなかったのである（亀川　二〇〇八）。つまり、本書の時代の祭礼を復元する際には、番付以外による史料批判が必要なのである。

現在確認されている最古の江戸祭礼一枚番付は、国立音楽大学附属図書館竹内道敬文庫蔵の安永九年（一七八〇）山王祭番付である（竹内　二〇一七：九～一一）。同竹内氏編著収載の山王祭番付は以下、安永九年、文化七・九年（一八一〇・一二）、文政元・三・五・七・九・十一・十三年（一八一八・二〇・二二・二四・二六・二八・三〇）、天保五・十五年（一八三四・四四）、嘉永三・五・七年（一八五〇・五二・五四）、安政三・五年（一八五六・五八）、万延元年（一八六〇）、文久二年（一八六二）であり、同一年の異版番付として、天保五年と嘉永五年の二種、嘉永七年と万延元年の四種が収載されている。また、神田祭番付は文化十二・十四年（一八一五・一七）、文政元・二・四・六・八・十・十二年（一八一八・一九・二一・二三・二五・二七・二九）、天保二・四・六・八・十・十二・十四年（一八三一・三三・三五・三七・三九・四一・四三）、弘化二・四年（一八四五・四七）、嘉永二・四年（一八四九・五一）、安政二・四・六年（一八五五・五七・五九）、文久元年（一八六一）、明治三・十三・十七・二十年（一八七〇・八〇・八四・八七）が収載されている。さらに、同一年の異版番付として、文化十四年・天保二年・天保十四年・嘉永二年・安政六年・文久元年の二種、弘化四年と明治二十年の三種、明治十七年の四種が収載されている。

さて、国立国会図書館蔵「古典籍資料（貴重書等）」には、和古書「江戸御祭礼番付　二軸」が収蔵され、同館ウェブサイト内「デジタルコレクション」にて画像が閲覧できる。その書誌データは請求記号「ん－31」、原本代替記号「YD－古－3240（マイクロフィルム）」、装丁「和装」（巻子装）である。二軸とも天地約二八㎝の和紙に、山王祭・神田祭をはじめとする江戸諸祭礼の一枚番付が貼り込まれ、その年次は寛政四年（一七九二）山王祭から文化十四年（一八一七）神田祭までである。二軸の題箋には「江戸御祭礼番附　一」「江戸御祭礼番附　二止」の表題があり、年次としては第二の軸末より古い順に、第一の軸頭まで貼られている。なお、同軸には山王祭・神田祭以外にも古い順に、第二軸には寛政四・十年赤城明神、寛政五・文化二年青山熊野権現、寛政十一年小石川氷川明神、寛政十一年四谷牛頭天王、寛政十一・享和元・三年赤坂氷川明神、享和二年小石川白山、第一軸には文化三年亀戸天満宮（同版二種）、文化四年深川八幡宮（異版二種）、文化四年青山熊野権現、文化六・八・十・十二・十四年赤坂氷川の祭礼番付が貼られている。

本書では右の二軸より、以下の山王祭の一枚番付十二種の写真掲載、翻刻を行う。年代順に、「江戸御祭礼番附　二止」より寛政四・六・十・十二年（一七九二・九四・九八、一八〇〇）、享和二年（一八〇二）、文化三年（一八〇六）、「江戸御祭礼番附　一」より文化五・十一・十三年（一八〇八・一四・一六）の十二種である。なお、文化五・十一・十三年には異版があり、二種類ずつを収載するが、文化九年は前掲竹内編著（竹内　二〇一七：一七～一九）掲載番付と同版なので106頁に文字のみ翻刻する。

また、右の二軸より、神田祭の一枚番付（寛政五年～文化十四年）十種を収載する。前掲の山王祭番付同様、第二軸「江戸御祭礼番附　二止」より寛政五・七・十一年（一七九三・九五・九九）、享和元（前半のみ、後半欠）・三年（一八〇一・〇三）、文化二年（一八〇五）を載せ、次に第一軸「江戸御祭礼番附　一」より文化八・十・十二・十四年（一八一一・一三・一五・一七）を収載する。なお、上記文化十二・十四年神田祭番付は竹内氏編著掲載番付とは異版のため収載し、文化四年神田祭番付は既に拙著（福原　二〇一五）に掲載・翻刻しているので省略する。

さらに冒頭に、右の国立国会図書館蔵「江戸御祭礼番付」以外唯一、個人蔵寛政二年（一七九〇）山王祭番付を載せているが、これは安永九年番付と同じく、寛政改革による規制以前の祭礼の姿を描いた番付である。この年は天明大飢饉の後の時節柄を反映したものか、麹町の練物以外に事前の附祭希望の届出がなく、同年五月十九日、町年寄樽与左衛門は南北小口年番名主に対して、神田祭と比べ見劣りがするので、附祭総体で踊日覆屋台を五つは出すように命じている（小藤田　二〇一三）。

山王祭・神田祭番付というと、山車や附祭・御雇祭を出した主役の町々のみに眼が行き勝ちであるが、その背景には、各町入用より祭礼経費を支出している他の氏子町や同百六十二ヶ町以外の町々が裾野に広がっていたのである。

六　『享保撰要類集』「祭礼之部」山王祭関係記録（国立国会図書館蔵）

国立国会図書館には「古典籍資料（貴重書等）」、和古書「享保撰要類集」が収蔵されており、同館ウェブサイト内「デジタルコレクション」で閲覧でき、請求記号814－5である。江戸研究者、故南和男氏による同書誌抄録が載り、以下、アラビア数字を漢数字に変えて、必要部分を引用する。

「享保撰要類集」は年号を付した最初の撰要類集であり、享保元年（一七一六）より宝暦三年（一七五三）までの法令先例集である。四十二冊（現在九十四冊に分冊）。町奉行大岡忠相は執務上の便宜のため、市政上重要な法令および後世参考となると思われるものの分類、編集を命じた。忠相のときに完成したのは単に「撰要類集」と呼ばれ、現在国立公文書館内閣文庫および大岡家に伝わるものである（中略）。享保二十年（一七三五）大岡忠相の寺社奉行転出後も、町奉行所では引続きその業務を継続した。宝暦三年（一七五三）三月までの分を書き加えたのが、この「享保撰要類集」である。（中略）本館所蔵が唯一の伝本である。影印本としては四冊（御祝儀之部まで。第一冊から第四十六冊まで）が昭和六十年より翌年にかけて野上出版より刊行をみた（中略）。細目は『撰要類集細目』第一（『旧幕府引継書目録』九。国立国会図書館参考書誌部、昭和四二年。（後略）

「祭礼之部」は、野上出版より影印本が刊行済みの「御祝儀之部」次冊の第四十七冊目、「十四上ノ上」であり、全十九条の目次と本文より構成される。その第一・二条は江戸祭礼全般、第四・九・十一・十二・十三・十五・十六・十八の八ヶ条が山王祭、それ以外として第三・五・七・十・十七・十九の六ヶ条が神田祭、第六条が大杉明神祭、第八条が氷川明神、第十四条が江戸の天王祭にかかわる条である。本書では第一・二条と山王祭関係条を翻刻するが、前者は享保改革に伴う享保六年（一七二一）の触にかかわるものである。『江戸町触集成』五七二一号（近世史料研究会　一九九五）によると、同四月、「所々祭礼」に対して、屋台一切禁止・練物人数の制限（多人数の番組や町は三分一、中規模は半分に減少、それ以外はこれに準ず）・在り合わせの練物衣類や作り物のみ許可（購入等準備の禁止）・豪華な練物の禁止を触れている。そして、当時の「屋台」である二〜四車輪曳き・押し運行の四本柱屋形構造が奢侈として禁止されたのである。加藤曳尾庵による江戸後期の『我衣』には屋台に関して以下のようにある（森・鈴木・朝倉　一九七一）。屋台は寛永年間（一六二四〜四四）頃より存在し、特に元禄年中（一六八八〜一七〇四）に大仰（大規模）になり、幅一間（一八二cm程）、長さ九尺程（二七三cm程）の床に、手すり・勾欄を付け、内部に人形を二つ三つ据え、四周裾に幕を張り、幕内部にて囃子方が囃し、牛馬にて曳く。後には我勝ちに、長さ二〜三間（三間は約五・五m）の大型となり、牛二、三疋で曳くようになった。また、正徳四年（一七一四）の江戸根津権現祭で木挽町一〜四丁目が出した屋台に関して、『茉莉花』（山路他　一九七九：一七四・一七五）によると、四輪車四本柱で幅の梁間七尺×長さ二間半（約二一二×約四五五cm）とかなり大型であり、舞台と楽屋より成り、猩々人形を三体据えている。

このように享保改革では大型化に対して規制を加え、歌舞音曲や仮装行列（練物と総称）が減員された結果、手持ちの一本柱型の万度や傘鉾・鉾の類を数人で舁く形態の簡素な出し物が生き残ったのではなかろうか（福原　二〇一五）。

一方、本書で注目する第十三条の一部、元文四年（一七三九）の曲馬・人馬（「人馬乗」の記載もあるが、引用以外は人馬と表記）の興行に関して、安藤直方氏はその興行番付、さらに第十五条の一部、寛保元年（一七四一）大神楽番付を翻刻している（東京市役所　一九三九：一三三〜一三九）。本書では番付部分のみならず、前後の文脈を重要と考え、さらに曲馬・人馬の興行と朝鮮通信使に伴う馬上才との関連について論じる。

第十三条によると、元文四年の山王祭において、八代将軍徳川吉宗が日本の専業芸人による見世物芸を上覧したのであるが、それ以前より、朝鮮通信使来朝に際して朝鮮の曲馬芸人（馬上才）が同行して各地で公演し、江戸城内で将軍より上覧を受けることもあった（仲尾　二〇〇一）。李燦雨氏によると、馬上才は寛永十二年（一六三五）初めて公演され、翌十三年の朝鮮通信使来朝以降、その多くに伴って公演されるようになり、江戸城内「朝鮮馬場」の命名もこれによろう。享保四年（一七一九）吉宗が将軍として迎えた使節に伴う公演もなされた（李　二〇一四・一五）。吉宗にはおそらく、日本にはない騎馬民族的な朝鮮曲馬の印象が強く刻印されたのであろうか、後述するように、二十年後の山王祭において、日本の専業芸人による曲馬・人馬の見世物芸を上覧したのであろう。

ここで吹上上覧所と朝鮮馬場について記しておく。当初、山王祭・神田祭上覧場所は一定していなかったが、『徳川実紀』によると、宝永二年（一七〇五）には吹上の語はないものの、将軍襲職前の家宣と簾中御方が花圃の新殿にて上覧したとの記事が載り、宝永四年（一七〇七）山王祭に吹上にて御覧とある。一方、神田祭も宝永三年、同五年等に吹上での上覧の記載があるが、常設建物はなかったらしい。それが正徳二年（一七一二）神田祭には「馬場曲輪新建」の御覧所（家宣が上覧）とあり、これが吹上の朝鮮馬場前の常設上覧所であり、幕末まで歴代将軍が桟敷席を設けた。将軍家家族はじめ奥女中が御簾のうちに着座して上覧したが、嘉永四年（一八五一）『神田明神祭礼御用留』等によると、これを「御透見」と称し、「御簾内から透かし見る」のである（都市と祭礼研究会　二〇〇七：一六六）。『藤岡屋日記』「文化十二乙亥年（一八一五）大奥年中行事」山王祭の記事によると、「御台所の御方、吹上のた

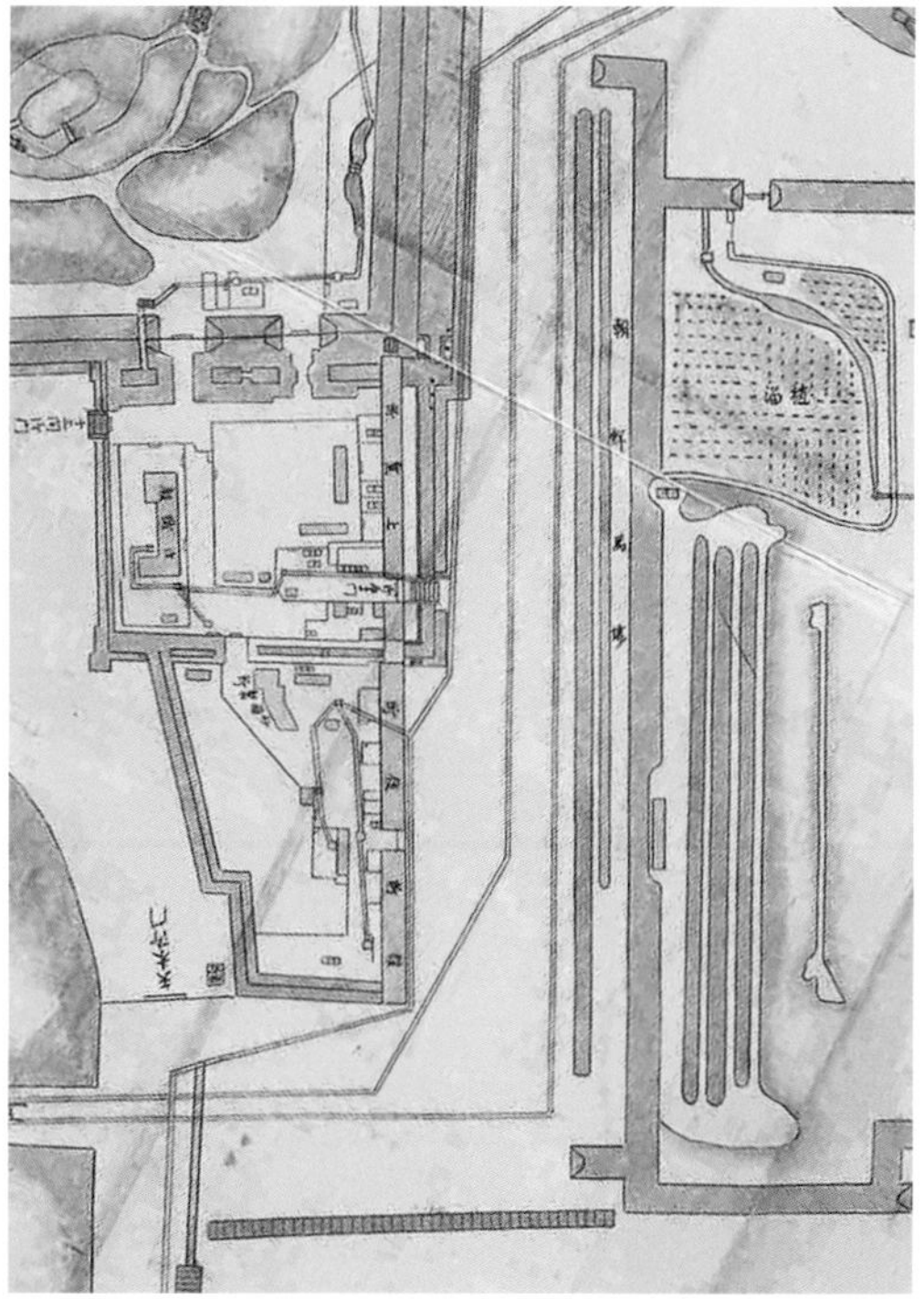

江戸城吹上上覧所

かどのへ入らせられ、つきしたがふ女房たつ（ちゃー引用者註）きらをかざり、御膳所より御送りもの御取ひろめあり、附祭り御好ミの品は御広敷御用人より町奉行へ達しておふせ付らる」（鈴木・小池一九八七：一五七）とあり、将軍夫人や大奥が着飾り、食事を取りながら所望の出し物を見物したのである。

右の図は東京都立中央図書館蔵：東京誌料「江戸城吹上総絵図」の部分図であり、吹上上覧所が描かれる（奥書：御作事方大棟梁甲良筑前棟村控、文化二乙丑年（一八〇五）二月、万延元庚申年（一八六〇）御普請絵図）。朝鮮馬場とは田安・清水両家の南側、上覧所より見下ろせる馬場であり、山王祭の行列は上覧所と朝鮮馬場間を通り、同馬場は巡行路に沿っていた（現北の丸公園）。

上覧の時刻に関しては、宝永二年（一七〇五）六月十四日の令（近藤守重編『憲教類典』国立国会図書館「デジタルコレクション」）によると、行列は長蛇であり、先頭は五つ時頃（現在の午前八時頃）に半蔵御門に入り、上覧は大体午前八時半頃からであった。『幕間故事談』によると、上覧は七つ時（午後五時頃）までほぼ一日かかった年もあったのである（日枝神社　一九七九：六二八・六二九）。『甲子夜話』十四巻二一「山王祭上覧所前に標を立る事」によると、文政期（一八一八～三〇）頃、御覧所の桟敷前に、奉書紙で包まれ、金銀の水引をかけた長さ四尺程の「標」が立てられ、山王祭行列はここを目印に停まって附祭や御雇祭の出し物を演じた（松浦・中村・中野　一九七七：二四二）。

馬上才の画像に関しては、前掲仲尾論文に京都市伏見区淀の渡辺家蔵の肉筆図巻が載せられ、他にも高麗美術館蔵「馬上才図」（朝日新聞二〇一八年一月二十一日「民衆が熱狂　朝鮮通信使」）、個人蔵「馬上才図巻」（東京国立博物館　一九八五）、佐賀県立名護屋城博物館蔵「馬上才図巻」、宮内庁書陵部蔵「朝鮮人戯馬図」等があり（京都文化博物館・京都新聞社　二〇〇一）、版本としても宝永元年（一七〇四）『宝永華洛細見図　巻十』に京都本国寺における馬上才が描かれている。さらに、錦絵として、石川豊信画紅摺絵の朝鮮曲馬「曲馬喜平得見稀騎乗煙立鳥如飛」（川添裕氏蔵）があり、川添氏は明和元年（一七六四）の朝鮮通信使に伴う曲馬であるとの解説を行っている（たばこと塩の博物館　二〇〇三、川添・木下・橋爪　二〇〇三）。また、山王祭三番組麹町十一～十三丁目が出した傘鉾の出し飾りとして、享和二年・文化三・五・十三年（一八〇二・〇六・〇八・一六）番付によると「唐人曲馬」「馬乗唐人（人形）」とあり、馬上才を造形化している。

一方、元文年間（一七三六～四一）頃より日本の芸人が朝鮮曲馬を真似た見世物「人馬」が興行されていた。そして、元文四年山王祭には、おそらく、見世物興行は見られない立場の将軍と家族、大奥側の所望により、当時評判の「大坂下り」曲馬見世物が朝鮮馬場にて演じられたのである。これが同年の大神楽や品玉のように、費用の一部を幕府が負担する御雇祭として行われたものか、定かではない。

ところで、第十三条にあるように、曲馬と人馬とは区別されたようであるが、実際の見世物興行においては全て曲馬とする記述もみられる。馬が主役の曲馬は享保期以前より興行されていたが（朝倉　一九二八）、朝鮮曲馬の特徴である「馬上の人間の曲芸が主である人馬」という軽業興行は、この山王祭の時期より見られる。すなわち、元文二年（一七三七）八月、豊後国府内藩（大分県大分市）の浜之市、翌三年九月、京都伏見御香宮境内の興行が確認されている（以下、蹉跎庵主人制作ウェブサイト「見世物興行年表」を参照するが、以下、制作者名のみ記す）。現行の京都市伏見区「藤森神社駈馬神事」は、見世物興行の拠点であった御香宮境内の人馬興行に影響を受けたものと思われる。

また、蹉跎庵主人によると、人馬の軽業とは「馬の肩に人を立たせて疾駆し、肩上の人物が障害物を飛びこしたりする軽業」とするが、技芸は後述するように多種あった。見世物小屋内の人馬は西洋サーカスのように円形舞台であったろうが、朝鮮馬場における人馬はもちろん直線馬場での演技であった。

第十三条によると、山王祭に先立つ同年六月七日、大天狗市郎兵衛（大坂北浜出生にて、米運送の稼業のため江戸へ下り、人馬スタッフの一人であるが、興行師であろうか）他二名が、曲馬と人馬の演技者について、以下のような身元紹介を行っている。江戸馬喰町の曲馬芸人・佐々木平馬と弟子の人馬芸人・佐々木数馬が演じるが、馬喰でかつ神道流曲馬乗の平馬は、浪人で常陸国先間村の百姓となった梅沢七郎右衛門の悴にて、幼年より馬相撲を好んで荒業を行い、江戸へ出て、「馬喰中次」渡世をしている。数馬は京都三条猪熊東江入町の町人金吹屋与兵衛の悴であり、人馬にて渡世し、江戸にて平馬を親方に頼み、人馬の見世物興行を行っている。

演者側は朝鮮馬場に砂利石等があっては危険なので、六月十一日の馬場見分と、十四日には曲馬演技場所へ六尺×八尺程の人馬乗台（下を簾か幕で囲み、上に五間（九m強）階子を建て置く）を設えるように依頼する。御徒目付・吹上役所役人が上記を差図し、十一・十四日共に組与力が相添う。この乗台等の費用は町方地代金を以て充当する。

六月十四日、「曲馬乗・人馬乗　人数書付」が提出され、曲馬乗・平馬、人馬乗・数馬、曲馬乗・成田団七（平馬弟子）、請太刀・奴子清六、人馬・大天狗市郎兵衛、□（同人馬ヵ）小天狗善六と一的定七、木挽町馬場守・忠兵衛、世話役手伝・十六人の計二十四人。また、「曲馬乗・人馬乗　番附」として、以下の各演者とその馬上での技芸名と内容が記されている。

①曲馬・再拝乗、②人馬・仁王指乗（馬場中溜にて馬上で逆立ちする）、③人馬・唐傘乗（傘二本を持って五間階子を駈け上がり、帰りには唐傘を遣い、一散に駆け下りる）、④曲馬・居合用馬、⑤人馬・足合乗（両足を合わせて乗り、棒を遣って座禅乗に移る）、⑥人馬・座禅乗（片足にて座禅を組み、居合抜をする）、⑦曲馬・弓用場、⑧人馬・居合乗（一来法師山車人形の頭上にて、片足で立ち、居合抜きをする）、⑨人馬・長刀乗（一散に駈け、長刀遣いの芸をし、帰りは片足にて乗り、ちらしをふる）、⑩長刀と鑓の組合、⑪人馬・下り藤乗（駈けている最中馬の肩に乗り、演技中頃に下り、片足を馬の顎へかけて後ろへ反り、扇子二本にて地面を掃く）、⑫曲馬・平馬弟子・横添合の扇子駈け・成田団七、⑬人馬・踏外し乗（馬の肩に乗りながら、片足を踏み外し居合抜き）、⑭人馬・文字書乗（馬の肩に乗り、駈けながら大文字・真草仮名・左文字書き）、駈け大まくり長刀

以上は朝の内の演技であり、ここで御雇大神楽が演じられる。

⑮曲馬・平馬弟子・下り藤乗・成田団七、⑯人馬・鴈木乗（馬の肩の上に乗りながら五間階子を上り、上より片足にて馬の肩に乗り下り、途中で飛び下りて綱を投げて肩に乗り、片足で駈けさせる）、⑰人馬・輪乗（一散に駈けながら、車の輪の如く廻り、花を散らす）、⑱曲馬・平馬弟子・立一散・成田団七、⑲人馬・羽のし乗（馬の頭に腹を付け、一散に駈け、帰りに三人乗に移る）、⑳人馬・花車乗（片足で馬の肩に乗り、階子を駈け上がり、帰りに肩を離れて花車にて下り、再び肩へ移る）、㉑曲馬・平馬弟子・烏飛・成田団七（帰りに㉒の落花散らしに駆け乗る）、㉒曲馬・落花散らし駆け・成田団七、㉓人馬・舞獅子（獅子が牡丹に戯れる所作をし、五間階子の上へ上りながら獅子を遣い、宙返りする、獅子を舞す節、蓬莱乗を演じ、千秋楽となる）

以上、人馬は数馬、曲馬は平馬と成田団七が演じたが、⑫・⑮・⑱・㉑・㉒の五技に関しては記載が他と異なり、本来平馬が演ずるはずであったが、下記によると、体調不良のため、弟子の団七が急遽演じたらしい（成田団七に関しては事前に身元紹介はない）。

六月十九日、下物（褒美）として町方地代金を以て、佐々木平馬、佐々木数馬、平馬急病にて代わりに曲馬を務めた成田団七に、各金七両宛、大神楽二組に金十三両、品玉師勝三郎に金四両が下された。右の曲馬・人馬への褒美は計二十一両、総勢二十四名である。

大神楽・品玉に関しては、本史料第九条によると、山王祭十五番組（通新石町・須田町・連雀町）と同三十五番組（竹川町・出雲町・芝口町一町目西側）が御雇祭として出したことがわかる。御雇祭とは幕府の命により、他の祭礼と区別して盛り上げるために山王・神田祭のみに出され、幕府が経費の一部を負担し、町方が専業芸能等の出し物を出したのである。御雇祭は初めは大神楽やこま廻し（曲こま）等であったが、のち、幕府（将軍、家族や大奥）の所望により、附祭と同様の出し物も出されるようになる（前掲文政七年の「品替」）。国立国会図書館蔵『太神楽及御役材木旧記』「大神楽初利《はじまり》」によると、享保十二年（一七二七）の山王祭において大神楽二組の上覧がなされ、弥左衛門町・新肴町・材木町が世話番となり、一組に金四両が下された。これが御雇祭の濫觴であり、その後も毎回ではないものの、前掲書によると、元文四年には総勢十三人により神楽獅子・曲太鼓・籠毬曲・道化の曲鼓・鹿島踊りの曲が演じられた。以降も、同町による御雇大神楽は踏襲されてゆく。

一方、上記人馬⑧に山王祭山車の一来法師人形が出ている。これは同祭十一山車番組（本石町一〜四丁目の四ヶ町と十軒店が構成）が出すことが多いものの、この時期には未だ祭礼番付が確認されておらず、本史料により、十一番組による一来法師人形を元文四年まで遡及できるとしたら、曲馬・人馬は同番組による御雇祭であった可能性もある（本書29頁㉑参照）。

つまり、この時期には御雇祭として、専業芸人による大神楽・こま廻し・品玉等と同様に、専業見世物興行の曲馬・人馬も行われたものと推定される。

一般的に、上覧場所では、御雇祭や附祭を出した番組町は山車とともに（その付近にて）、附祭・御雇祭のパフォーマンスを催したものと思われるが、この年は十一番組により一来法師人形を使って演出効果を高めて曲馬・人馬が演じられたのであろう。

ここで、その後の人馬興行について触れておこう。以上のように、大天狗の一座が山王祭の上覧人馬で評判を取り、褒美を受けた一方、翌年（一七四〇）と宝暦四年（一七五四）には江戸の人馬興行が、寛保二年（一七四二）には麒麟之助による人馬が停止を命じられている。

元文五年閏七月、以下の人馬の軽業の禁制が出されている（近世史料研究会　一九六六：七一）。

二五六二号

覚

近来人馬と申、様々曲致、人を集候ニ付、真似候者多、其内ニハ人柄不宜者も仕習候ハヽ、不埒成儀出来可申ニ付、向後人馬其外軽業等之曲いたし候儀、停止ニ申付候事、

右之通被仰渡候間、町中不残入念可被相触候、以上、

閏七月廿四日　町年寄三人

二五六五号

申閏七月廿九日　樽屋ニ而年番名主江被申渡

一、此間、人馬軽業曲致候儀御停止之旨御触有之候、此儀ハ人馬ニ付候軽業曲之儀ニ限リ御停止ニ候、前々より有来候致軽業候儀ハ御構無之候間、此段寄々申達《通(ケ)》候様被申渡候、

蹉跎庵主人は「人馬の軽業をやるものが跡を絶たない、つまりそれだけ人気のあった演目であったことの証左」とコメントしている。また、朝倉無声氏は『続談海』の元文四年落首、『元文太平記』巻第四「目録」にある「一、佐々木平馬誉之事附り人馬驚人目之事」を引用して、人馬が禁止された具体的な理由について、悪漢がこの術を習得し、高い塀を楽々飛び越えて盗みに入るようなことを懸念したのではないか、と推測している（朝倉　一九二八：三二六）。

このように、見世物興行「人馬」の一部は禁止されるが、先述したように明和元年（一七六四）の朝鮮通信使に伴う馬上才上覧があり、同九年（一七七二）六月十五日山王祭の朝鮮馬場における大坂下り大

曲馬見世物上覧が『半日閑話』に載り、麹町が附祭として請けたとある（『半日閑話』大田南畝、日本随筆大成編輯部　二〇〇七：三〇二）。すなわち、「大曲馬見世物　比《(此)》月中旬よりして両国薬研堀新地におゐて、大坂下り大曲馬見世物評判甚し。番付を鬻ぐ。錦絵にも出る。太夫元　村上平蔵、秋月三平長谷久吉　渡辺金蔵　村上金八、口上　初島才次、頭取　八竹友江。六月十五日、山王祭礼之節、於朝鮮馬場、上覧有之、尤麹町より請之」とある。これに関しては、「山王祭礼年表」（千代田区教育委員会・千代田区立四番町歴史民俗資料館　一九九九：八三）にも載るが、『徳川実紀』（第十篇：三八九）には掲載なく、信憑性が薄い。大田南畝による誤記録かと思われ、その背景には、同年（明和九年）の両国における以下の興行人気があったものと思われる。蹉跎庵主人によると、これら興行の報条（引札）、錦絵や番付が確認されており、それによると、明和九年四月中旬より、両国薬研堀において、村上平蔵一座の曲馬が興行されている。蹉跎庵主人はこの興行に関する四種の錦絵を確認し、うち三枚が海外の美術館蔵であり、本書25頁には細判錦絵、北尾重政画、丸屋小兵衛板「大坂下り　大曲馬秋月三平」（国立歴史民俗博物館蔵番号：H－22－1－20－2、縦三一・一、横一四・一㎝）を掲載するが、正確には人馬の芸である。

なお、同氏が指摘するように、平賀源内作の浄瑠璃、安永二年（一七七三）の「嫩榕葉《わかばのみどり》相生源氏」に、「近ン年はやりの曲馬。立チ駈け一さん下カり藤。敵隠レ蝉どまり、鶴の餌拾ひしめくゝり」（平賀源内先生顕彰会　一九二〇）とある。立駆け・一散・下り藤・敵隠れ・蝉留まり・鶴の餌拾い等の技が記され、人馬は元文期以降にも長期間流行していたことがわかる。

七　文化五年「山王御祭礼一件帳」（国立歴史民俗博物館蔵）

本書は町方・町人の祭礼としての山王祭を取り上げているが、山王祭は政治的・経済的に全国で最も幕府権力と密着していた祭礼でもあった。そのため、武家と山王祭に関する関係性の側面に関する史料として本書を紹介する。

文化五年（一八〇八）「山王御祭礼一件帳」は、同年山王祭における平戸藩による神田橋御門番の勤務史料である。紙本墨書縦冊一冊、表紙・裏表紙、十七丁、縦二七・七横二〇㎝。

本史料は、国立歴史民俗博物館蔵「江戸幕府関係資料（江戸城神田橋御門御用覚帳ほか）」、同館番号H四八八－六八の一書である。「江戸幕府関係資料」は「神田橋御門番所関係文書」および「平戸藩松浦家文書」計六十九点よりなる。前者の番所関係資料のうち、「御用留置帳」や「番中日記類」は番所に備え置き、常時書き付けるもので、後年整理され、写し替えて本史料に留めたものと推定されている（国立歴史民俗博物館ウェブサイト内「館蔵資料データベース」）。本史料は文化五年六月十五日山王祭における、平戸藩による神田橋御門番の勤務状況の報告書であり、当時の平戸藩主は第十代藩主松浦肥前守熈《ひろむ》であった。同年の平戸藩同門番頭は井上三郎左衛門と小関三七であり、本文中の「殿様」とは藩主熈のことである。

さて、江戸城の各見附の警備は早くから大名・旗本に命じられ、城門番はその城門の重要度によって、ある門は何万石以上の大名に当たらせる、という方法がとられた（以下、千代田区図書館　一九七〇を参照）。すなわち、大名・旗本の家格に応じて、門番として通行の監視や警備が割り当てられており、城門警備は平時であっても幕末まで「軍役」として扱われた。山王祭礼に際し、祭礼行列自体が神田橋御門を通るわけではなかったが、普段より厳重に警戒する必要があったのである。

神田橋御門は、将軍が日光や上野に出かける道筋の門でもあり、橋の内側（南側）には三卿の一つ一橋家や庄内藩主酒井家の上屋敷があり、その外側は神田の町の西端にあたり、日常的に要人の通行が多かった。同門は七万石程度の外様大名か、国持大名の分家で三万石以上の大名が門番を担当する規定になっており、守衛人数の定数は七十名であった（滝口　二〇一三）。同門と同格の外桜田御門の場合、宝暦年間（一七五一～六四）頃の門番装備として、鉄砲十挺・弓五張・長柄十本・持筒（大砲）二挺・持弓一組に強化され、大名の格式も譜代大名のうちで外様に準じる家柄の五万石～三万石の大名担当となった。祭礼時等は城門の枡形に侍一人、門の下に徒士一人が加番（本史料の「増詰」）として配置された。

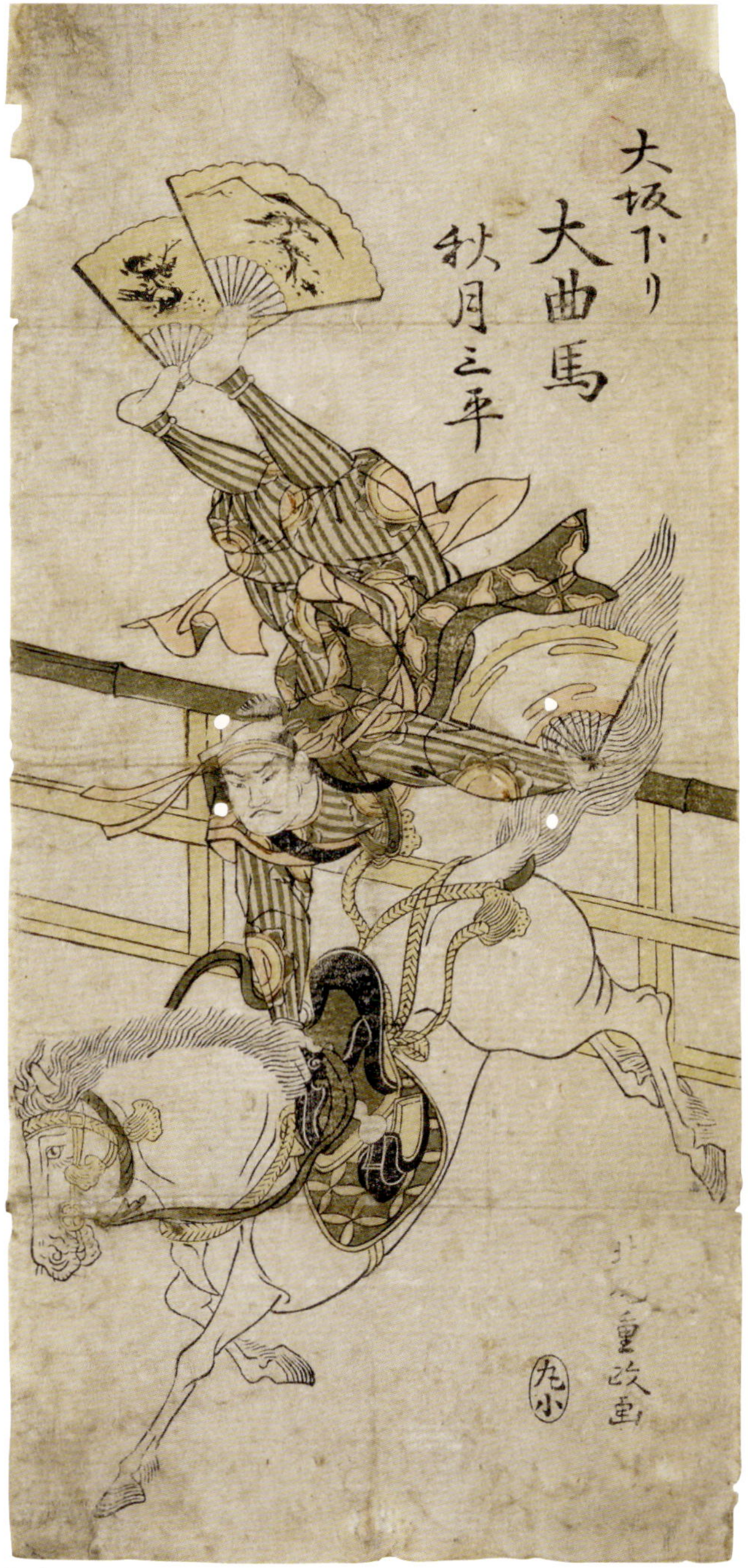

「大坂下り大曲馬 秋月三平」北尾重政画　国立歴史民俗博物館蔵(H-22-1-20-2)

さて、千代田立日比谷図書文化館には文化八年（一八一一）四月に書写された「神田明神祭礼　朝鮮人来朝御番所勤方覚」が収蔵されている。その前半は宝暦十三年（一七六三）、神田橋御門警備の当番であった三田藩《さんだ》（九鬼家）の家臣二人が、祭礼時の勤務状況について記したものである。同時期の門番は、三田藩と弘前藩（津軽家）の隔月交替（相互に「相藩」と称する）であった。

さらに同館には、享和二年（一八〇二）に写された寛政十二年（一八〇〇）山王祭の「神田橋御番所絵図面　三拾番・山王祭礼」（「山王御祭礼立固絵図」）と、享和元年（一八〇一）神田祭の「神田橋御番所絵図面　三拾一番・神田明神祭礼」（「神田明神祭礼内外固図」）が収蔵されている（千代田区教育委員会・千代田区立四番町歴史民俗資料館　一九九九：三三）。

加えて同館には、但馬出石藩仙石家に仕えていた柳原家旧蔵史料古文書七点が収蔵されている（滝口　二〇一三）。なかに、同藩が文政五年（一八二二）五月から一年間、神田橋御門の警備を担当した際の「神田橋勤方日記」があるが、これは同藩徒目付相原半蔵の職務日記であり、相原は他の徒目付二名とともに賄役兼帯の勤番を命じられ、これを記している。

同史料によると、文政四年五月から翌五年四月までの同御門番は平戸藩（藩主は前述文化五年と同様煕）であり、出石藩は平戸藩より継承して、同五年五月から翌年四月まで勤めており、出石藩との隔月交替の相藩は萩藩支藩の長府藩、藩主は毛利甲斐守元義であった。

すなわち、出石藩は文政五年六月十五日の山王祭時の門番も勤めたのであり、滝口正哉氏は「山王祭当日は（出石―引用者註）藩主政美以下家老・用人・番頭・留守居など重役も早朝から姿を見せるが、これは警備にかこつけた祭礼見物にほかならない」と解説している。

本書98頁について触れておくと、山王祭において「花出其外御祭礼附之品」が当御門（神田橋御門）を朝六つ時前に通り、跳御門を打通る事、同門を通らない出し物は大御門の片扉をゆるめ通し来る事、その場合は前夜に「御祭礼町」より相談に参るので右の通り取り斗う事、と本書では解している。この「跳」の読みが正確なら、跳御門とは跳橋御門、すなわち本丸御殿周辺を囲む堀を渡るための跳ねる（通行時のみ架ける）二つの可動橋（桔橋）のことである。北桔橋（日枝神社　一九七九では北桔槹橋とも表記）と、吹上と本丸を結ぶ西桔橋があったが、北側から入るので前者であろうが、いずれにしても山王祭の城内巡行は本丸へは入らず、吹上より西桔橋御門・北桔橋御門の外側を通ったのである。

本史料によると、文化五年、山王祭礼行列一行ではなく、「花出其外御祭礼附之品」のみが本行列とははじめから別行動を取り、神田橋御門より入り北桔橋門を渡り、同門を通らない程大きな物は閉鎖している大御門（北側なら平川口大御門）の片扉を開けて通過し、本丸へ向かったのであろうか。しかしながら、その目的は本行列に合流したり、通過するためではなく、「花出」等が本丸内のいずれかへ奉納（贈答）されたのかもしれない。

「江戸山王祭礼絵巻」

紙本着色一巻

神田神社蔵

※解題は本書8頁を参照

① ② ③ ④

①以下、筆者が便宜的に行列集団毎に○番号を付した以下の解説で本書57～91頁の一枚番付に拠る箇所があるが、典拠の番付名を引用していない

本絵巻に描かれた町木戸や町家の屋根が絵空事でなければ、行列場所は内郭(内堀内側)や武家地ではない。常盤橋で解散する附祭が続くので、集合場所の山下御門より半蔵御門までの間である。さらに山王権現を出発する榊が先導するので山王権現より半蔵門御門までの町人地に限られる。堀外側の警固は町奉行配下の与力・同心である

二本差し、裃姿の七人が先導
丸に三つ玉紋や三つ菱紋

二本差し、羽織、尻端折、脚半二人

参加町人の佩刀に関しては、拙解題にある江戸町触貞享四年（一六八七）二五七八号等、太刀の禁制が出されており、本解説では町人の一本差しを長脇差しとしたが、木刀等祭礼の模造刀の可能性もある武家の警固に関しては34頁に記したが、「与力同心諸出役勤方」（千代田区教育委員会　二〇〇八）には滝口正哉氏による翻刻が載るその「山王祭礼出役」によると、出役与力は先番・跡番五人ずつ、出役同心は同じく十五人ずつが勤め、与力は染帷子・麻裃を着、騎馬にて加わり、同心は羽織・袴を着て勤める。両者とも半蔵御門より常盤橋までの城内は衣装の股立を取り、外に出ると与力は股立をおろして乗馬で警固する

鳥毛、挟箱、同じ菱紋と装束、尻端折の二人

②二本差し、三つ菱紋、裃、杖突き四人

挟箱、床机、山王権現の祭器三叉鉾

二本差し、黒羽織と袴、杖突き二人

③白丁烏帽子の御幣持と三つ巴の大拍子持
バチで打つ

折烏帽子、素袍の二人

④白地に朱字にて「大傳馬町」と書いた幟十人
長脇差一本差し(以下「一本差し」とする)、羽織、尻端折、脚半

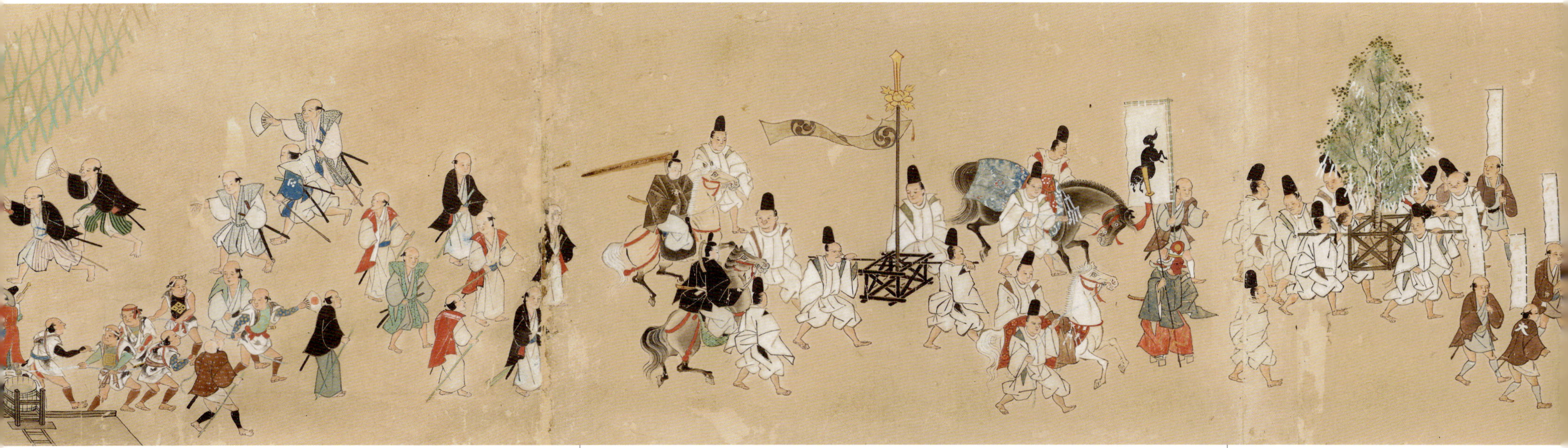

⑤

⑥

根付き(根こじ)の大榊、舁き手は交替も含め、烏帽子、白丁の十人

前掲「山王祭礼出役」(「与力同心諸出役勤方」)によると、榊の神社出発刻限は寺社奉行衆より山王別当観理院・神主方へ差図があるが大概五つ時分の頃、先番が榊を警固して半蔵御門外まで進む。内郭警固の徒目付衆が案内をし、榊が御門内へ繰り入れられて後、行列(練物)を「番付」に引合わせ、順番に御門内に繰り入れる

⑤金鉾持の鳥兜、鼻高面、高足駄の猿田彦

黒い下り奔馬の幟

注連が引かれ、背の懸装品が美しい栗毛と白馬の神馬二頭

「江戸山王祭礼之図」(日枝神社蔵)を紹介した拙著(福原　二〇一五：六九)では山車・神輿行列の後ろに同幟が描かれ、上野寛永寺よりの法師武者が続くとあるが、山王権現別当観理院より出る

小林永濯画『温古年中行事　第三集』(福原　二〇一八：一三)では相馬家よりの大幟とする

祭器の剣鉾、牡丹の造形、三つ巴紋の吹き散り

騎馬の神主二人

⑥以下、町方による山車と附祭行列

本書解題において、附祭は練物、傘鉾、屋台、曳物等で構成されるとした

本絵巻の時代の山車は一本柱二輪車牛曳き、屋台は屋根付き二輪車牛曳きが主である

屋台には踊屋台(舞踊や芝居を演じる移動舞台の芸屋台)、囃子を奏す囃子屋台、人形を据える人形屋台等があり、なかでも人形屋台と引物の区別は難しい

引物は露天、四輪台車が主であり、台車自体の背は低く、上の造り物が巨大な事例が多い

本書掲載の他のカラー二絵巻は化政期の山王祭を描き、同時期の附祭には引物が多いのに対して、本絵巻には引物は見えない。すなわち、引物は化政期以降の特徴と思われる

一番組の大伝馬町山車の八人の警固

七人は羽織、杖突き、一本差しの町人

中央のみ薄緑の裃、袴の二本差し

本絵巻を読み解く際に難しい問題は屋台上の人物像が人形か、人間かの問題である。絵巻天地幅の制約により、山車・屋台の高さが縮小されるに伴い、人形、人間の大きさも縮小されている。本書では、屋台上の人物像が周囲の人間に比べて小さくとも、内容から見ると幾つかは、人の仮装による出し物と判断している

大伝馬町の吹貫、諫鼓鶏山車を揃いの装束八人が綱で曳く

なかには襷掛け、鉢巻き、腹掛けには家紋か

最後尾は赤い褌が見えている

上には三人の裃の二本差しと二人の黒羽織袴姿が往来留の竹矢来と町木戸に向かって指や扇子で差しながら走る

下には天水桶が屋根にのる

左に切り妻板屋根(瓦屋根ではない)が続く

⑦ ⑧

十八世紀初頭頃の前掲「江戸山王祭礼之図」（下図）では荷車を転用して牛で曳くが、本山車は櫓台四方に紺幕がかけられており、人が曳く二輪車

諫鼓鶏の造り物と同様の長胴鋲打太鼓をフリルの付いた唐人服と唐人帽二人がバチで打つ

一人が後から刺又で山車の一本柱を垂直に支え、手前には交替要員もいる

⑦木戸口よりの二番組南伝馬町の吹貫、猿人形の山車一行の警固

竹矢来の向こうに緑の長羽織は白く「南」と染められている

同人を含め、笠を被り、裃袴の南伝馬町人九人の

下には大伝馬町山車と同じ二輪構造の山車と思われ、烏帽子猿が金色の御幣を担ぎ、檜扇を持つ。一本柱額には恐らく「南伝馬町」

唐人服と唐人帽の太鼓打であろう

三人の一本差しの床机持

白地に朱で南伝馬町と書いた幟十人は一本差し、羽織、尻端折、脚半

山王祭・神田祭ともに先頭の大伝馬・南伝馬町のみ、自町名を染めた幟持が出るのは伝馬役という国役を負っているため

⑧三番組麹町六組と四番組による二、三層の傘鉾十七本、二輪台車以前の舁型

傘鉾とは笠鉾とも記し、祭礼・小正月や盆行事・祝賀の飾り物の一つで、長柄の大傘の上に鉾・造花・人形・出す町のシンボル等を取り付けたもの。当初は一人の手持ちであったが、風流化・大型化すると本図のように下台を設けて複数人で舁いたり、車を付けて曳く本絵巻では四人で下台（倒れないようにバランスを取る重し）を舁く。一本柱を下台から傘上の人形まで貫通させる構造で、一本の傘鉾には警固が数人付く。下台側面には「…丁」と記された傘鉾もあり、各町名が記されているものと思われるが、字はほとんど判明しない

傘下には吊し飾りとしてカラフルな袋・団扇・扇子・布切れ等

人形下には勾欄はなく円形や方形の台

先頭三層傘鉾は南伝馬町の出し飾りと同様の烏帽子男猿が金色の御幣を担ぐ。山王祭番付では麹町一〜三丁目が男猿ないしは女猿を出す（隔年交替の説あり）。前掲「江戸山王祭礼之図」同一丁目の出し物

二番三層傘鉾の人形は羽織袴で鈴を持ち、扇を拡げ、冠を被る翁か

三番二層傘鉾の人形は黒漆塗りと思われる箱をうやうやしく持つ男

四番二層傘鉾の人形は鈴と扇子を持ち、黒色尉面の三番叟が片足をあげ演技している

五番三層傘鉾の人形は毘沙門天が鬼を逐う

六番二層傘鉾の人形は能「高砂」、熊手の尉と箒の姥

前掲「江戸山王祭礼之図」では麹町七丁目

七番二層か三層傘鉾の人形は龍神が珠を捧げ持つ能「竹生島」

山王祭二十一番組の定番山車も龍神

八番二層傘鉾の人形は白馬に騎乗する公家

麹町の三組は交替で馬乗人形・公家人形を出す

九番二層傘鉾の人形は屋形内で鼓をバチで打つ

次頁の太鼓打人形と関係があるか

前掲「江戸山王祭礼之図」では麹町九丁目

十番の恐らく二層傘鉾の人形は猿の逆立ちで、これはからくり仕掛けで動くのであろうか

麹町十一〜十三丁目の雲（蜘蛛）舞猿人形

十一番二層傘鉾の人形は唐子の雪転《まろ》げ（雪玉つくり）

安永九年（一七八〇）山王祭番付等に載る（竹内 二〇一七：九〜一一）

十二番傘鉾の人形は朝鮮通信使に伴う朝鮮曲馬「馬上才」

麹町十一〜十三丁目の享和二年（一八〇二）・文化三年（一八〇六）は唐人曲馬

十三番二層傘鉾の人形は四番組の山王・南大坂・丸屋町が出したもので、水車に枝垂れ桜等の造花

前掲「江戸山王祭礼之図」では山王町

十四番二層傘鉾の人形は屋形内で太鼓をバチで打つ投げ頭巾の少年

寛政四年（一七九二）麹町七～十丁目は太鼓打人形

千代田区立日比谷図書文化館にはテケテン小僧（太鼓打）人形と太鼓が収蔵されているが、山王祭礼で麹町五丁目山車に使用されていたと伝えられる山車人形であり、カラクリ構造を持つ山車人形として現存する数少ない事例である（滝口　二〇一七）

十五番二層傘鉾の人形は鍾馗が疫鬼を投げ捨てる造形

麹町平河町三丁目・山元町が出した

十六番二層傘鉾の人形は松に鶴の島台

十七番二層傘鉾の人形は猩々

前掲「江戸山王祭礼之図」では麹町四丁目

⑨ここからは山車と附祭が混じっているものと思われる

上の踊屋台は黒牛が曳く二輪車の湯立屋台、正面に湯立釜が置かれ、巫女による湯立て神楽。大きさは人形らしいが、絵巻天地幅の制約によるものであり人間であろう

正面額に「王子丁」とあるが、前掲「江戸山王祭礼之図」では山王町とあり、王子丁は誤りであろう。貞享四年（一六八七）『江戸鹿子』「山王祭神事作物次第」山王祭四番「家台湯立」は山王町・大坂町・丸屋町三ヶ町であり、六曲一双「江戸天下祭図屏風」（京都市個人蔵）にも描かれている

折烏帽子が横笛で囃す。あとの二人も囃子方であろう。本絵巻では囃子方の描写が少なく、他は屋台下幕内で奏しているものと思われる

前方柱に神楽採物の笹竹が立てられる

⑩下の屋台の右側の姫は人形であろう

貴族の邸宅らしき建物、勾欄には金色の擬宝珠

屋台後部には薄壁状の緑山に盛りの梅造花

若い女が和泉式部だとすると能「東北《とうぼく》」の前場の趣向の可能性がある

旅の僧が都に着き、見事な梅の咲く東北院を眺めていると、若い女が現れた。この寺はもと中宮上東門院の御所で、仕えていた和泉式部がこの梅を植えたと教え、実は自分はこの花の主だと言って姿を消す。（中入）

古くは「軒端梅《のきばのうめ》」の名を称したこの能には、全編、早春の梅の匂い立つ端麗さが漂い、この人形屋台も和泉式部、御所風建物、梅で構成されている可能性がある

後ろには刺又を持つ男が見え、進行を妨げる障害物をはらうのであろう

⑪轅に牛はおらず停止休憩中。二輪車の湯立て巫女神楽、右上の山王町の屋台は人間であろうが、これは人形であろう

神殿と鳥居、鳥居下には湯立て釜、鳥居の向こうに笹竹、鈴を持った巫女が舞い、神殿の後には杉

⑫一本柱吹貫万度（万灯）型山車、出し飾りは薄に三日月の武蔵野の造形、下台を地面に据えて休憩中、万度には「御□□丁」とあり、暗くなると灯りを灯したものと思われる

⑬轅に牛はおらず休憩中、障子か布の屋根の屋台。正面では音頭取りが日の丸扇を片手に踊る

二輪車の七福神の内、三神の屋台、人間の仮装であろう。『江戸鹿子』山王祭六番は本町四丁分の「三福神」

右に打出小槌を持った大黒、中央に福禄寿、左に大袋を背にした布袋。後掲㊱には布袋、毘沙門、大黒、福禄寿

前掲「江戸山王祭礼之図」によると、本町一～四丁目による五福神船にはこの四神に、船に因んだ恵比寿が加わる

⑭船に見立てた練物、下からは二人の高足駄が見え、自ら歩く船頭が櫂で漕ぐ真似、後ろは「でんか」が見えるので田楽売りであろう。女が団扇を持って田楽を炙る様子を演じる

⑮三人の大頭風流の練物

団扇を持った大頭女、煙管をくわえた大頭男、負ぶわれた大頭の僧形か、老人

十七世紀中・後半の「江戸天下祭図屏風」（京都市個人蔵）の右隻第六扇下部、山王祭における呉服町吹貫に続き、三人の大頭風流の練物が描かれる。これも呉服町が出したものか

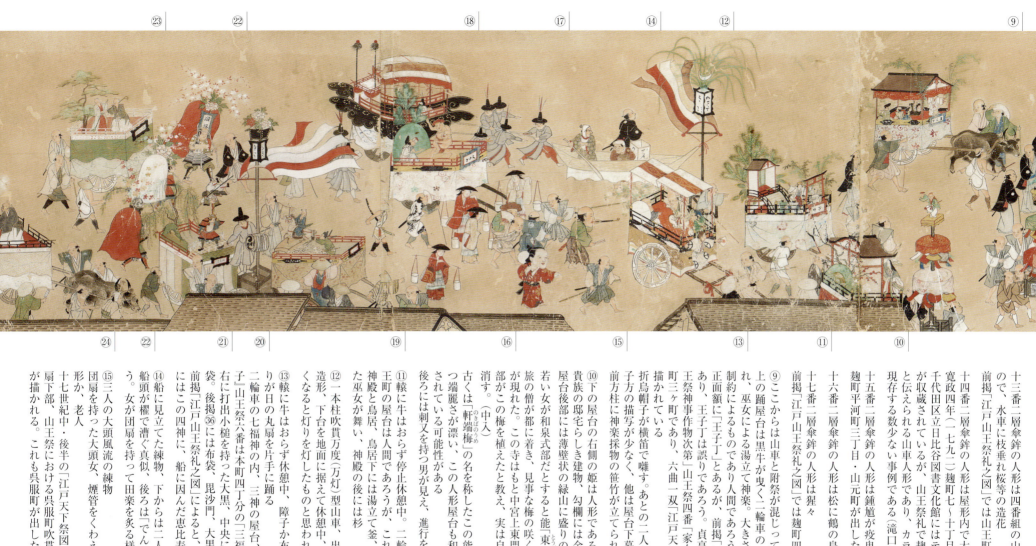

茨城県小美玉市小川は江戸期は河岸の町であり、小川の横町には「横町覚書」が伝来している（小美玉市小川資料館蔵）。本史料は小川町の祇園祭（現素鵞神社）の記録であるが、寛政十年（一七九八）、横町若者二十二人が大頭の仮装で踊った。また、若狭国小浜の『小浜祇園祭礼絵巻』（福井県小浜市広嶺神社蔵）の「天下太平」幟持も大頭風流である（福井県立若狭歴史民俗資料館　一九九八：表紙）。

⑯四人の腰蓑、振袖の娘による天秤棒に汐汲みの桶、装束により二組に分かれ、能「松風」を典拠にした松風・村雨二組の練物

⑰二輪唐船屋台を唐服（赤い裁着袴）、唐人帽五人が曳く。『江戸鹿子』山王祭九番「唐船」は大船町二丁分と室町三丁分

黒地に金色の模様の装飾的な舩が見事に描かれている

幌状の屋形屋根下に唐人帽が一人、中で囃す囃子屋台か

後ろには勾欄が巡る舞台があり、二本の鎗が立つ。ここに人形を据えるのであろう

屋台の後にも二人の唐人仮装が唐団扇を持つ

京都祇園祭の船鉾をはじめ、日本の船型屋台には神功皇后三韓征伐に因むものが多いが、これは朝鮮通信使の学び屋台と思われる。同仮装練物は徒歩行列が知られるが、船型屋台や㉗の腰馬は珍しい

⑱轅に牛はおらず休憩中、正面額には「□□丁」

二輪車の唐子角力人形屋台

軍配を持つ行司は烏帽子に白丁

屋台後方には薄壁状の緑山と杉

⑲轅に牛はおらず休憩中

朱勾欄の舞台に能「張良」の人形屋台、先頭額には町名であろう。

『江戸鹿子』山王祭八番の「石公張良」は瀬戸物町・小田原町・伊勢町

この屋台は能「張良」の後場、馬上の黄石公が張良を試すため沓を川中へ脱ぎ飛ばし、それを張良が取りに川瀬に入って大蛇（龍神）と闘い沓を取り返し、馬上の黄石公に履かせようとする場面

⑳一本柱吹貫型山車、下の屋根上に車が確認できる

四面額に「□□□丁」、黒石台に牡丹、唐人仮装の打ち手が一本柱に付けた三つ巴太鼓をバチで打つ

㉑二輪屋台、一来法師山車は山王祭十一番組が出す一本柱型山車

『江戸鹿子』山王祭十番同山車人形は本石町四丁分。正面には額に町名、左に薄板で緑山と柳

京都祇園祭「浄妙山」の影響を受けたものと考えられよう。屋台前方、宇治橋上の筒井浄妙が橋を渡り一番乗りをしようとすると、一来法師がその頭上を飛び越えて前に進み出て、先陣をとったという物語を再現。この合戦がきっかけとなって、諸国の源氏が次々と蜂起して平家を打倒、遂に源頼朝が鎌倉幕府を開く、まさに迫力のある決定的瞬間であり、これをもって浄妙山は祇園祭では縁起の良い勝ち運の山といわれ、武士の都の山王祭にも移植されたものと思われる

㉒赤二人と白一人の母衣を背負った甲冑武者風流の練物、二本の綱でバランスを取る、『江戸鹿子』山王祭十七番は鎌倉河岸と三河町による「小ほろ」。先頭の頭上には額（「岡島」カ）

上の赤・白母衣は牡丹と桜の造花を付け、下の赤母衣は頭上に額の裏が見え、紅葉楓の造花を付ける

前掲「江戸山王祭礼之図」によると、十六番組の鎌倉町・三河町合同の小母衣、二十番組の堺町の大母衣が描かれている

㉓二輪人形屋台、先頭額に「西□□丁」とあり、十二番組西河岸町の高砂（松に熊手）

能「高砂」をテーマとし、高砂の松の前で熊手の尉と箒の姥が長寿を寿ぐ。『江戸鹿子』山王祭十二番は西河岸二丁分の「高砂」

前掲「江戸山王祭礼之図」によると、伊勢町が屋台上に高砂と汐汲み人形を出し、鍛冶町が高砂人形のみを出す

⑯の四人の汐汲練物（能「松風」）と㉓は一組の可能性もある

㉔牛曳きの二輪人形屋台、黒漆塗りの勾欄に飾り金具、後ろに緑山に桜、能「志賀」の人形屋台、大伴黒主が桜の盛りを眺める場面

能を直接摂取したというよりも、㉑一来法師屋台に続いているように、祇園祭の黒主山の影響を受けていよう。祇園祭黒主山の上の造り物は、御神体人形の白髪の歌人大伴黒主が桜の花を仰ぎ眺めている姿、桜は樫の木に紙で作った造花。黒主人形は白髪の髷を結い顔を上に向けて桜を眺める姿がリアルに表現されており、体長が約一六〇㎝あり、原寸の人間像である

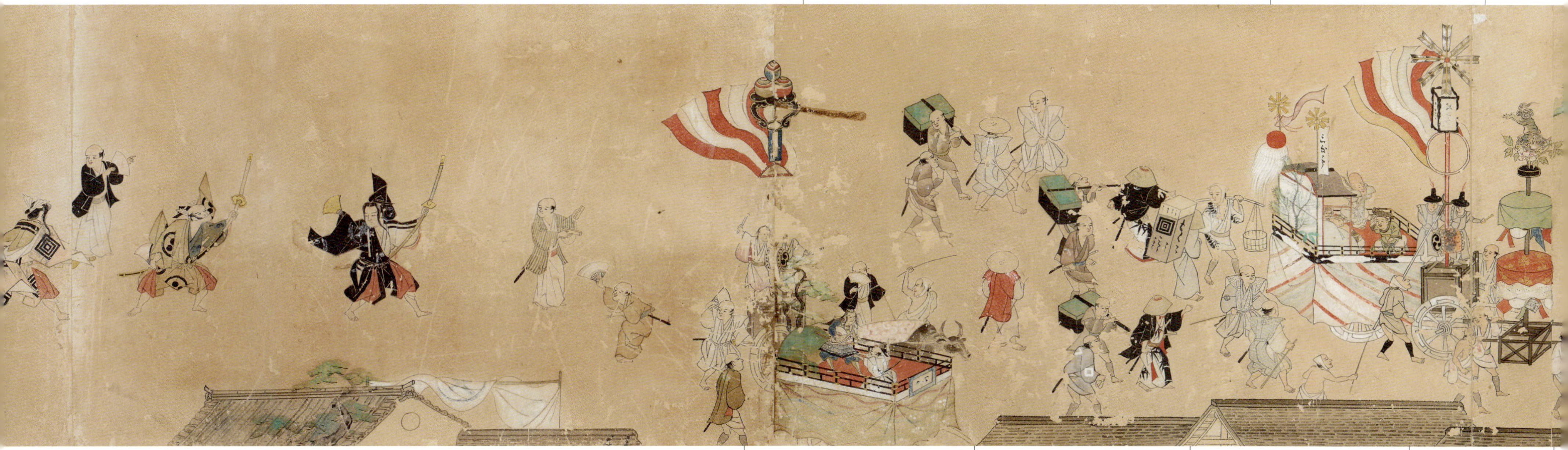

㉕一本柱吹貫型山車、金色御幣三本が交わり、四面額唐人仮装の打ち手がバチで鋲打ち太鼓を打つ

㉖屋根下に注連が引かれた屋台には能「小鍛冶」人形右は三条小鍛冶宗近、左は後ジテ赤頭の霊狐、稲荷明神の使いが相棒を務めて名剣小狐丸を仕上げる屋台後方には薄壁状の緑山と杉(京都伏見稲荷神社に由来)

㉗春駒や腰馬などと呼ばれる、六人の造り物の白馬と唐人の仮装は朝鮮通信使の仮装、㉕と同じ装束

㉘牛曳きの一本柱吹貫型山車に風鈴、石台の桜に短冊、四面額、唐人仮装の太鼓打は二人、後から二人が梃子棒を持って進行方向を操縦する

㉙六人が黒笠を被り、一本差し、赤羽織と緑羽織の杖突き五人中央に笠を被り、裃、一本差しの杖突き一人

㉚牛曳きの二輪車屋台、下の頬被りは馬喰か、『江戸型山車のゆくえ』(千代田区教育委員会　一九七〇：一七)によると、牛は「足を曲げて休むこともあろう。その場合にはよほど轅（ながえ）(車体の左右から前につき出した棒、この棒の間に牛を入れて固定させ、車を牽かせる）が長くないと、人形も囃子方も前にツンノメッテしまうことになる。また進行中でも当然ピッチング(上下動)が激しかったことが想像される。」上の頬被りは十手らしき杖を持つ舞楽、鳥兜を被った一人舞人形、鼉太鼓屋台後方に桜枝造り物と桜花に短冊、桜の季節の法会・祭礼の再現

㉛風流傘を差し掛けられ、団扇を持つ女(母親カ)と、短冊が付けられた桜枝を持つ少女三組の練物上左の傘は内側に傘骨の要も見え、赤布が吊されている。その傘下と、左傘下の少女は黒笠を被る

㉜一本柱吹貫型山車、金色の槌と交差する鉤(鉤)、四面額四十三番組南大工町の山車は槌に御幣の出し飾りの年もある下に唐人仮装の太鼓打がバチを振り上げる

㉝二頭の黒牛を連結した二輪屋台、それぞれに馬喰が付き、前は鞭を振り上げている二頭連結の牛は本絵巻ではこの場面のみであり、重い屋台だが人形であろう。前掲書（千代田区教育委員会　一九七〇：八一）によると、「牛の二頭曳きは茂右衛門の八寸（車輪の厚み約二十四センチ）の間羽(あいば)(三輪車)を曳く時以外に見たことがない」黒勾欄に飾り金具、屋台前には桜、後部には梅と松の造花能「鉢木」前場の人形屋台、肝心の佐野家家宝の松・梅・桜の盆栽鉢ではないところに疑問が残るが、移動する山車上では盆栽の小さい植物は目立たないため、このような大道具になったのであろう。同能は早くから人形浄瑠璃や義太夫に翻案されているので、絵巻の山王祭と同時代の近世芸能より摂取したのかもしれない人形中央は前ジテ佐野常世、左の前ヅレは妻、右の前ワキ旅僧は最明寺時頼この前場の雪中貧屋の詩情が人気曲の由縁であり、武士道賛美の筋が江戸幕府の鎮守祭である山王祭での屋台にふさわしい

㉞四人が舁く二層傘鉾、下傘幕は赤地に金色の桜文様出し飾りは牡丹に戯れる唐獅子

㉟一本柱吹貫型山車、出し飾りは矢車四面額型の万度(灯)唐人仮装の太鼓打は二人、後ろから刺又で一本柱を支える

㊱二輪屋台、黒勾欄に飾り金具屋形のなかに七福神の四神を人間が着ぐるみ（江戸の史料では縫いぐるみ)で演じている大袋を背の布袋と毘沙門、大黒が打ち出の小槌を振り、福禄寿屋台後方、右に矢車に幟「□□□丁」、左に矢車に鳥毛と吹き散り屋形後ろに松と笹竹この屋台と前方山車は共に矢車がシンボルであるので同町(組)が出したセットと思われる。つまり、前方山車が町(丁)印、後方屋台が同町による附祭の可能性もある裃、一本差しの杖突きの警固二人

㊲物売りと天秤棒の桶担ぎは本物の物売りか、祭礼仮装練物か

㊸　㊷

㊳深編み笠を被り、黒羽織、笹竹紋の白着物、二本差しが二人、赤羽織が一人、挟箱三人、一本差し、尻端折、脚半が三人
以上が三組を成す
裃羽織、一本差し、杖突きが二人

㊴屋台上には鎧を着た左の若武者と、その鎧の草摺を引く侍の人形屋台は黒漆勾欄に飾り金具、正面に青緑の額、後ろは緑造り山と松歌舞伎「草摺引」の人形屋台であろうか、芝居では互いに引合う見得を切る
江戸歌舞伎の初春狂言として「曾我物語」に材をとる慣習が式例化し、曾我兄弟の仇討を題材にした「曾我物」が多く生まれ、その一つに「草摺引」がある。これを舞踊化した作品を「草摺引物」というが、祭礼屋台では動かない人形のため歌舞伎舞踊の造形化ではなく、静止の見得の姿であり、さらに移動屋台上のため目立つように五郎に鎧を着せているのであろう
この芝居の源は元禄八年(一六九五)江戸山村座にて初世市川団十郎によって演ぜられた荒事「兵(つわもの)根元曾我」にあるが、五郎が無念のあまり不動を念ずると勇力を授かる筋で、「和田酒盛の場」で五郎が草摺引を見せる(野島　一九九一)
五郎は「かまわぬ、おかまいなし、好き放題にやる」、止められるものなら止めてみろ、と行こうとし、力尽くでも止めようとする朝比奈、というだけの江戸歌舞伎の単純な力強さが見所である
「…引」という名前の所作や演目は、象・卒塔婆・帯・車引等いくつかあり、荒事の一つのかたちになっている。登場人物の力強さを強調し、何かを引っ張り合う力強い動きによって魔を祓おうとする
山王祭は各地の祇園祭と同時期であり、旧六月半ばの初夏から盛夏に蔓延する疫病を怪力によって除ける信仰が底流する

㊵一本柱吹貫型二輪車山車、牛の背中には懸装品、馬喰が鞭打つ
出し飾りは黒漆飾り金具、猫足卓に三つの宝珠
青緑額に恐らく町名、鋲打ち三つ巴太鼓両面を唐人仮装ではない子ども二人が打つ
㊴の屋台幕と牛の背中懸装品、共通する青緑額により、㊴と㊵は同町(組)が出したセットと思われ、行列時には㊵が先導し、㊴が後続するのであろう

㊶裃と着流しの一本差し二人が扇子を掲げて後ろを囃す
羽織、一本差しの芝居拍子木打
下の瓦屋根の屋敷庭に松が見える。幔幕が下げられ、桟敷席より武家か豪商が見物するものか
三人が演じているのは江戸歌舞伎「暫」、六方で悪人を追い散らす場面ではなかろうか
先頭は金扇と太刀を持ち、左肩脱ぎ、丸に大文字紋の上衣
まん中は太刀と檜扇を持ち、作り髭に白い力紙を結ぶ。力紙を髷に付けて荒事を象徴し、強力な人間が怪力を現し、呪力をもつ場面で登場人物につけられる
最後の主人公は芝居では鎌倉権五郎景政のことが多いが「暫く〜」の一声で颯爽と現われて悪党を蹴散らす六方を踏む
顔を見せず、扇子片手に太刀を佩く。市川家家紋三升(三つ入れ子升)の装束に白い力紙、仁王襷ではないものの、それに見立てた白布が肩に掛かる
㊴の草摺引、暫とも初代市川団十郎がはじめた江戸歌舞伎、荒事のシンボル的作品であり、㊶は専業役者か、町人によるものか不明であるが、市川家を意識した演目・演技であろう
先頭は逐われる悪人清原武衡役、次は敵対する加茂次郎義綱役の可能性もある
後ろは衣装を入れた桐紋の葛籠と化粧道具

㊷笠、一本差し、裃、杖突きが警固
大黒屋台の一行、『江戸鹿子』山王祭二十三番は銀座三丁分「金箱大黒」であり、二十四番の銀座四丁目「分銅」とセットである。前掲「江戸山王祭礼之図」を紹介した拙著(福原　二〇一五：六五)を訂正する同書五〇頁の町名を「留」のくずし字と見て「新富(留)町二丁め」と解した。しかし出し物の内容からくずし字は「両」であり、「新両町二丁め」は新両替町二丁目(現中央区銀座二丁目に相当)の出し物である江戸時代初期、新両替町付近に銀座が置かれていたことから銀座町とも称す
白鼠の被り物、尻端折、先頭は棹の出し飾りが金色の蔵の鈎(鉤)と金紙

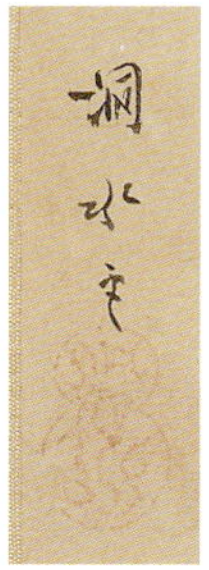

白幟の出し飾りは打ち出の小槌
竿の出し飾りは宝珠、金紙
竿の出し飾りは袋、金紙
白鼠の被り物、裃、大黒屋台の二本差しの警固三人
三本の竿の出し飾りは分銅、軍配、猫足卓に珊瑚樹
白台上に二つの巨大な分銅、俵、大黒人形が右手に打ち出の小槌、左手に巨大な白袋を持つ
「江戸山王祭礼之図」によると、勾欄を巡らせた台に載せ分銅はない
白鼠の被り物、赤い羽織、尻端折が舁く
後ろには青竹突きの警固の四人
白地に宝珠の幟六人、この宝珠は先行する三番目の竿の飾りと同様
㊸井戸と桶
町木戸番屋には二人が見え、前に三本の梵天が立つ
竹矢来に門
シンプルな茶小屋、中に風呂釜が見える
手前には白い二階蔵
白地に宝珠の幟
用足しで遅れたものか、白鼠の被り物、赤い羽織、尻端折の一人が急ぐ、大黒屋台の舁き手であろう
笠、黒羽織の背に白い紋
「洞水筆」朱印

岡部洞水

本書カラー図版の他の二絵巻が浮世絵師の手になるものと思われるのに対し、本絵巻の印象は異なる。

巻末に絵師「洞水筆（瓢箪か宝珠形の朱印）」とある。

時代や場所から考えて、この洞水の可能性があるのは常陸国土浦藩の藩士で、譜代大名土屋家に仕えた御用絵師の岡部家三代目岡部洞水（一七八〇年以前〜一八五〇年、以下洞水と略す）である。以下は図録（土浦市立博物館　二〇〇二）によるが、同館学芸員堀部猛氏による作品解説と「土浦藩絵師　岡部洞水」等が載る。

洞水の生年は不明であるものの、山王祭を実見しての記録画と仮定するなら、景観年代からして、寛政年間（一七八九〜一八〇一）の洞水十代の修業時代の作であろう。洞水はおそらく、十代前半より表絵師筆頭家の駿河台狩野家の狩野洞白愛信に画業を学んでおり、当時江戸の最大行事とも言える山王祭を実見していたであろうが、駿河台狩野家に蓄えられていた過去の山王祭図の下絵や粉本類を模写して描いた可能性もある。

ただ、前掲図録に掲載された彼の二十点の絵画の落款及び自筆書状二通、計二十二点の「洞水」の筆跡には共通点（特徴）がある。それに対して、本絵巻「洞水筆」の筆跡は以下の点で異なる。先ず、絵巻「洞」字の「さんずい」のように三度筆を入れている字はなく、二十二点のくずし字は皆「にすい」なのである。また、絵巻の「水」のように中心が曲がっている字はなく、「筆」のようなくずし字もない。さらに、瓢箪・宝珠形朱印もないが、「唐子図」の朱印のみ中央がややくびれている。

土浦藩「藩士年譜」によると、洞水は享和二年（一八〇二）に仕官しており、前述の二十二点はそれ以降のものであり、それから判断すると、本絵巻を藩士岡部洞水筆とする可能性は低い。しかし、洞水は同年すでに二十歳を越えており、仕官以前の父にも学んだ若描きと想定した場合、初期の落款や印は知られておらず、本絵巻を洞水筆とする可能性を担保すべきであろう。

また、洞水は生涯を通して、贋作が制作されるような著名な絵師ではなかったのである。

土浦市立博物館木塚久仁子学芸員の御教示（筆者宛私信）によると、「洞水の描く植物や昆虫などの描写は繊細で、洞水自身も好んでいたのではないか」とされ、祭礼細部への注視は本絵巻洞水筆の可能性を感じさせる。前掲図録掲載の安村敏信氏「江戸狩野派と岡部洞水」によると、洞水と同時代の「江戸狩野派の画家たちは、新画風への意欲をもって、個性の濃厚な画風へ向かう傾向が強い。狩野一信の仏画、探信守道の風俗画、河鍋暁斎の狂画など、すぐれて個性的である。しかし、一方で洞水のように、安定した画技に支えられ、瀟洒な中に心地よい爽快感をもってみられる絵を描いた画家」、「平明で万人に愛される画風」、「そうした画風に加えて、当時流行した博物図譜を応用した「魚族図」双幅（中略）を描くなど、率先して新画風に挑戦する意欲もみせている」等と、高く評価している。

岡部家五代目永知（他家から養子）は幕末の安政から文久年間には神田小川町に住んでおり、その地は土浦藩江戸藩邸上屋敷のあった場所である。三代目洞水も同所付近に住していた可能性は高く、十代半ばよりの絵の修業の一環として、山王祭を写生して描いた可能性を指摘しておきたい。

土屋家に参勤交代はなく、洞水は仕官後も長く江戸詰めであり、前掲図録掲載の「諸名家書画合作」が示すように、谷文晁や菊池五山等江戸の文化人との交流もあり、「朝顔ブームの発端となった手引き書の出版にも関わっていたことなど、江戸での多様な活動が近年明らかになってきました。」（前掲木塚氏私信）とされ、十代においても江戸への関心の高さから山王祭を描いた可能性がある。さらに、大規模な山王祭描写の際、武士身分や駿河台狩野家門人ならではの写生位置の確保も可能であったろう。

いずれにしても、本絵巻は岡部洞水筆と断定はできないものの、修業時代には落款、筆跡が仕官後と異なる可能性もあり、現時点ではその可能性を担保しておきたい。

文化九年（一八一二）

「江戸山王社天下祭絵巻」

紙本着色一巻

たばこと塩の博物館蔵（絵画81）

※解題は本書9頁を参照

完成は巻末のように文化十年十二月、天地幅が四〇cmもある

文化九年六月十五日は西暦一八一二年七月二十三日に当たる

以下、筆者が便宜的に行列集団毎に〇番号を付した

①山王祭城内巡行における武家の警固に関して、『日枝神社史』（日枝神社　一九七九）によると、目付や歩行頭（徒頭）が将軍の命令を受けて、その組下の徒士を率いて警固に当たった。その役職や数に関して『徳川実紀』によると、寛永十六年（一六三九）以来、初めは目付・歩行頭があたり、五代将軍綱吉以降は徒頭二名、八代吉宗以降は徒頭一人が徒士を率いて、祭礼行列の警固を命ぜられている。十九世紀には内堀より内側（内郭）が目付の管轄で、内堀より外側は町奉行所の管轄である。行列の外側を描いた「江戸山王祭礼之図」（日枝神社蔵、福原　二〇一五）は一七〇〇年代初頭頃の景観年代であろうが、警固を「与力」と記しているので、当時より外側は町奉行管轄の警固であったようである。

錫杖を突いて道を清める鉄棒《かなぼう》曳

白い法被、縞の裁着袴の腰に赤い煙草入れが下げられている

二十一番組の田所町・新大坂町・通油町による附祭と山車を描く

三ヶ町共通の笠飾りは牡丹である

袢、長脇指一本差し（町人は木刀等の可能性もある）、杖突きの町の旦那衆による警固の後ろには、尻端折り、短刀を腰に差し、大団扇で扇ぐ役がつく計六組、山王祭の長時間・長距離の祭礼行列の暑さを凌ぐ

②大蛤の気から現れた蜃気楼の造り物を台車に載せ綱で曳く引物両肌脱ぎ、黄・赤・青の襦袢、煙管をくわえ、持つ曳き手（たばこと塩の博物館が本絵巻を購入した由縁）。曳き手中ほどで扇子を拡げている人の口は開いており、掛け声を掛けているのであろう船型の四輪台車に波濤の造り物。上に大蛤が吐く気による海上の蜃気楼を造形化している。二人の男が後ろから下台を押し、一人が手拭で汗をふいている。大蛤は高さが三メートル程もあるように誇張

亀上の浦島

乙姫

蜃気楼

珊瑚樹

踊屋台「磯馴松対の汐汲」

文化九年「日吉山王御祭礼番附」（竹内道敬氏蔵）

②　①

されている。楼閣は龍宮城本殿手前の不老門と思われ、これを以て龍宮城を象徴している。屋根の蕨手等唐風であり、後ろに二本の幟が立っている。右には黒地に金で「竜」の文字が見え、幟柄の頂には唐風猫足三方に珊瑚樹。左の文字は読めないが、頂に右と同じ三方に宝珠の造り物が載る。これと同じ幟が⑦の乙姫練物に見え、黒・緑幟とも金色にて「龍宮」の文字があるので、この両方とも「竜宮」であり、この唐風楼閣は龍宮城に見立てられている。先述した番付によると、同附祭には浦島太郎も出ている

左には松の造り物も見え、右には上部が寺院相輪を思わせる巨大な唐風香炉（中に香料らしきも見える）の造り物であろうか

蜃気楼とは密度の異なる大気の中で光が屈折し、地上や水上の物体が浮き上がって見えたりする現象である。伝説上、蜃（大蛤）が気を吐いて楼閣を出現させると考えられたところから蜃気楼と呼ばれる。中国と日本で伝承されており、蜃を巨大な蛤とする説と、龍の一種とする説がある。いずれにせよ、龍伝承は龍宮城に見立てられた楼閣といい、附祭にふさわしい説である

同じ貝でも鮑貝の殻に九つの穴のあるものを食べれば長寿を得るとの言伝えから、龍宮城との関連が説かれる。越前朝倉氏の由緒を語る永禄三年（一五六〇）の『赤淵大明神縁起』（福井県立図書館保管「松平文庫」蔵）には、鮑は龍宮城の九穴とされる。また窪徳忠氏（窪一九六〇）によると、庚申講に入った魚屋の家に講員五人が赴くと、まるで龍宮城のように三日間も御馳走を食べ続けた。最後の御馳走に出た九穴の鮑を皆食べなかったが、一人だけ家に持ち帰ると三年が経っていて、それを食べた娘は二百年生きた、という話が報告されている

③両肌脱ぎ、赤襦袢に千鳥、脱いで後ろに垂らした白い上衣に千鳥柄、腰蓑の七人の小娘による貝拾いの練物で、②に関連して蛤を拾うという演出であろう

底抜け屋台を尻端折りの四人が舁くが、内部の囃子方を見せる絵画表現のため、囃子方部分の青竹を描いていない

囃子方六名・唄方二名は全て女性であり、先頭に締太鼓二つを固定し、鼓二つ、後ろに三味線二人、手前締太鼓打手の裸足の両足が下に見え、底抜けであることを表している。屋根は朝顔型とも言われる障子屋根で軽量化を図っている。二人の唄方は唄本を見ており、警固の男たちの笠上と同様、牡丹の造花笠を被る。その下の扇は絵では判明しないが、二枚の扇を重ねて獅子口をイメージした扇獅子であろう。能の「石橋」をもととし、「石橋物」の舞踊として作られた、女方の相生獅子、枕獅子、執着獅子等より採られた附祭の音曲が奏されたのではなかろうか。龍をテーマにした本附祭において、龍虎の虎に関連する獅子の曲を奏したものと思われる

後ろは茶小屋・荷い茶屋等と呼ばれる。尻端折りの二人が青竹を舁き、障子屋根、正面と手前側面の額が見え、恐らく向こう側面にも額があり、二十一番組の三ヶ町名が記されていると思われる。風呂・柄杓・桶が見え、片肌脱ぎの男が茶を飲んでいる。盛夏であっても沸かした茶を飲んでいることがわかる

③

④

⑥

⑥　⑤

⑦

⑦

⑧

⑧

⑨

④珊瑚樹造り物を綱で曳くが、暑くて脱いだ曳き手たちの重ね上衣の色彩は見事である。両肌脱ぎの先頭は合図の拍子木打。同役は三人交替であったものか、後ろでは重ね着により吹き出た汗を手拭でふき、「田所」の扇子で扇ぎ、荷茶屋も「田所町」「若者中」なので、④は田所町が出したものと思われる

共通する着物の柄として、珊瑚に合わせた波濤の模様。曳き手先頭は笠に鯛、襦袢も脱いだ男は扇子を上げて音頭を取る。その手前の片肌脱ぎ等何人かの上衣は、黒地の背に赤で珊瑚樹を染め抜く。その左（後ろ）の両肌脱ぎの男の上衣は赤地に白で染めた登龍門であり、これも龍に関連する。蛸の八本足が絡みついた笠、水玉や青海波紋の赤襦袢も見え、蛤の笠の男は後ろの煙管に火を分けている

腰蓑の漁師が櫂を手繰り、鯨を突く鯨突きの笠を被る趣向は山王祭三十番組定番の鯨突き山車人形である。この男の赤い上衣には鯛の柄、袖から浮き出ている造り物の河豚

大根・河豚・酒徳利の笠、伊勢海老・鰹か鮪の笠も見える

⑤祭礼風流とは今話題の当世風、一回性の趣向であり、これはロシア海軍中将ゴロウニンの仮装練物で、江戸祭礼風に言うとゴロウニンの学《まね》びであろう。彼はディアーナ号艦長として世界周航途次の文化八年、択捉・国後島を測量中、松前奉行役人に捕らえられ、一行八名は松前と箱館に監禁され、二年三ヶ月間幽閉された。文化九年四月、同副艦長リコルドは日本人漂流民とゴロウニンとの交換要求のため、国後島に来航するが失敗に終わる

前で望遠鏡を覗くリコルド、後ろで長煙管に陣扇はゴロウニンの仮装で、当時話題をさらっていたロシア人二人の仮装であろう。当時の日本人は顔を知らず、黒く塗って魁夷に見せているのであろう。後ろでは③と同様の振袖、腰蓑の貝拾い娘がゴロウニンを扇いでいる

⑥龍の曳物の一行は黄色い足袋で揃えている

先頭は煙管を吸い、両肌脱ぎに白水玉紋の赤襦袢と、手前の男は裾に臙脂色地に白い波濤模様。後続の何人かも赤地に白水玉紋の上衣と、裾の臙脂色地に波濤模様を揃えている

緑の襦袢の男は汗ふきの手拭

男女の子どもも大人と同じ装束で打ち交じり、大人びたませた所作をする一方、大人が童子を演じる逆さまの演出も見られる

拍子木打の後ろ、大男による童の仮装の道化、黒地に赤の車紋、玩具を持ち、長身故脛が出た裸足、唐子髷や芥子坊を思わせる髪型（鬘の可能性も）であり、子どものように笑っている

この後ろからが綱曳きであり、特異な帯や鼈甲の簪の女は、遊女が日頃贔屓の客に傘を差し掛ける仮装であろう。彼女は曳き綱向こうの田所町の男と同様、「田所」の扇子で扇ぎ、同じ紫地に井筒紋の着物であることから、田所町の娘であろう

扇子や団扇には全て白地に朱にて「田所」とあり、⑥も田所町のみが担当して出したものかもしれない

曳き綱の内側にいる男子の笠には蛸が載り、さらに蛸の頭上には笠に腰蓑の漁師が網を投げてその蛸を捕ろうとしており、同趣向は山王祭十七番組小網町定番の網打ち漁師山車人形のパロディーであろう

手前男子の背には鯉の瀧登り、後ろの大人の笠には赤い盃に燗酒が注がれようとする場面

龍の屋台は四輪、下台には波濤の模様が直接描かれたものか、幕に

⑤ゴロウニンの仮装（推定）

前掲一枚番付
龍神人形

⑨

染められたものか

飛沫が散る海原の波濤に巨大な龍の曲がりくねった胴体、四本の足と爪がリアルに造形化され、鱗や火焔も見事に表現されている

後ろからは汗を拭き拭き三人が台を押している。この龍引物は、最後尾の二十一番組定番の竹生島龍神山車と連動している

⑦乙姫が輿で運ばれる練物、番付「乙姫の御所」（龍宮城の意味）

②の蜃気楼楼閣上の幟と同様に、乙姫練物を先導し、黒・緑幟とも金にて「龍宮」の文字があり、緑地幟の柄頂は火焔宝珠、黒地幟の柄頂は珊瑚樹である。この長柄を持つのは河童の仮装であり、肌は水界の青、水皿の被り物、腰蓑、鱗のような装束。先述した番付によると、同附祭には浦島太郎も出ている

乙姫の輿を先導する唐人囃子（管弦囃子）

囃子方は皆、ボサボサ直毛の鬘、魚の髭を思わせる作り髭、黄土色に唐草文様の装束

四人が海藻、真ん中は蛸の被り物、飾り立てたチャルメラ（ダブルリード楽器）を吹く。海底の異界・龍宮＝異国（朝鮮）のイメージ連鎖から朝鮮通信使を龍宮よりの一行の仮装とする例は散見され、乙姫の輿は使節の輿を連想させ、房飾りの下がった唐人笛は通信使のテピョンソをイメージしている。しかしその音量を考えると、観客の歓声等、祭礼の喧噪のなかで実際に聞こえたものか。ここでは造形のみ（造り物）のチャルメラを吹き上げるようなパフォーマンスと考える

吊り太鼓四人、前は蛸、後ろは鮑

鯛の被り物、珊瑚の飾りが付いた横笛は、龍が統一テーマなら龍笛がふさわしいが、これは不明

鰺（鰹・鮪）の被り物、鈸（銅拍子）の四人

河豚の被り物、鋲打ち荷太鼓三人

⑥の龍造り物と同様の火焔の龍が黒地に金色で描かれた幟、長柄頂には火焔宝珠が付き、龍はこの宝珠を求めるように顔を上げている

鯛の被り物の持手は身を後ろに反らせる

伊勢海老の被り物の二人が手踊りらしき所作

桜色鯛の被り物が珊瑚樹の造り物の島台を捧げ持つ

平目か鰈の被り物の二人は珊瑚樹の鎗か鉾持であろうか

鯛の被り物の二人が手踊りらしき所作

乙姫の輿舁き八人の装束は顔料のため褪色が著しいが、海底における海藻模様であろう

黒漆に飾り金具を施した輿下台と舁き棒、前四人の舁き手は河豚・鮑・蛸の被り物、後ろ四人は蛤の被り物

輿の屋根は黒地に金色の唐草文様、蕨手が付き頂には宝珠型灯籠

輿両側には藤色装束、向側は鮑、手前は海藻の被り物

赤の勾欄に金色擬宝珠、乙姫はフリルの付いた襟、采を持つ

後ろ壁は青海波紋

⑧番付「踊やたい磯馴《そなれ》松対の汐汲」と比べると、絵巻の踊屋台は吹抜で後壁がない。番付によると汐汲桶の汐汲み海女「松風」と、檜扇を持って座って眺める優男（在原行平）が見える。絵巻は引抜（早替わり）後の様子であろう。能を典拠とする舞踊「松風物」の一種であろうが、これは山王祭前年文化八年江戸市村座初演の長唄・常磐津掛け合いの「汐汲」、その歌舞伎の変化舞踊より採ったものと思われる。河東節の「汐汲」（本名題「汐汲里の小車」）は文政元年（一八一六）の山王祭に小田原町が附祭に出した踊りに使った浄瑠璃で、四世山彦河良の作曲（渥美　一九三八）であり、本絵巻のように、以前より盛夏の山王祭附祭に涼感を求めて、海辺の汐汲み舞踊「松風物」が好まれたものと思われる

一本差し、羽織袴の町人四人

その両肌脱ぎの拍子木と扇子が進行の合図

井桁紋の着物五人

踊屋台は舁き棒で前後四人ずつ尻端折りの八人が舁く

屋台側面の牡丹笠の二人は黄色の足袋で、舁き手ではなく運行を仕切る役

屋台屋根は朝顔型障子屋根で軽量化を図り、下幕の紺地に白の「波に千鳥」は「磯馴松対の汐汲」にふさわしい

本絵巻の奴と娘は引抜で行平と松風より変身した姿であろうが、先述の文化八年「汐汲」は三世坂東三津五郎の七変化所作事であり、奴もそこから採ったものか、附祭として演出し直したものか、いずれにせよ城内上覧所や桟敷前では所望が掛かり、変化所作事を舞ったものと思われる

この踊屋台の演目にも、本附祭一連のテーマ、龍―獅子―海上の蜃気楼―異界（海底の龍宮城）―ゴロウニン（異国）＝海島探険―海辺の貝拾いや汐汲みが底流しており、女性の介在も大きい役割となっている

底抜け屋台を尻端折りの四人が舁くが、今は休憩中。内部の囃子方を見せる絵画表現のため、囃子方部分の青竹を描いていない

囃子方五名・唄方二名は白水玉紋の赤襦袢、恐らく男性であり、先頭に締太鼓二つを固定し、鼓一人、後ろに三味線二人、屋根は朝顔型の障子屋根。二人の唄方は唄本を見ており、警固の男たちの笠上と同様、牡丹の造花笠を被る。その下の扇は③と同様、二枚の扇を重ねて獅子口をイメージした扇獅子であろう。髪型が見える女性③の囃子と異なり、後頭部から肩にかけて、獅子舞をイメージする幌幕で覆う

最後尾の浴衣に日傘の女性には白粉が塗られ、女装であろう

⑨殿（しんがり）は二頭の黒牛が曳く龍神の山車、二十一番組定番の山車であり重かったのであろう。曳き手は黄色の足袋を揃える

先頭は法被に裁着袴、腰に煙草入れ、「田所」の扇子で音頭を取り、その後ろは煙管をくわえる

綱を曳く頬被りと牡丹花笠は法被に股引、「田所」の扇子と背に赤丸に「田所」と黒く染める。今回は田所町が世話番であったのかもしれない

後ろの牛の背中には直接白菊模様の懸装品が掛けられるのではなく、日除けの幕ですっぽりと覆われ、轅が長い点が特徴的である

山車人形は能と同様の龍の冠と赤頭、猫足の三方に宝珠を載せている。足元は琵琶湖を象徴する、流れ落ちる水や飛び散る飛沫の造形が見事に表現されている。二輪軸中心より一本柱が人形まで貫通して立てられる傘鉾山車であり、傘の幕には湖の流水の模様、傘下には四面額、額の上に「山王」、下に右から「田所丁新大坂丁通油丁」と記されている。勾欄のなかでは男性の囃子方五人と踊り手五人が所狭しとひしめいている。先頭には鋲打ち大太鼓一と締太鼓二が据えられ、左には鈸（銅拍子）と笛、中央には扇子を開いて踊っている

勾欄下には櫓を組み黒幕を引き廻す。最後尾には尻端折りが五人

「癸酉文化十年十二月　行歳十六才　勝川忠七書」

本絵巻木箱（縦一二、横五四・五、深さ六・二cm）の蓋表に朱地にて以下が記されている

「　勝川忠八ハ京都之人　享保□（年カ）間□□（忠七カ）
　　絵菱　　多ク版本ヲ画ク重ナル作品ニ
　　　雛形瀧之糸　雛形母子草　伊達綾花□□
　　　名作アリ」

同蓋裏には「勝川忠七筆浮世絵巻」と墨書

絵菱屋忠七は勝川忠七ではなく、享保～明和年間を作画期とする京都の絵師である

文政七年

「江戸山王祭日本橋本石町・十軒店附祭絵巻」

※解題は本書10頁を参照

紙本着色一巻　個人蔵

①　②

以下、筆者が便宜的に行列集団毎に○番号を付した
山車は描かれず、附祭の引物と練物が中心で、⑤のみ踊屋台である

①文政七年六月十五日は西暦一八二四年七月十一日であり、日傘が差し掛けられている場面が多い
全体的に、屋台・引物・造り物が人体と比べ巨大であり、誇張されている
金題簽の黒文字は判読不可能

第一場面の特定は難しいが、明細書の本附祭最後の十一番「伊達警固付女子共七人」であろうか
以下、明細書は本書101～105頁
笛の長さより龍笛二人、笙二人と思われ、熨斗に花枝持、何かが描かれた長い板か紙状のものに、娘の右手部分から白い紙(折れているので恐らく紙であろう)が出ている。描かれているものが文字だとすると、朱にて上(絵の右)が「川」か「小」であろう
白馬の手綱取が二人
朱の風流傘を差し掛けられた騎馬の烏帽子、直衣姿の公家風青年の仮装、娘たちはこの騎馬公家の前後を伊達に着飾って警固している
太刀持
先行する四人の娘と同じ装束・髪型の立傘持、台に沓持、最後尾は手替わりか
以上、振袖の娘は九人である

②下台上に、巨大な島台、その上に桜立木等の引物を四輪車にて曳く。下台絵は長方形に切り取られている桜造り物に「墨染桜」と立て札があり、烏帽子に檜扇、桜枝を衣桁に見立て衣類(袴カ)が下がっている。番付によると、島台の上に桜立木、御所車の引物、綱引三十人。御所車は絵巻にはない。娘八人が烏帽子に花鑓を持ち、衛士の学び所作があり、絵番付巻末の長唄「井出の玉川吾妻の錦絵」が歌われた

文政七年「山王御祭礼御免番付」(東京都立中央図書館蔵：特別買上文庫2831)
衛士の学び所作

③

明細書第二番の十代半ばから後半の娘八人による衛士の学び踊りがこれに相当しよう。衛士とは本来、律令制下で、宮中の護衛のために諸国の軍団から交代で上洛した兵士を言うが、ここでは華やかさを盛り立てている行装の祭警固である

囃子方十六人は絹染単物袴を着、八人には日傘が差し掛けられ、八人は担ぎ日覆内で奏す

番付の御所車の引物は後掲の公家上野岑雄を見立てたものだろうが、番付は祭礼以前に版行されたもので、御所車引物は実際にはなく、烏帽子の造り物に替わったのであろう。この趣向は能「墨染桜」より採ったもので、絵巻の烏帽子は上野岑雄（かんづけのみねお）、桜は能舞台の桜の造花を飾った塚の作り物、檜扇は深草の桜の精の舞扇であろう

⑨の深草人形と、深草の地の連想が認められよう

絵本番付では綱引三十人の内、二十二人は袢纏、股引を着、衛士八人は桃色絹単物、絹白張を着、日傘が差し掛けられる

③金色短冊に「本石町壱丁目」の墨書

番付によると、三輪車の台上に文具棚をのせた「文車」、その上に花籠を載せた引物、絵巻は三輪を引いて運行

綱引五十人の内、二十人は袢纏、股引を着、三十人には子供が打交じり、紅絹単物、白張を着る

他に子供警固三人が絹染模様単物を着る

花籠二挺に日傘を差し掛け、一挺は人形を載せた花鑓行列

文車の引物には巻物や帙入りの和書が載り、巨大な花籠に巨大な造花が挿され、枝垂れの飾り

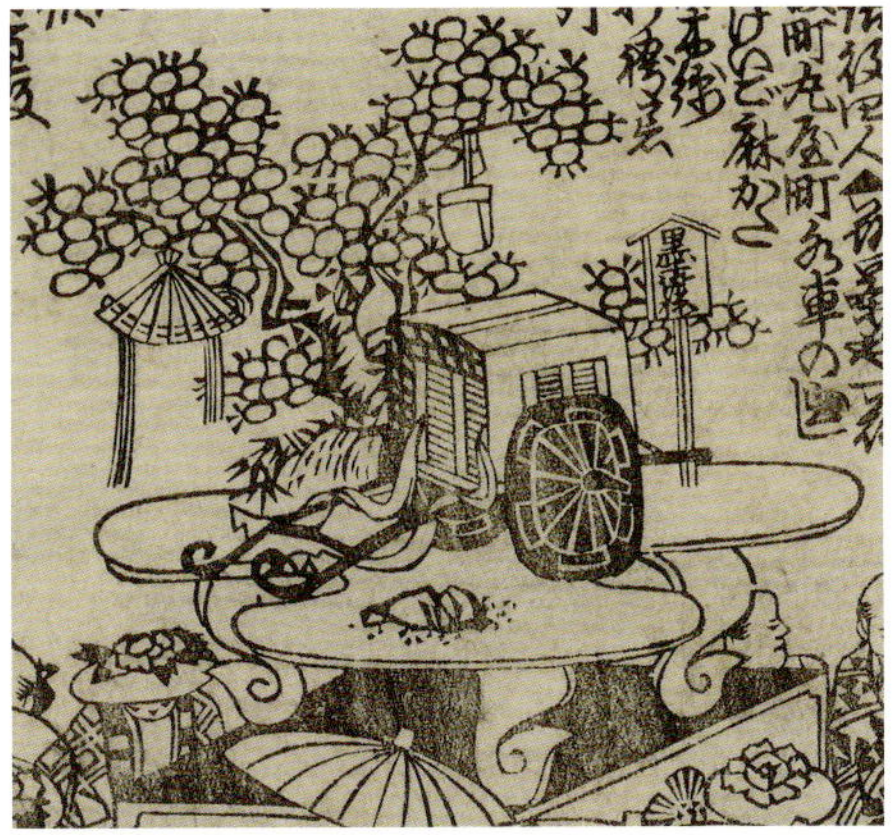

前掲絵番付　能「墨染桜」の造り物

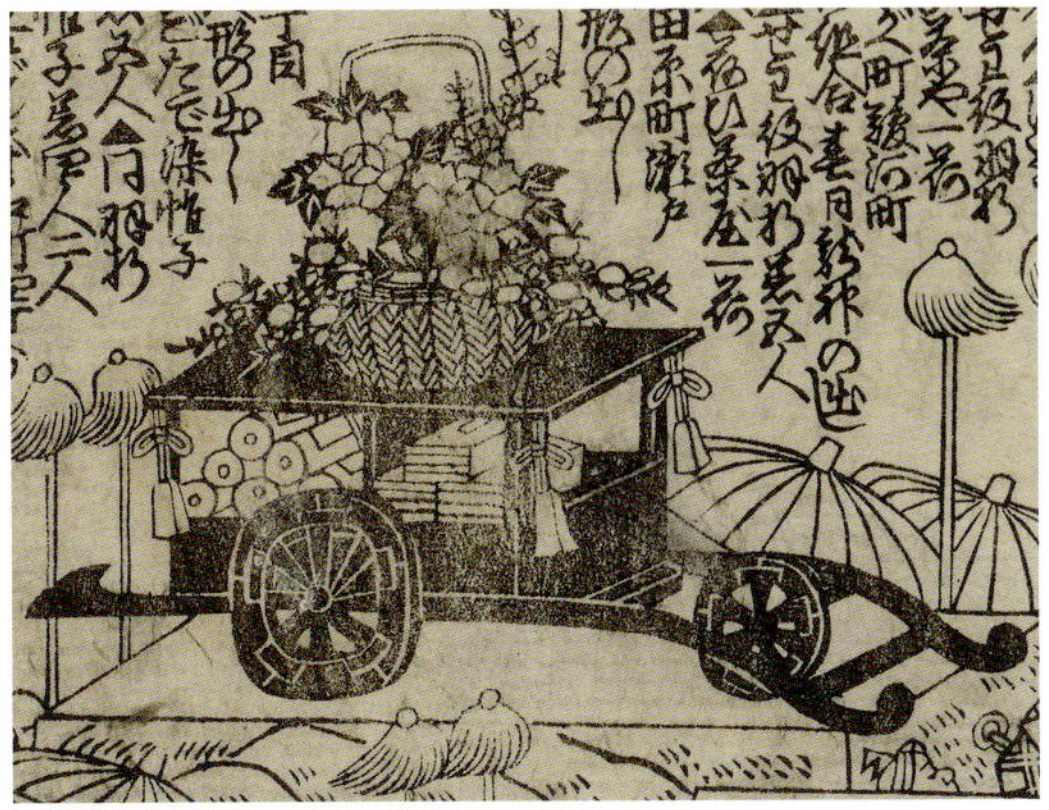

前掲絵番付　文車に花籠

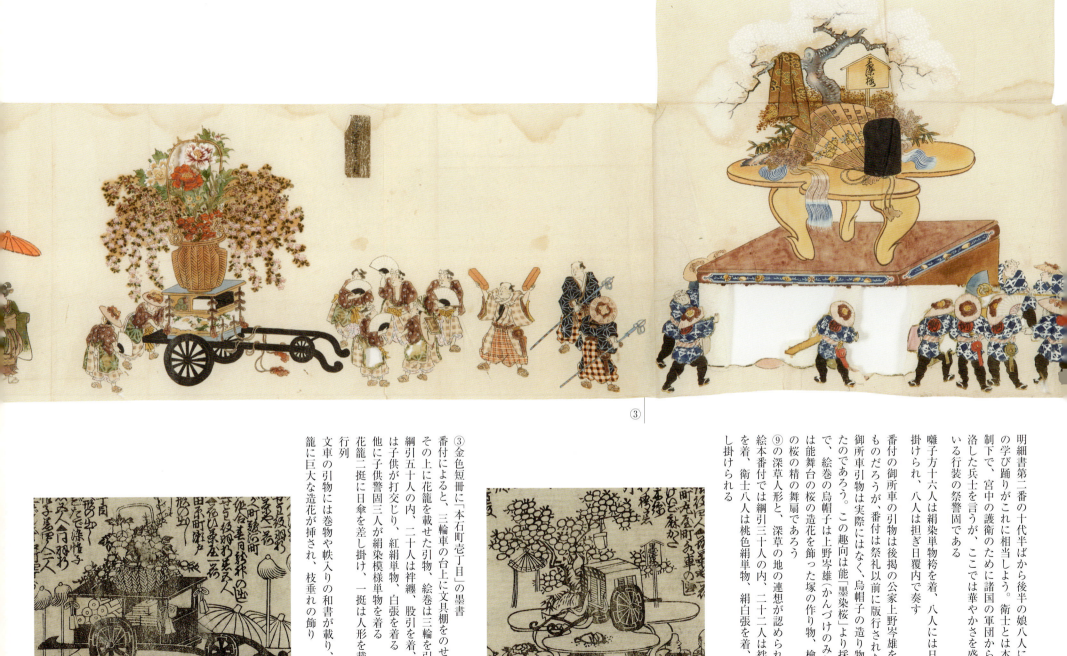

⑤　④

④早蕨摘みの学び地走踊

番付によると、娘七人は紅染模様振袖単物を着る
蕨を入れた籠を持ち、朱の日傘が差し掛けられる
囃子方十四人は絹染単物袴を着、五人には日傘が差し掛けられ、九人は担ぎ日覆にて奏し、浄瑠璃「振袖早蕨摘」が語られた
早蕨摘の学び踊子七人は籠を持つ
明細書、番付ともにこの絵巻の位置に記されている
地走踊とは朱傘が差し掛けられ、行列しながら、あるいは止まって踊る芸である
明細書によると十六～十八才の娘七人であり、傘持は笠を被り、青い着物には白い蕨文様が染め抜かれており、腰に赤い煙草入を提げているものもいる。七人の踊子の袖にも深緑で蕨文様が染め抜かれている
この踊りは『源氏物語』「早蕨」等を典拠にした舞踊より採ったものと思われる

⑤番付によると、屋根に鳳凰、山鉾を設け、勾欄、船首に鳳凰の作り船の引物を四輪車にて曳く
綱引六十人。これは踊屋台であり、船内を舞台として停止時に娘二人による「二神（イザナギ・イザナミ）の学び」が演じられ、長唄「恋をしゑ（教え）鳥」が歌われた。明細書では十四と十五才
一人は紗単物絹模様直垂を着、中啓を持つ
一人は右同様、直垂紅絹振袖単物を着、鳥籠を持ち所作
後見の二人は絹単物を着る
後ろに囃子方十四人が絹単物袴を着る
六人は日傘を差し掛けられ、八人は船型の担ぎ日覆内で奏する（次頁絵番付）
綱引六十人、五十人は袢纏股引を着、十人は染絹単物を着、町人四人が麻裃を着る
屋形の唐破風屋根の正面には額が付き、恐らく船名が記される
屋根上は蕨手で飾られ、中央には京都祇園祭鉾の綱隠し様の雲文様の懸装品、屋根上の鳳凰を描いた貼紙が失われたものか
勾欄の擬宝珠も見事である
船尾の赤い丸柱は操縦のための梃子棒か
白浪文様の青幕下から四輪のうち二輪が見える

前掲絵番付　鳳凰船屋台上の二神の踊り

⑥

前掲絵番付　舟型担ぎ日覆（底抜け屋台）と鮎汲みの学び

⑥金色短冊に「本石町二丁目」の墨書
鮎汲の学び踊七人地走踊
番付には次の⑦の引物の後ろへ付くとあるので、絵巻は紙継ぎ間違いの可能性がある
拍子木打
綱引の手前二人の笠には鮎と叉手（さで）の造り物
引物を後ろから押す役の手前の笠には捕った鮎を入れる籠の造り物
引物上には巨大な籠と竹製漁具の胴・筌や網
柳の立木に笹、造り物の岩、下台には清流に鮎が泳ぐ模様の幕
後ろに腰蓑の漁師姿の娘の踊子七人が叉手を担ぎ、日傘を差し掛けられた地走踊
絹染模様単物を着、黄糸の腰蓑をつけ、鮎汲の学び所作
囃子方二十六人は染絹単物袴を着る
十四人は日傘を差し掛けられ、十二人は担ぎ日覆二荷内にて奏し、長唄「情汲年若鮎」と浄瑠璃「花菖蒲対の白張」が掛け合いで歌われた
町人十人が麻裃を着る
明細書第六番によると娘七人は十五才から十八才

⑧　⑦

⑦頼政、猪早太の鵺退治の引物を四輪車にて曳く
番付によると、綱引六十人、内、三十九人は袢纏股引を着、十一人は絹染単物を着る
前頁絵番付右下、娘三人が紅絹単物、絹白張を着、三方に菖蒲と立烏帽子を載せ樽を持った衛士の学び所作
鵺退治は源三位頼政が紫宸殿の庭で、天皇を夜な夜な悩ます怪物の鵺を射て退治する話
『平家物語』に載り、以降絵画化され、浮世絵もこれを採り入れて武者絵画題の一つとなった
左は狩衣と烏帽子姿の頼政が黒雲中の鵺を射落とし、右は郎等の猪早太が短刀でこの怪物を刺している著名な場面。鵺は頭は猿、胴体は狸、手足は虎、尾は蛇である。本図は崇谷筆、東京浅草寺蔵絵馬額「鵺退治」や歌川国貞の錦絵と同じ構図である
引物の前方と両側面には鵺が現れた渦巻黒雲の造形が付けられ、幕にも同様の文様、さらに引物の曳き手、押し手の法被にも黒雲の文様が染め抜かれている。引物上後ろは「右近の橘」の造り物。紫宸殿正面の階段から見て右にあった橘の樹で、左近桜に相対したもの。橘はその葉が寒暖の別なく常に生い茂り栄えるから、長寿瑞祥の樹として珍重された。引物の綱引手や押し手の笠上の造り物も橘である

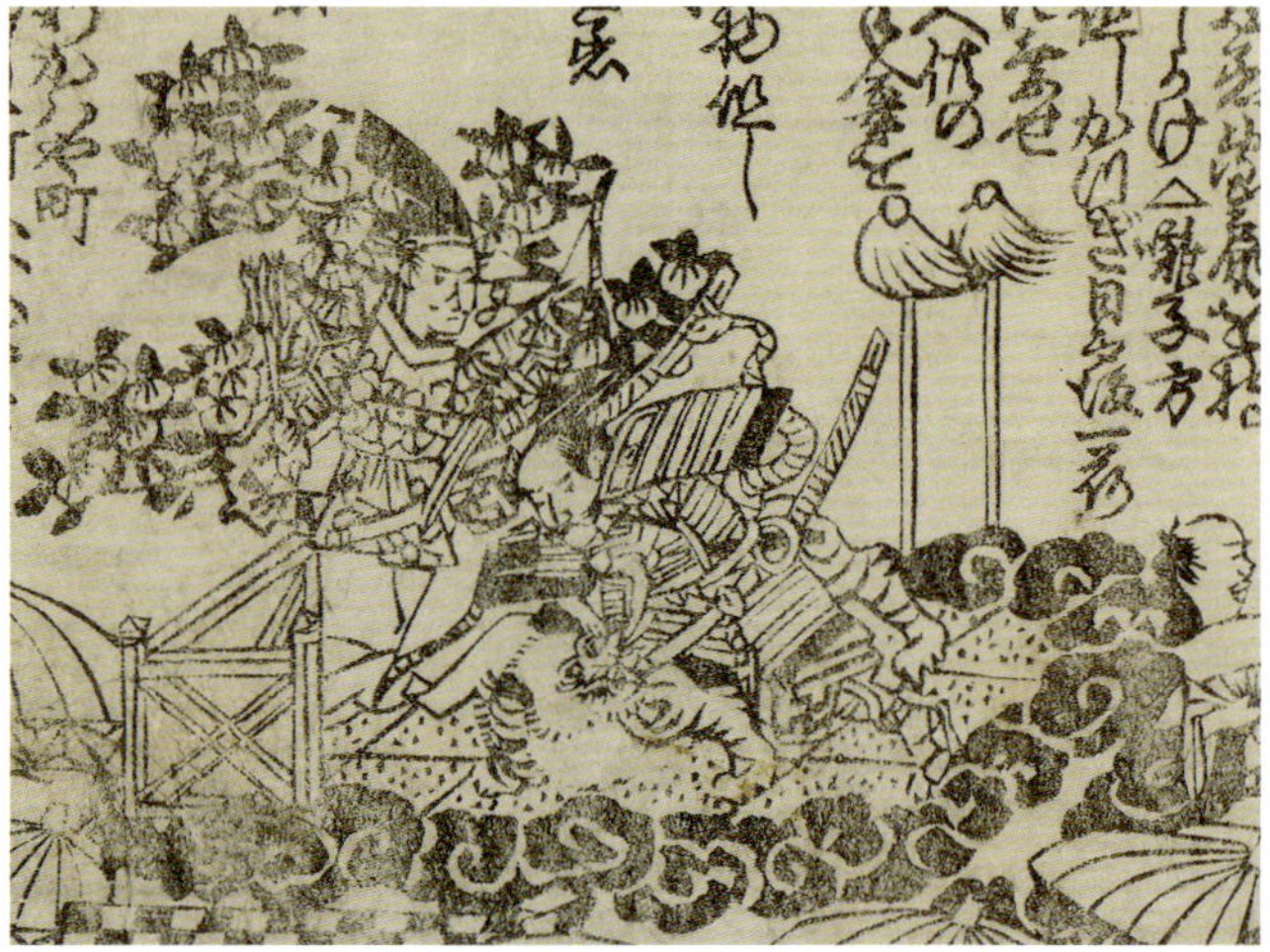

前掲絵番付　源三位頼政と猪早太の鵺退治

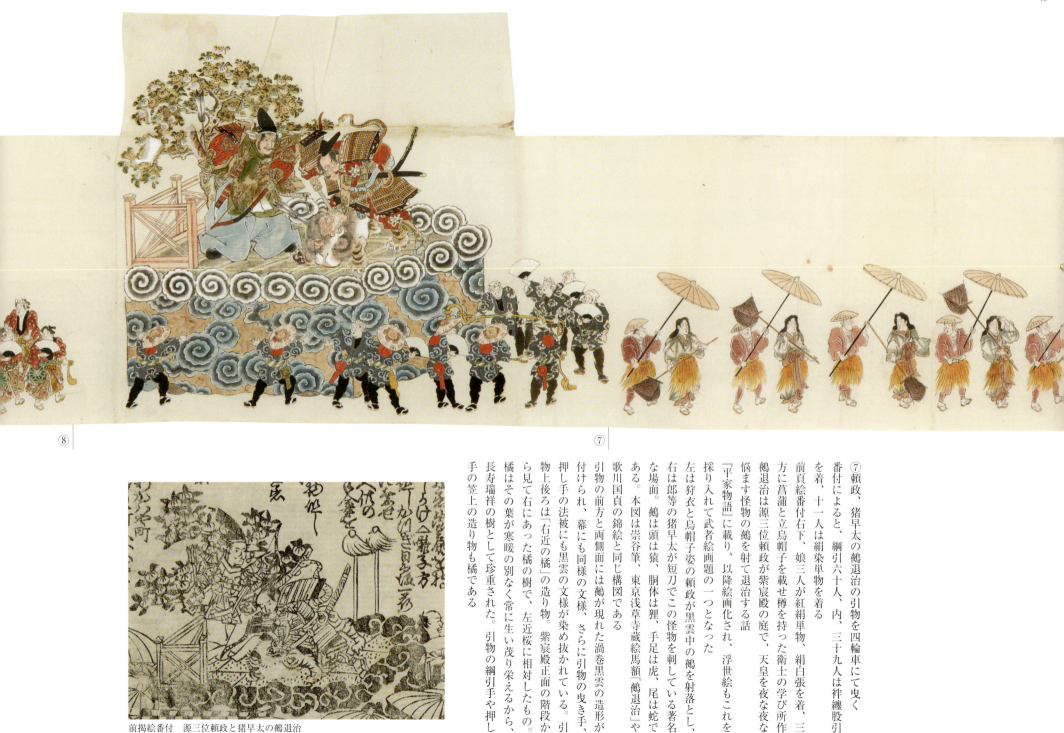

⑩　⑨

⑧金色短冊に「本石町三丁目」の墨書

猫足唐風卓上に珊瑚樹等の宝尽くしの引物を四輪台車で曳く

これは明細書と番付にはなく、前者に記載がないのは芸人や踊子が参加していないからであろう

巨大な巾着袋の造り物のなかには鉤、巻物、打出小槌、宝珠等である

⑨明細書、深艸(草)人形学ひ地走踊の娘五人

京都深草の伏見人形の趣向で演じる娘五人に日傘を差し掛ける

明細書第八番と絵巻の行列順は同じで、先頭は文使役十六才、二番目は鉢敲(茶荃売り)役十七才、三番目は黒木売り役十七才、四番目は神子役十六才、最後は鹿嶋踊(鹿島言触)役十七才

番付によると、先頭の文使いは絹模様振袖単物を着、二人目の鉢敲は染絹を着、瓢箪を叩きながら茶荃を売り歩く、三人目の京都小(大)原女の黒木売りは絹染模様を着、四人目の千早の神子は絹染模様白張を着、お多福面と神楽鈴を持つ、五人目の鹿嶋踊り(鹿島言触)は紅絹単物白張を着、三本足の烏万度を担ぎ白扇を持つ

地走踊の傘には、鉢敲きが売る茶荃、神子舞で被るお多福面、最後尾の猫と蝶、鹿島踊りの烏万度等が描かれている

囃子方二十人は染絹単物袴を着、内、三人には日傘が差し掛けられ、他は担ぎ日覆内で奏し、浄瑠璃「姿の花寄水無月」が語られた

町人五人は麻裃を着る

深草人形とは江戸時代後期に最盛期を迎えた郷土玩具、京都伏見土人形のことであり、江戸後期、伏見街道沿いには伏見稲荷参詣の土産物として、約六十軒もの窯元が軒を連ね、現在でも「丹嘉」が営業している往時の風俗や伝説を人形に表現したものがほとんどであり、五種の土人形を人間が動いて演じる意外性が受けたのであろう

若者が木綿の縫ぐるみ(現代の着ぐるみ)を着、切張の蝶を被る

若者が絹の縫ぐるみ、猫の姿になり「狂ひの学び」

明細書には蝶の役の十八才と猫の役の十九才の若者が記され、着ぐるみに草花が描かれた野をひらひらと飛ぶように踊る蝶と蝶を捕ろうとする猫の所作

⑪　⑩

⑩番付によると、からくり台上の布袋人形引物を四輪車にて曳く

唐子子供三人軽業とあるが、絵巻と明細書では二人

軽業についての口上言い一人が染絹単物袢を着る

明細書の踊子の次の熊吉が口上言い（絵番付では台上袢姿）

絵巻では運行中で口上は台より降りている

竹田からくり等の見世物興行を附祭にしたのであろう

布袋人形前にて人形ではなく絹模様を着た子供二人が軽業

他の祭礼では唐子人形が軽業を演じる「からくり台」であるが、本附祭ではからくりではなく、本物の軽業を停止した場所で子供が演じる意外性がある

囃子方五人は染絹単物を着、三人は袴を着、担ぎ日覆で奏す

綱引五十人、内四十人は袢纏股引を着、十人は染絹単物を着る

明細書七番目「唐子学ひ軽業男子供二人」九才と十一才

唐風倚子に、巨大な牡丹の造花を背に座る布袋人形が唐団扇を持ち、台の透し彫りにも牡丹

唐子人形に見立てられた唐子髷の男児が狭い台上で逆立ちや背反りをしている。これには修練が必要で、プロの見習いであり、わざとぎこちない動きの人形振りで演じた可能性もある

青海波文様の幕下には、側面の二輪が見えるので四輪の引物であろう

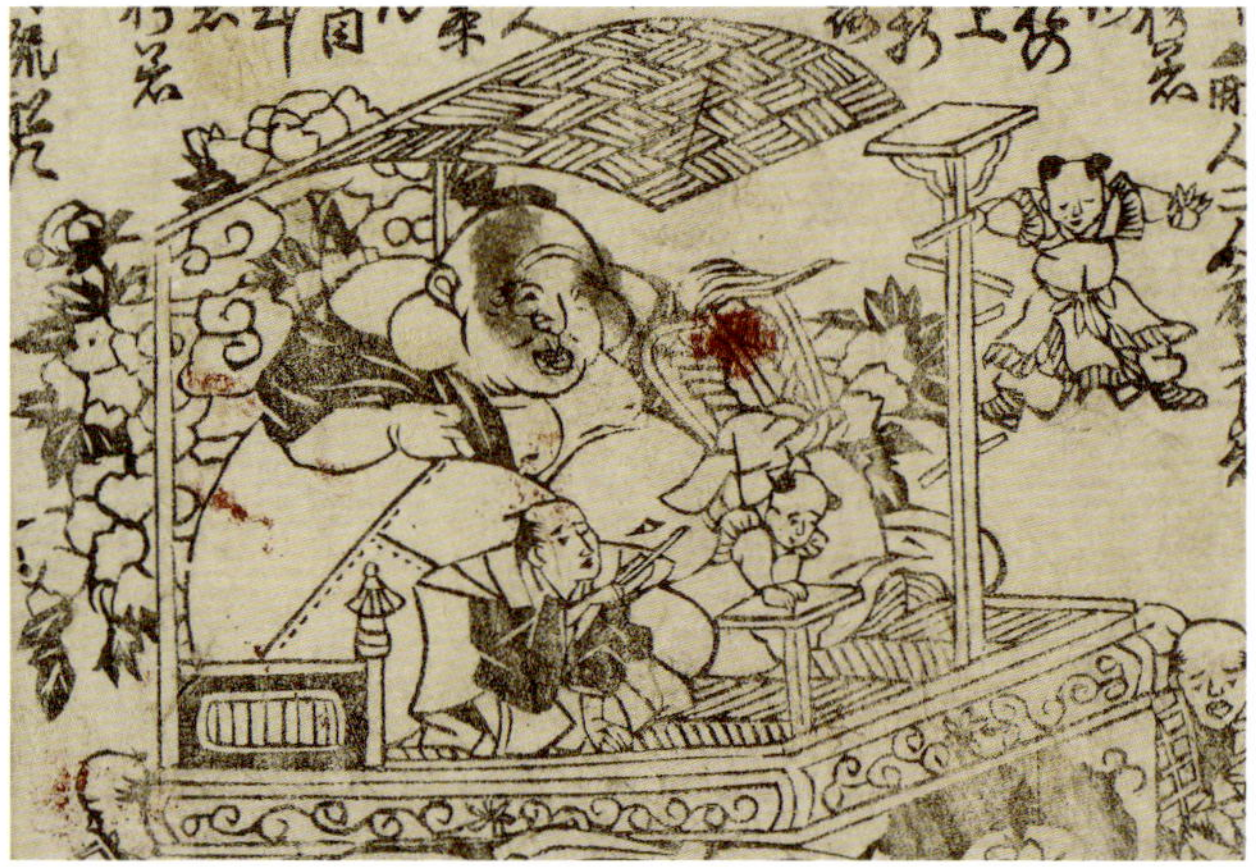

前掲絵番付　からくり台の布袋人形、口上言い、人間の唐子の軽業

⑪金色短冊に「本石町四丁目」の墨書

明細書第五番「仕丁学ひ踊女子供三人」の地走踊

十二・十三・十四才の三人の娘が若衆仕丁の男装の袢姿

仕丁とは平安時代の衛士の意でもあり、前掲の衛士と通じる。ここでは江戸時代、大臣・大将・将軍家等の奥方の所で輿舁その他に従事した役職

二人の拍子木打、次の二人は手替であろうか。仕丁の三人とも、巻物（懸守説、植木　二〇一七）の造り物が吊された朱傘が差し掛けられ、長脇差しは模造刀であろう

団扇で扇ぐものと、床机持の腰には雀らしき飾り

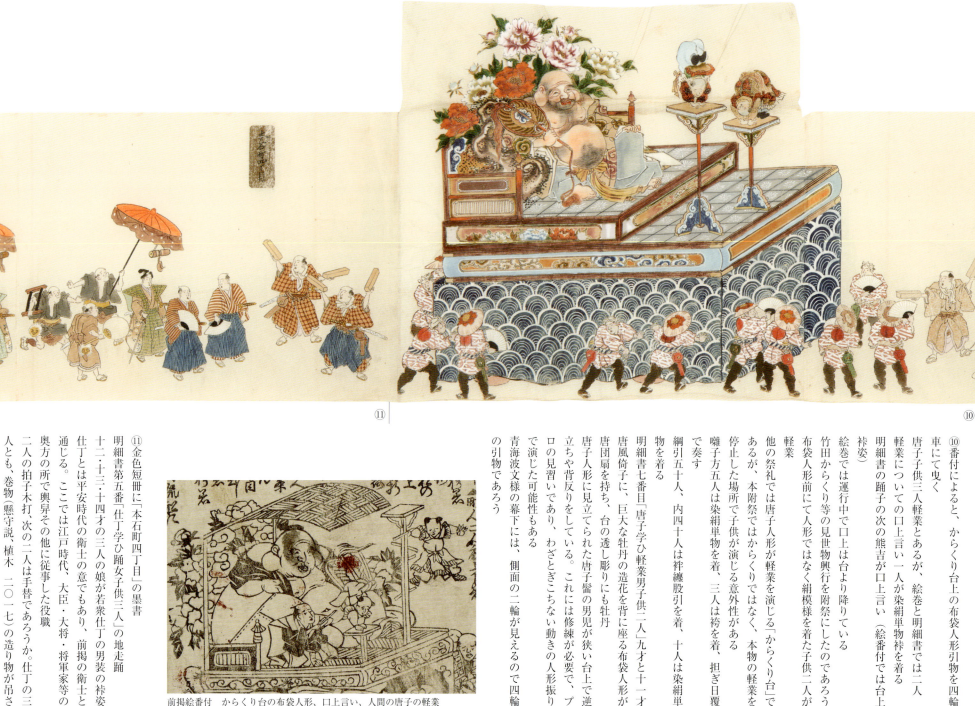

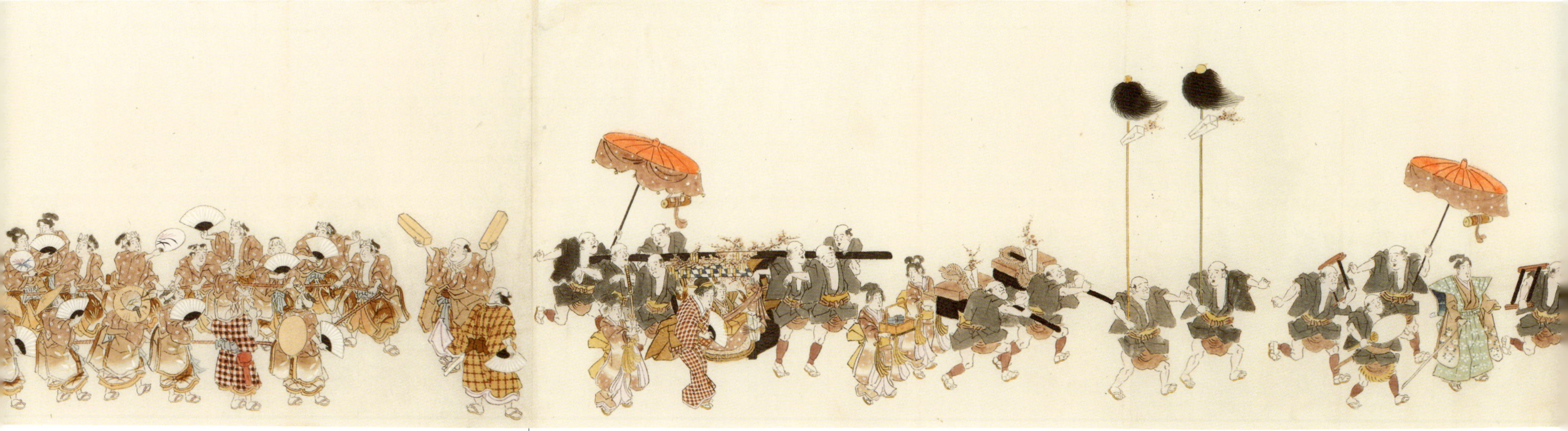

⑫

以下は⑪仕丁と分けるべきか、一連とすべきは難しいが、奴等の男性装束が同様であるため⑪とする

大名行列（参勤交代）に見立てた花鑓行列、これは花籠（駕籠）行列ともいい、町内の大店、大家の子女に芝居の役等の仮装をさせて駕籠に乗せて祭礼行列に参加する出し物。子女に特別な所作はなかったようである

鳥毛槍長柄と挟箱には熨斗に梅枝の飾り、少女による煙草盆持、駕籠は前後四人で舁き、一人ずつの手替が付く。駕籠の横には母親であろうか、扇子で子を扇ぎ、駕籠には子が落ちないように布が張られ、ここにも熨斗に菖蒲らしき飾り、市松模様の障子屋根と短冊が下げられた梅枝の飾りがある。後ろには役者に見立てた太刀持、懸守の吊し飾りの朱傘が差し掛けられる

文政九年（1826）「山王祭之図」　伝歌川国芳筆　国立国会図書館蔵
北新堀町附祭「住吉船屋台」

⑫四輪車の船の引物

拍子木打

船の引物前後の曳き手の笠上には西瓜、切った西瓜に鈴虫、灯籠か行灯か虫籠、押し手の笠上は瓜、盛夏の風物詩

曳き手の娘七人は同様の髪型と団扇で男性に交じり、綱の向側、真ん中の四人（前二人は鉢巻き）、綱の手前の三人

恐らく竹製の船は和船のデザインではなく装飾的。船下の台は四脚猫足の唐風卓、船上には二層屋形が立ち、独特の縞模様、後部には蕨手のデザイン、舵にも特色がある

手前側面には黄菊の模様

綱の曳手は子供である

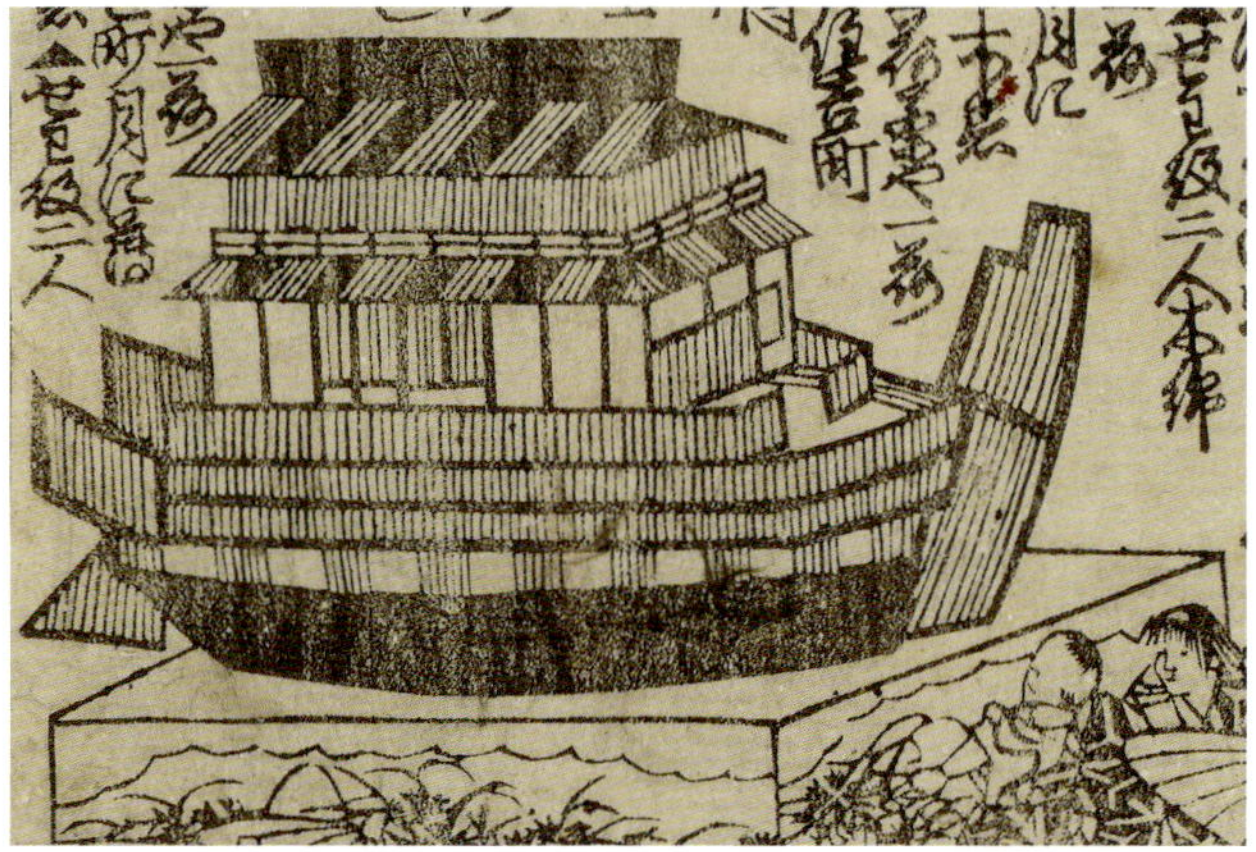

前掲絵番付　船屋台

⑬

⑬明細書第十番　十四、五才の娘八人による蛍狩学び地走踊

鉄棒曳き、笠は最後尾の底抜け屋台の四人の舁き手と同様の黄菊の造花であろうか

手前の背には赤丸に黒字で「四」か「蛍」と思われ、前者なら「本石四」か「本四」（四丁目）であろう

装束が異なる二集団（前後九人ずつ）が一本差し、扇子によって音頭を取り威勢をあげる

拍子木打

蛍の文字が両肩袖に白く染め抜かれた男に傘を差し掛けられた八人の踊子、団扇で蛍を追う所作をしながら進むのであろう。団扇形の簪に井筒紋の着物、水辺の蛍に因んだ水色の帯
傘には蛍のいる川岸が描かれている

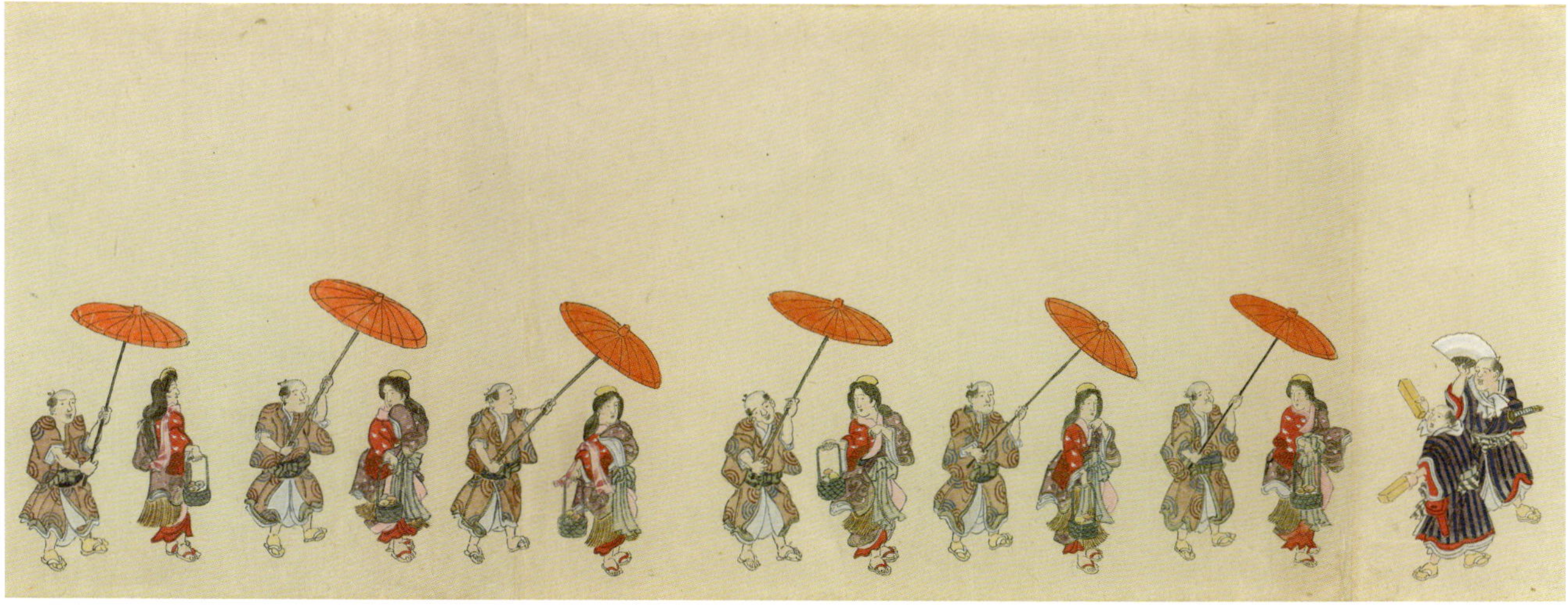

文政八年(1825)「神田明神御祭礼御用御雇祭絵巻」第四巻　国立国会図書館蔵
元大坂町御雇祭「貝拾いの学び」

⑭

明細書によると、踊子に続き朱傘を差し掛けられた長唄二人と底抜け屋台。長唄は冨士田善太郎、同多喜蔵、同千徳

絵番付巻末の長唄「結の神ゑにしの蛍狩」が歌われた

三味線は朱傘の二人と底抜け屋台での一人、杵屋和喜太郎、同八五郎、同藤三郎

底抜け屋台は市松模様の障子屋根（朝顔型）四人が舁く

囃子方は正面に締太鼓を据え、坂田次三郎と同吉蔵、西川源之助が奏し、錦屋三次郎の笛、住田長五郎と同長三郎の小鼓、坂田重助の大鼓である。

⑭絵巻と番付の最終出し物は合致している

番付によると橋の上の官女人形引物を四輪車にて曳く

番付によると綱引五十人、内、三十五人は絆纏股引を着、十五人は絹染単物を着る

町人二人は麻裃を着、世話役は絹単物袴を着る

明細書に記載がないのは芸人や踊子が出ないためであろう

拍子木打二人は⑬中程の一団と同じ装束

扇子を振り上げ合図する二人

綱引等二十五人が見え、背中の赤丸内に「姫」文字の者もおり、笠上は黄菊

橋欄干下の家型額にはタイトルが書かれたものか
三蓋（階）松の造り物、橋上に檜扇を翳した官女は緋袴、長く垂れた髪、着物には赤い鳥の文様
「姫」の文字から官女舞人形の典拠は『平家物語』「剣の巻」等の宇治の橋姫の可能性もあるが不詳
二人が舁く担い茶小屋は市松模様の障子屋根

文政九年「山王祭之図」　国立国会図書館蔵
北新堀町附祭「鞍馬天狗の曳物」

前掲絵番付　橋上の官女（姫）舞人形

「江戸天下祭図屏風」

紙本着色　六曲一隻

内容は文政七年（一八二四）山王祭新場附祭　※56頁に全図　解題は本書15頁を参照

神田神社蔵

右下：最後尾

左上：先頭　背景に土手が描かれており町人地ではない

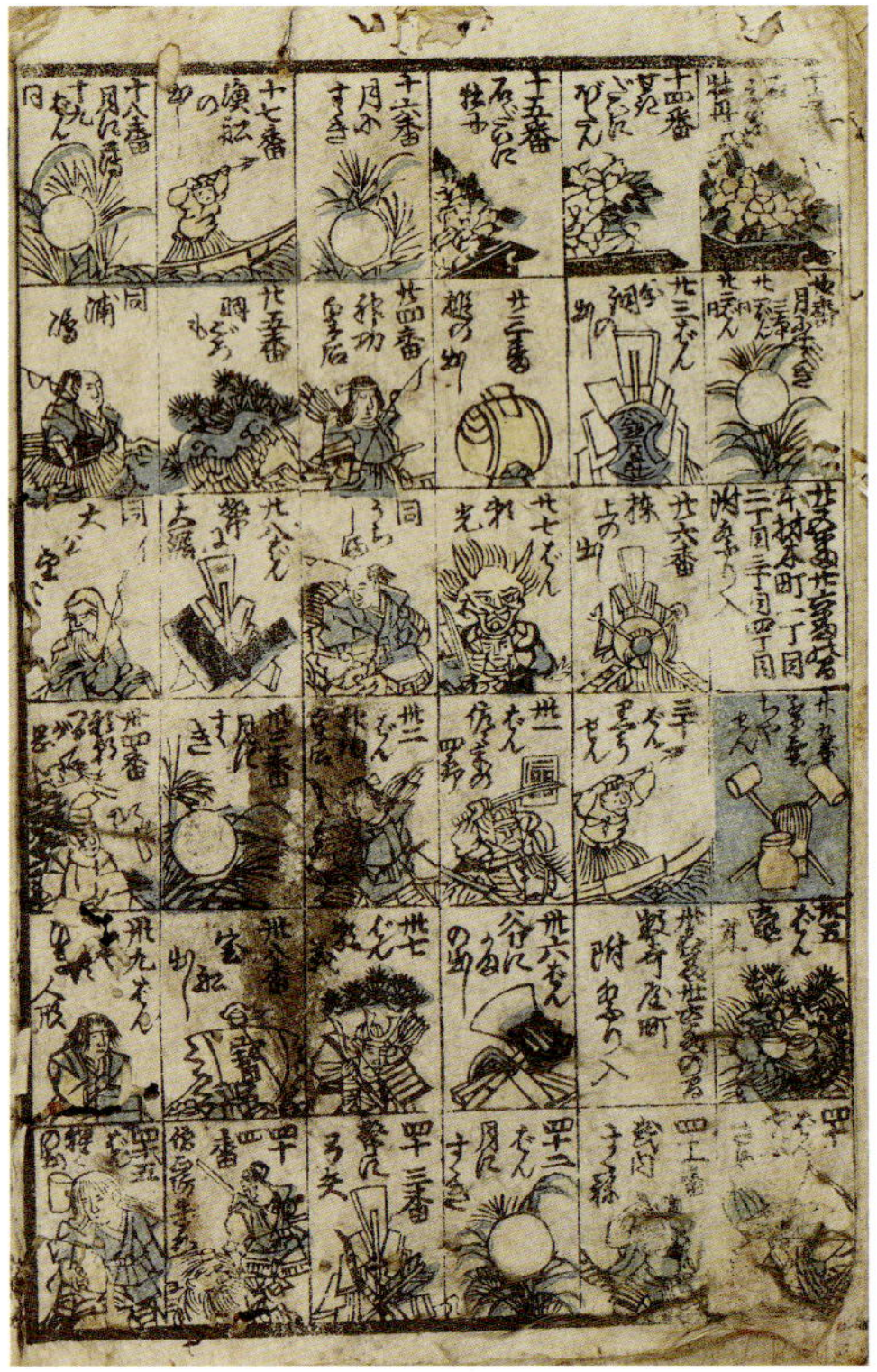

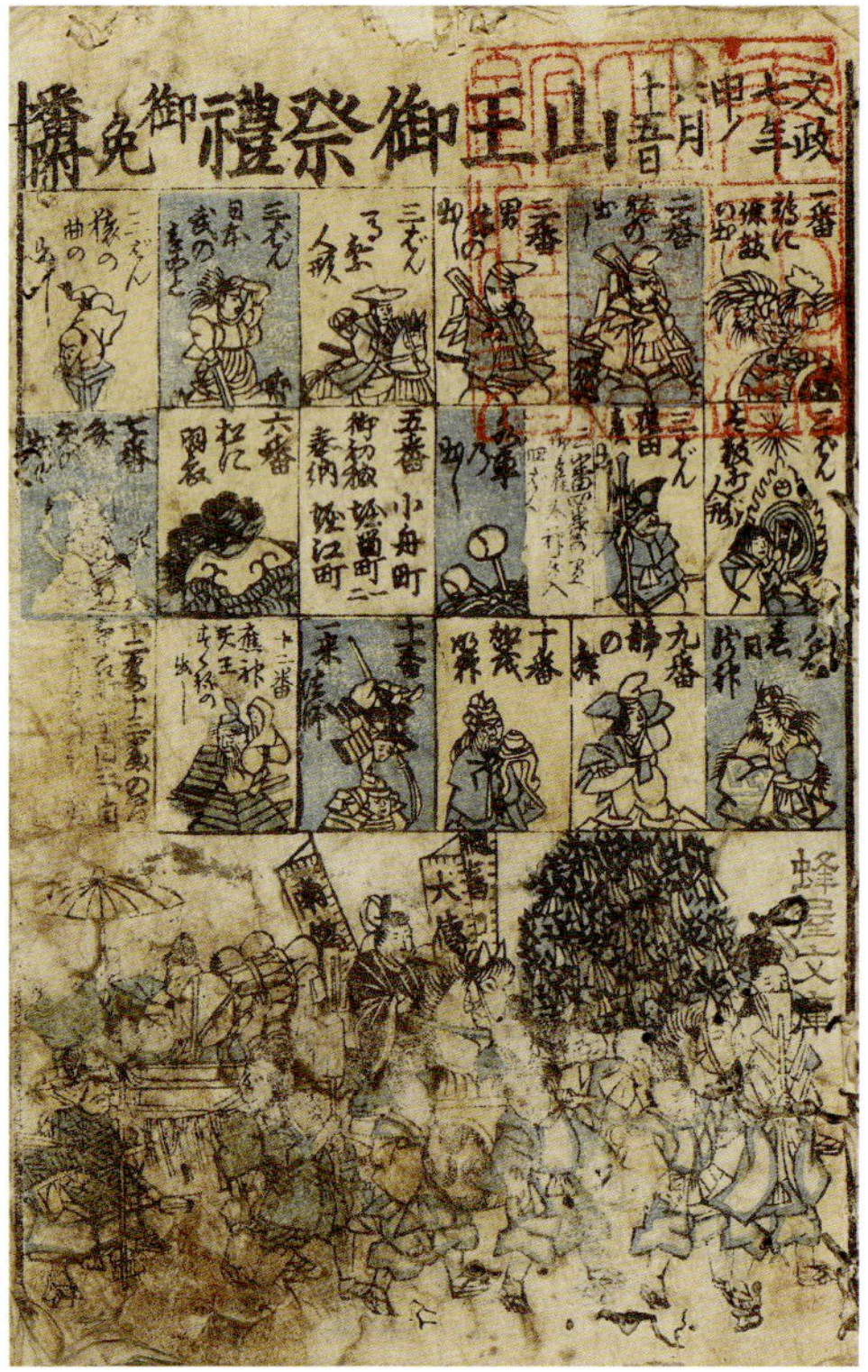

文政七年（一八二四）

「山王御祭礼御免番附」

東京都立中央図書館蔵（特別買上文庫二八三一）

絵本番付表紙、これ以降は木版墨摺

縦一八・二×横一二・五cm　縦冊

外表紙、表紙・裏表紙、一四丁、外表紙裏に「はちや氏」朱文方印

戦時特別買上図書のうち、蜂屋文庫（蜂屋茂橘氏旧蔵）の草双紙類

六〇〇余点なかの一点

「御免板元　江戸馬喰町二丁目　錦森堂森屋治兵衛」

※翻刻は本書80～89頁を参照

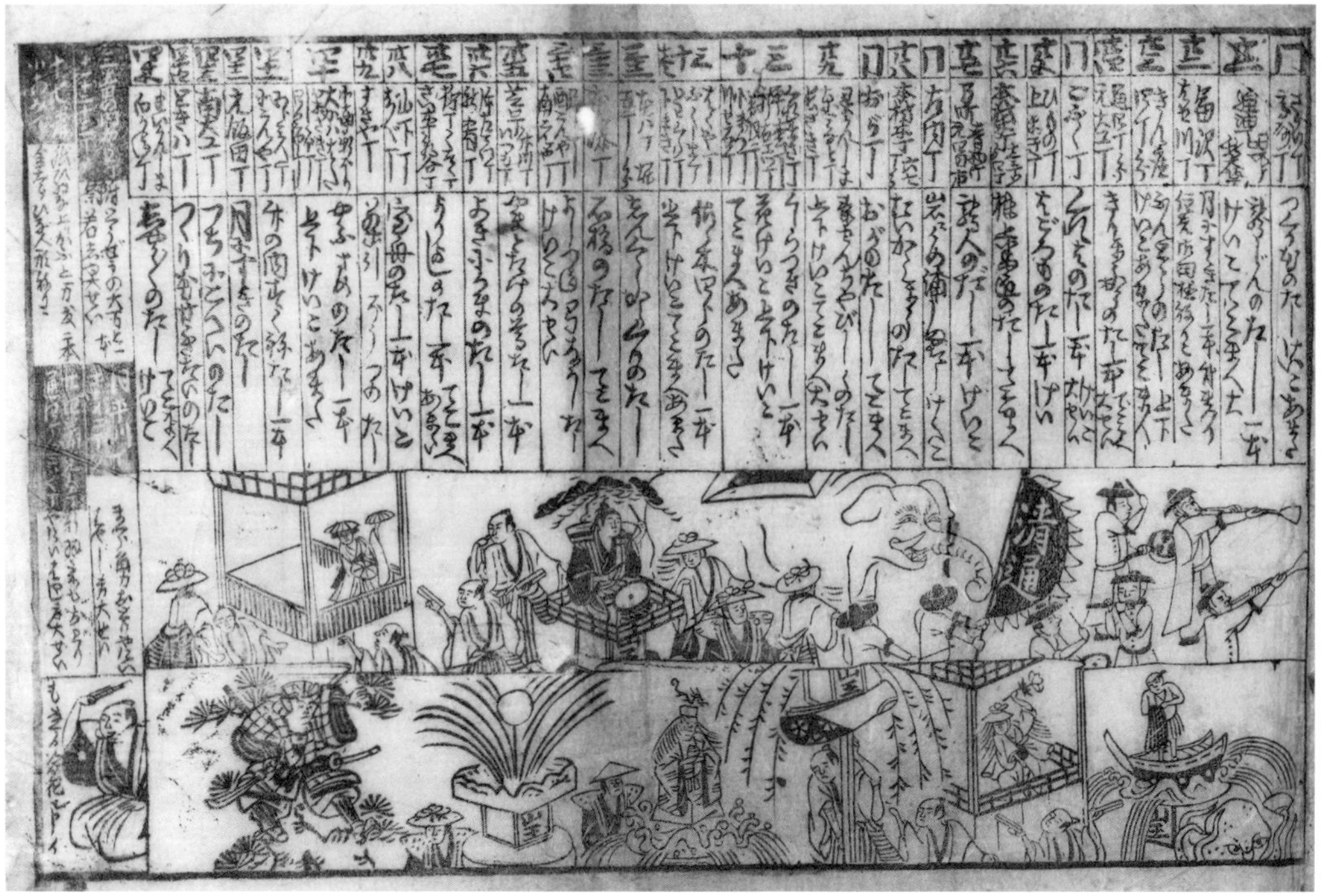

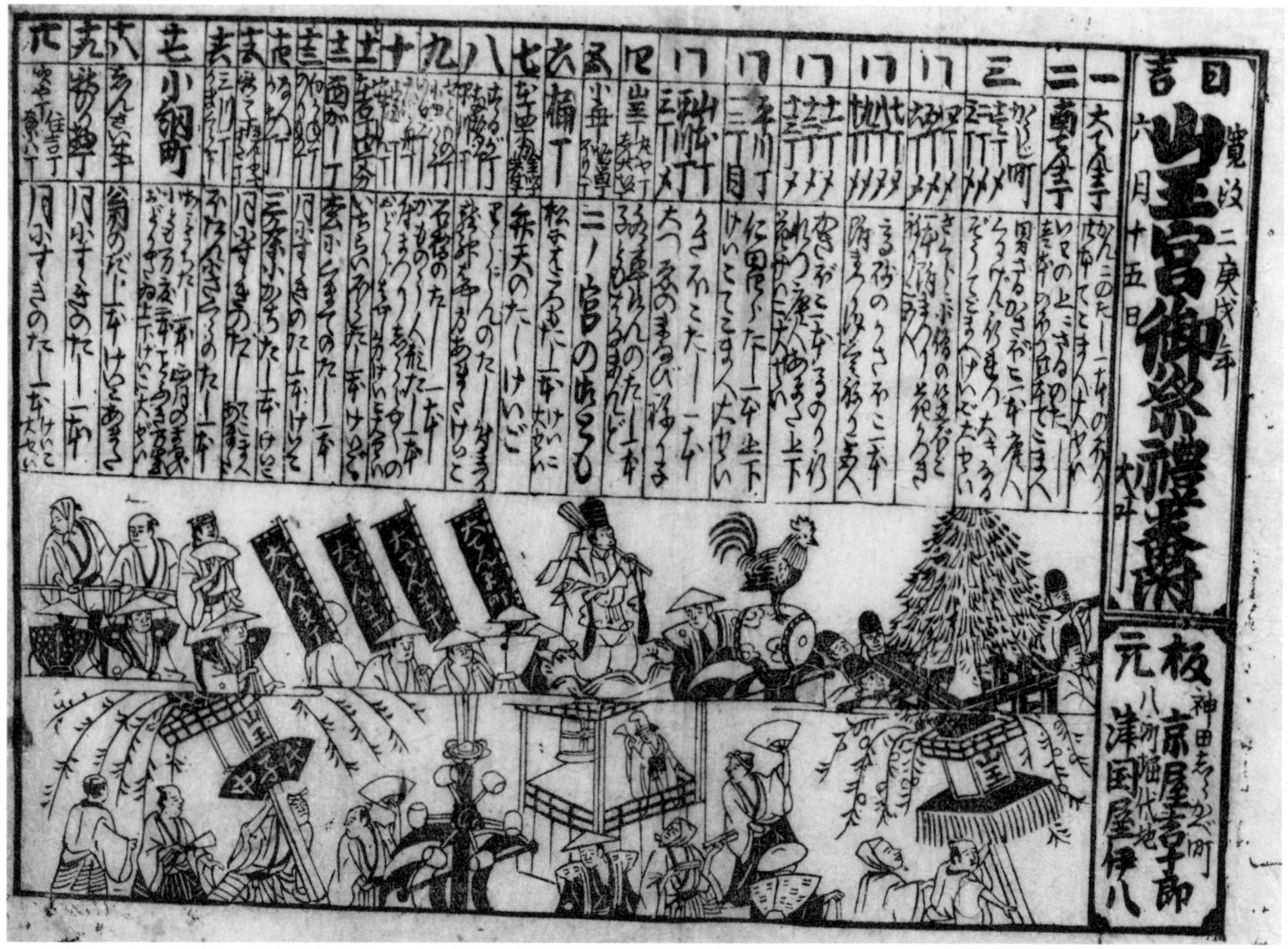

日吉 山王宮御祭礼番附

寛政二庚戌年 六月十五日 大叶

一	大てんま丁	かんこのたし一本のほり廿本てこまへ大せい
二	南てんま丁	いわの上ニさるのたし壱本のほり廿本てこまへ
三	かうじ町 壱丁メ 二丁メ 三丁メ	男さるかさぼこ一本唐人くわげん(管弦)行れつ大キなるぞう(象)てこまへけいご大せい
同	四丁メ 五丁メ 六丁メ	さくらニ小僧の笠ぼこ一本附まつり花かつきねりこ五人
同	七丁メ 八丁メ 九丁メ 十丁メ	高砂のかさほこ一本附まつり汐くミねりこ五人
同	十一丁メ 十二丁メ 十三丁メ	かさぼこ一本馬のり行れつ唐人あまた上下花けいこ大せい
同	平川丁 一二丁メ	仁田四郎たし一本上下けいこてこまへ大せい
同	山本丁 平川丁 三丁メ	かさほこたし一本大つゑ(津絵)のまなびねり子
四	山王丁 丸ヤ丁 しん(南)大坂丁	水車けんのたし一本子とも花まんど
五	小舟丁 掘留丁 ほりへ丁	二ノ宮の御とも
六	桶丁	松にはころもたし一本けいこ大せい
七	本丁四丁分 金吹丁 岩付丁	弁天のたしけいご
八	するが丁 両替丁 品川丁	りうじんのたし付まつり龍神はやし方あまたけいこ
九	せともの丁 小田ハら丁 いセ丁 本舟丁	石橋のたし一本 かものう人形たし一本 付まつりしらじや〱の おどりはやし方あまた大せい
十	室丁 安じん丁	
十一	本石丁四丁分	いちらいほうしたし一本けいご
十二	西がし丁	松にくまてのたし一本
十三	白かね丁 のりもの丁	月にす丶きのたし一本けいこ
十四	なべ丁 かち丁	三条小かちたし一本けいこ
十五	新こく丁 れんしやく丁 すた丁	月にす丶きのたしてこまへあまた
十六	三川丁 かまくら丁	ほたんにさくらのたし一本
十七	小網丁	あミうちたし一本正月のまなび小とも万度二本ことふき万歳おどりやたゐ上下けいこ大ぜい
十八	しんさい木丁	翁のだし一本けいこあまた
十九	新のり物丁	月にす丶きのたし一本
廿	吹や丁 住吉丁 なにハ丁	月にす丶きのたし一本けいこ大せい
廿一	さかい丁 高砂丁	つくり花のたしけいこあまた
廿二	通油丁 田所丁 新大坂丁	龍じんのたし一本てこまへ大(せい)
廿二	冨沢丁 はセ川丁	月にす丶きたし一本付まつり住吉御田植ねりこあまた
廿三	きん(銀)座四丁分	ふんとうのたし上下けいこあまたてこまへ
廿四	通四丁分 元大工丁	きりまうおうのたし一本てこまへ大せい
同	ごふく丁	くれはのたし一本けいこ大せい
廿五	ひもの丁 上まき丁	はごろものたし一本けい(こ欠ヵ)
廿六	本材木丁 一二三丁メ 合四丁	棟上番匠のたしてこまへ
廿七	万町 青物丁 元四日市	龍人のだし一本けいこ
同	左内丁	岩ニかめ浦しまたしけいこ
廿八	本材木丁 六七丁分	たいかうまう(太公望)のたしてこまへ
同	おが丁	おがのたしてこまへ
廿九	霊かんしま 東ミなと丁 長さき丁	茶せんちやびしくのたし上下けいこてこまへ大せい
三十	くれまさ丁 平松丁 新右衛門丁 音羽丁 小まつ丁 川セ石丁	くしらつきのたし一本花けいこ上下けいこてこまへあまた
三十壱	はくや丁 ふくしま丁 いわくら丁 下まき丁	佐丶木四郎のたし一本上下けいこてこまへあたま
三十二	本八丁堀 五丁分	しんくうかうくり(神功高句麗)のたし
三十三	本湊丁	石橋のたしてこまへ
三十四	弓丁 西こんや丁 南こんや丁	よしつね弓なかしたしけいこ大せい
卅五	芝口丁 竹川丁 いつも丁	やまとたけの尊たし一本
卅六	弥左衛門丁 新肴丁	よきにかまのたし一本
卅七	柳丁 くそく丁 さい木丁 水谷丁	よりよしのたし一本てこまへあまた
卅八	山下丁 なべ丁	宝舟のたし一本けいこ
卅九	すきや丁	茶引ほうつのたし
四十	北南新ほり 大かハはた 箱さき丁 しほ丁 四日市丁	やふさめのたし一本上下けいこあまた
四十一	五郎兵へ丁 北こんや丁	竹の内すくねのたし一本
四十二	元飯田丁	月にす丶きのたし
四十三	南大工丁	つちにこへいのたし
四十四	とき八丁	つくり花せきたいのたし
四十五	れいかんしま 白かね丁	しやう〱のたしてこまへけいこ

十七番 小あみ丁
紙ひゐな上にかふと万度二本
金太郎ひな人形ねりこ

三番かうじ町 十一十二十三丁メ
附祭 とうぜう(道成寺)の大 万と一本若しゅ大せい

同平川丁 一丁メ二丁メ
まくら角力おとりやたい
はやし方大せい

廿四番元大工丁 通四丁分こふく丁
新羽ころもおどり
やたいはやし方大せい

もれ合姿花シ申候

元板
神田しらかべ町
京屋吉十郎
八町堀代地
津田屋伊八

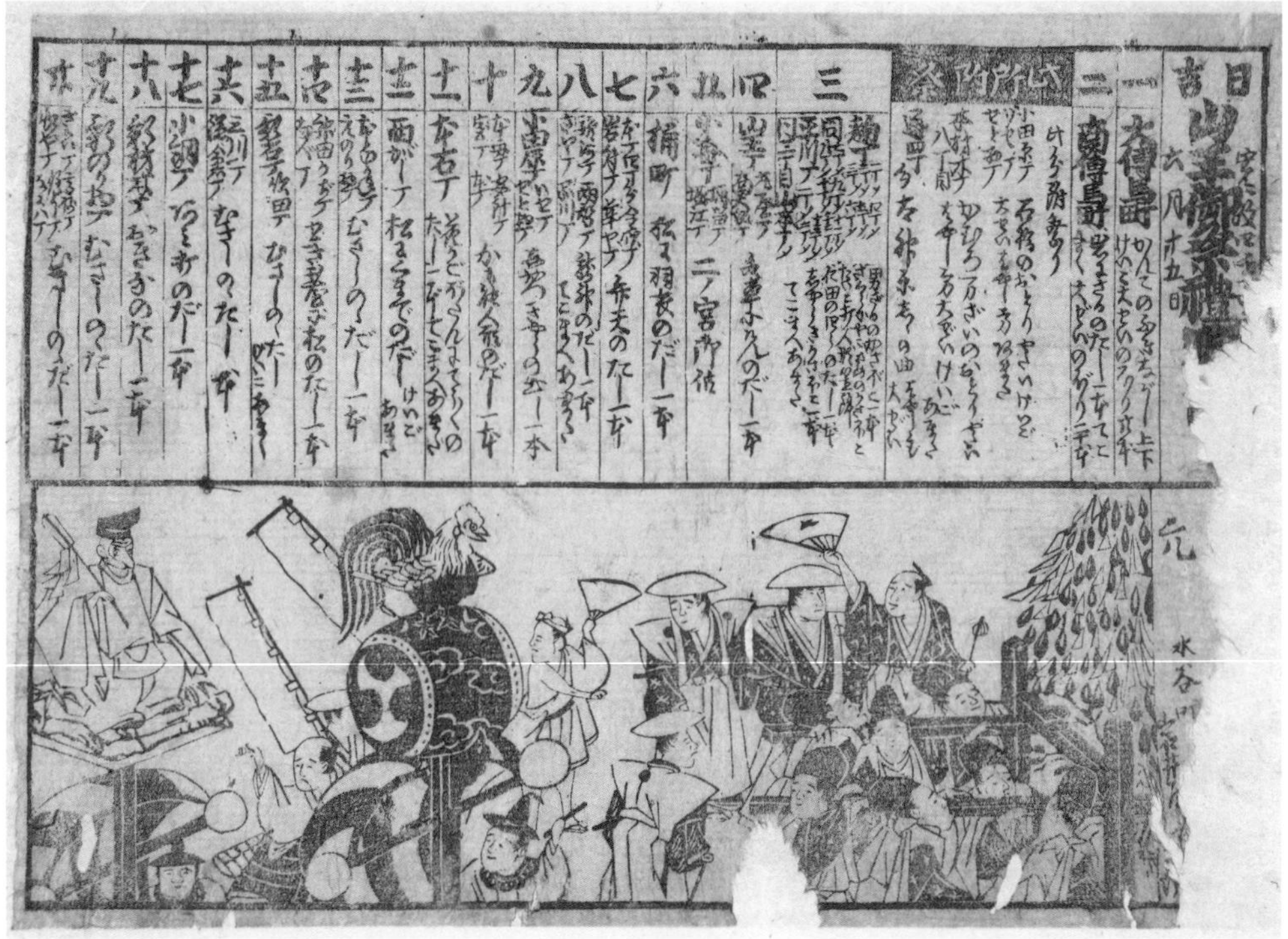

日吉

山王御祭礼番□(附)

寛政四壬□□(子年)
六月十五日

番	町	出し
一	大傳馬町	かんこのふきながし上下 けいご大セいのほり廿本
二	南傳馬町	岩にさるのたし一本てこ まへ大ぜいのぼり二十本
此所附祭	此分附祭り 小田原丁 いセ丁 セと物丁 本材木丁 八丁目 通四丁分	石橋のおとりやたいけいご 大セいはやし方あまた かむろ万ざいのおとりやたい はやし方大ぜいけいごあまた 太神楽し、の曲はやしとも大ぜい
三	麹丁一丁メ四丁メ 二丁メ五丁メ 三丁メ六丁メ 同七丁メ九丁メ十一丁メ 八丁メ十丁メ十二丁メ 十三丁メ 平川丁一丁メ二丁メ 同三丁目山本丁メ	男ざるのかさほこ一本 さくらにやぶさめのかさほこ たいこ打人形笠鉾 仁田の四郎のたし一本 しやうきかさほこ一本 てこまへあまた
四	山王丁 丸屋丁 南大坂丁	水車にけんのだし一本
五	小舟丁 掘留丁 堀江丁	二ノ宮御供
六	桶町	松に羽衣のだし一本
七	本丁四丁分金沢丁 岩付丁革ヤ丁	弁天のたし一本
八	駿河丁両替丁 さヤ丁品川丁	龍神のだし一本 てこまへあまた
九	小田原丁 いセ丁 セと物丁	しやつきやうの出し一本
十	本舟丁安針丁 室丁 本丁	かも能人形のだし一本
十一	本石丁	花かごぼたんにてう〳〵の たし一本てこまへあまた
十二	西がし丁	松にくまでのだしけいごあまた
十三	本白かね丁 元のり物丁	むさしの、だし一本
十四	神田かぢ丁 なべ丁	セき台に松のたし一本
十五	新石丁須田丁	むさしの、たしけいこあまた
十六	三川丁 鎌倉丁	むさしの、たし(一)本
十七	小網丁	あミ打のだし一本
十八	新材木丁	おきなのたし一本
十九	新のり物丁	むさしの、たし一本
廿	さかい丁 高砂丁 住よし丁 吹ヤ丁 なにハ丁	むさしの、だし一本

(板)
元 水谷町
岩井屋吉□□(兵衛カ)

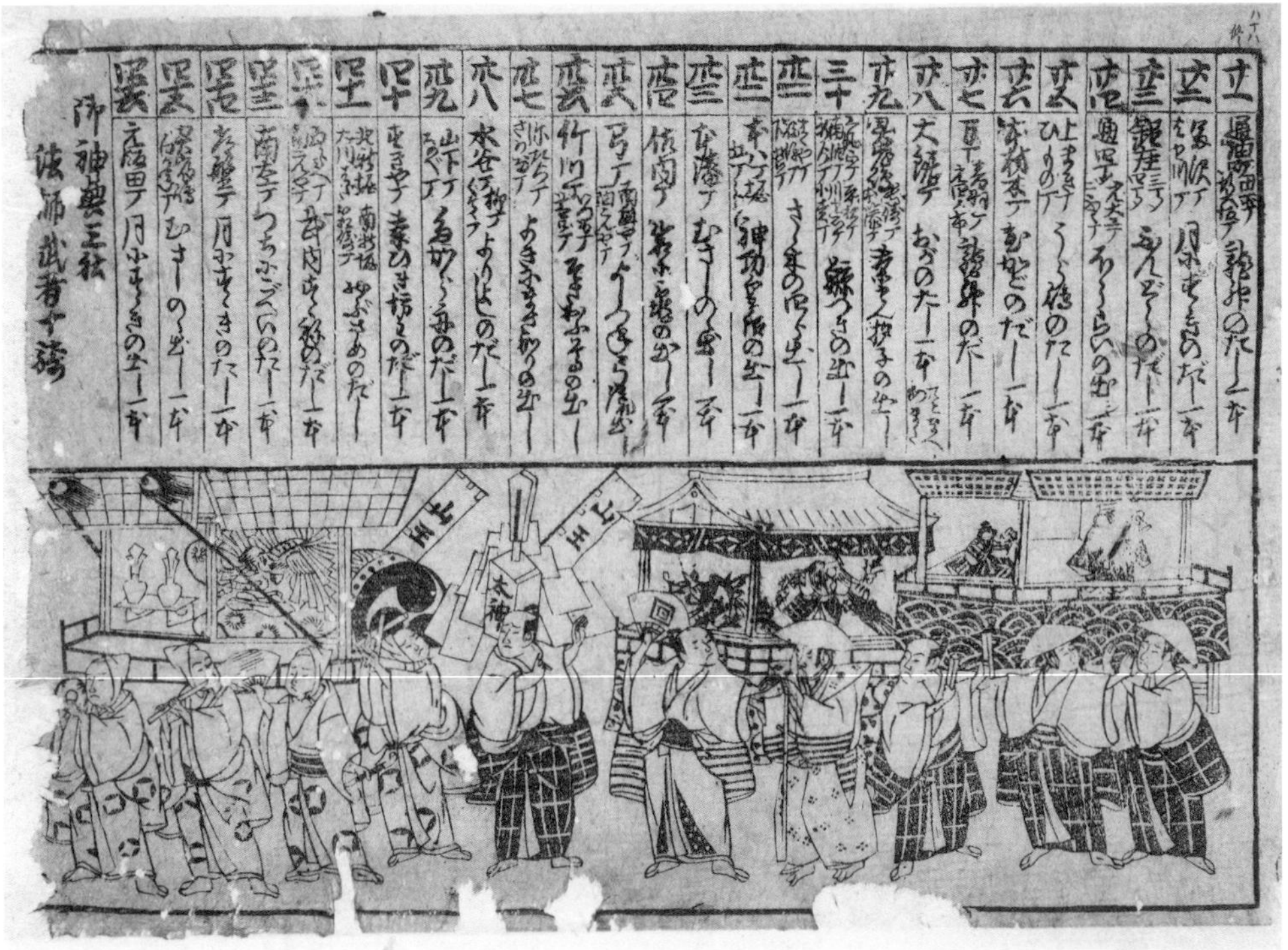

番	町	出し
廿一	通油町 田所丁 新大坂丁	龍神のたし一本
廿二	冨沢丁 はセ川丁	月にす、きのだし一本
廿三	銀座 三丁メ 四丁メ	ふんどうのだし一本
廿四	通四丁メ 元大工丁 ごふく丁	ほうらいの出シ一本
廿五	上まき丁 ひもの丁	うら嶋のたし一本
廿六	本材木丁	花かごのだし一本
廿七	万丁音羽丁 元四ヶ市	龍神のだし一本
廿八	大鋸丁	おがのたし一本 てこまへ あまた
廿九	霊岸嶋 長崎丁 本(東)湊丁	茶せん杓子の出し
三十	くれ正丁 平松丁 南油丁 川セ石丁 新右衛門丁小松丁	鯨つきの出し一本
卅一	はくや丁 福嶋丁 下槇丁	さ、木の四郎出し一本
卅二	本八丁堀 五丁分	神功皇后の出し一本
卅三	本湊丁	むさしの、出し一本
卅四	佐内丁	岩に亀の出し一本
卅五	弓丁 南紺や丁 西こんや丁	よしつね弓流出し
卅六	竹川丁 いつも丁 芝口丁	そさおふ尊の出し
卅七	弥左衛門丁 さかな丁	よきにまさかりの出し
卅八	水谷丁柳丁 ぐそく丁	よりよしのだし一本
卅九	山下丁 なべ丁	たから舟のだし一本
四十	すきや丁	茶ひき坊主のだし一本
四十一	北新堀南新堀 大川はた箱崎丁	やぶさめのだし
四十二	五郎兵へ丁 南こんヤ丁	武内すくねのだし一本
四十三	南大工丁	つちにごへいのたし一本
四十四	常盤丁	月にす、きのたし一本
四十五	霊岸嶋 白かね丁	むさしの、出し一本
四十六	元飯田丁	月にす、きの出し一本

御神輿三社
法師武者十騎

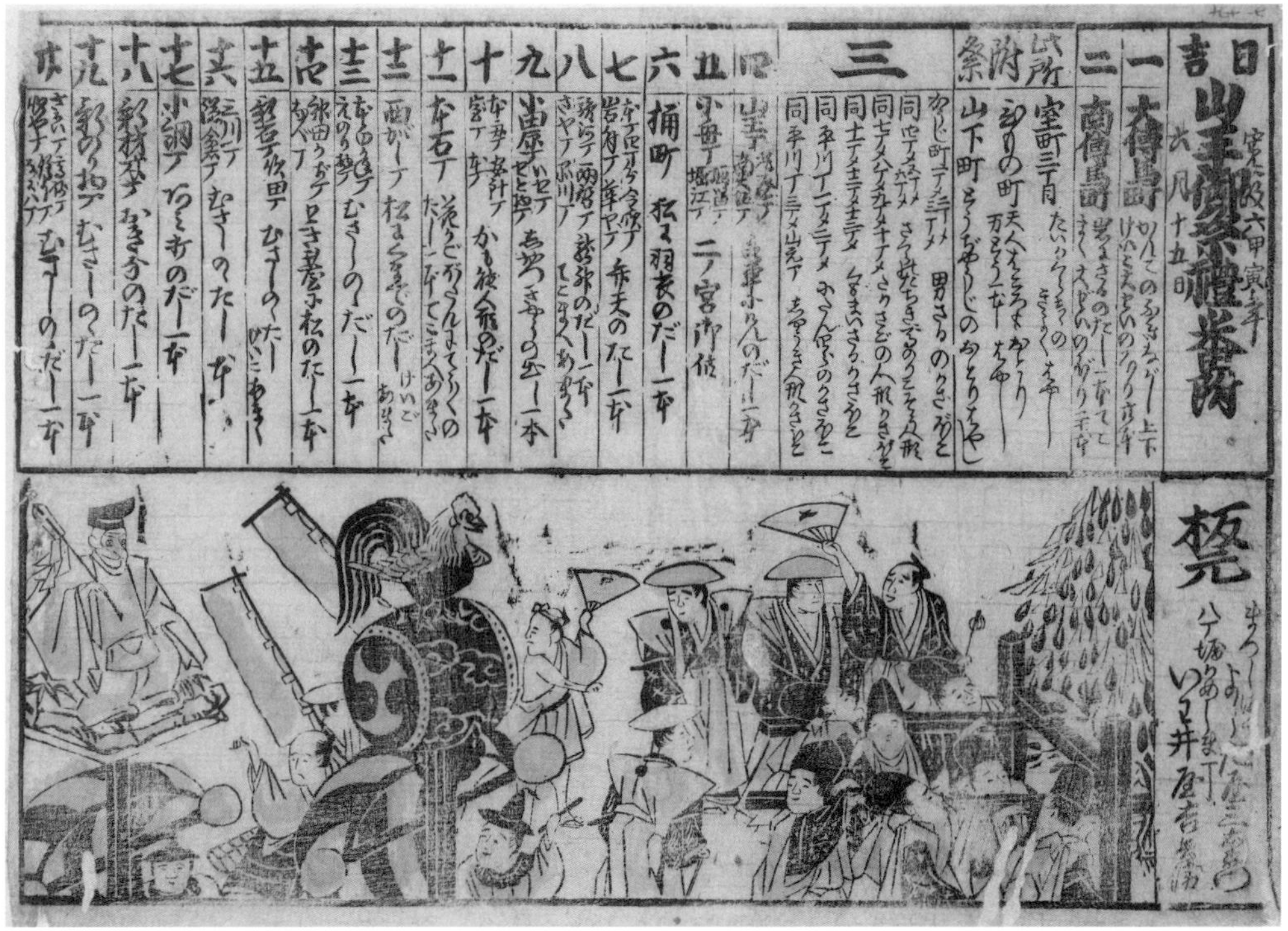

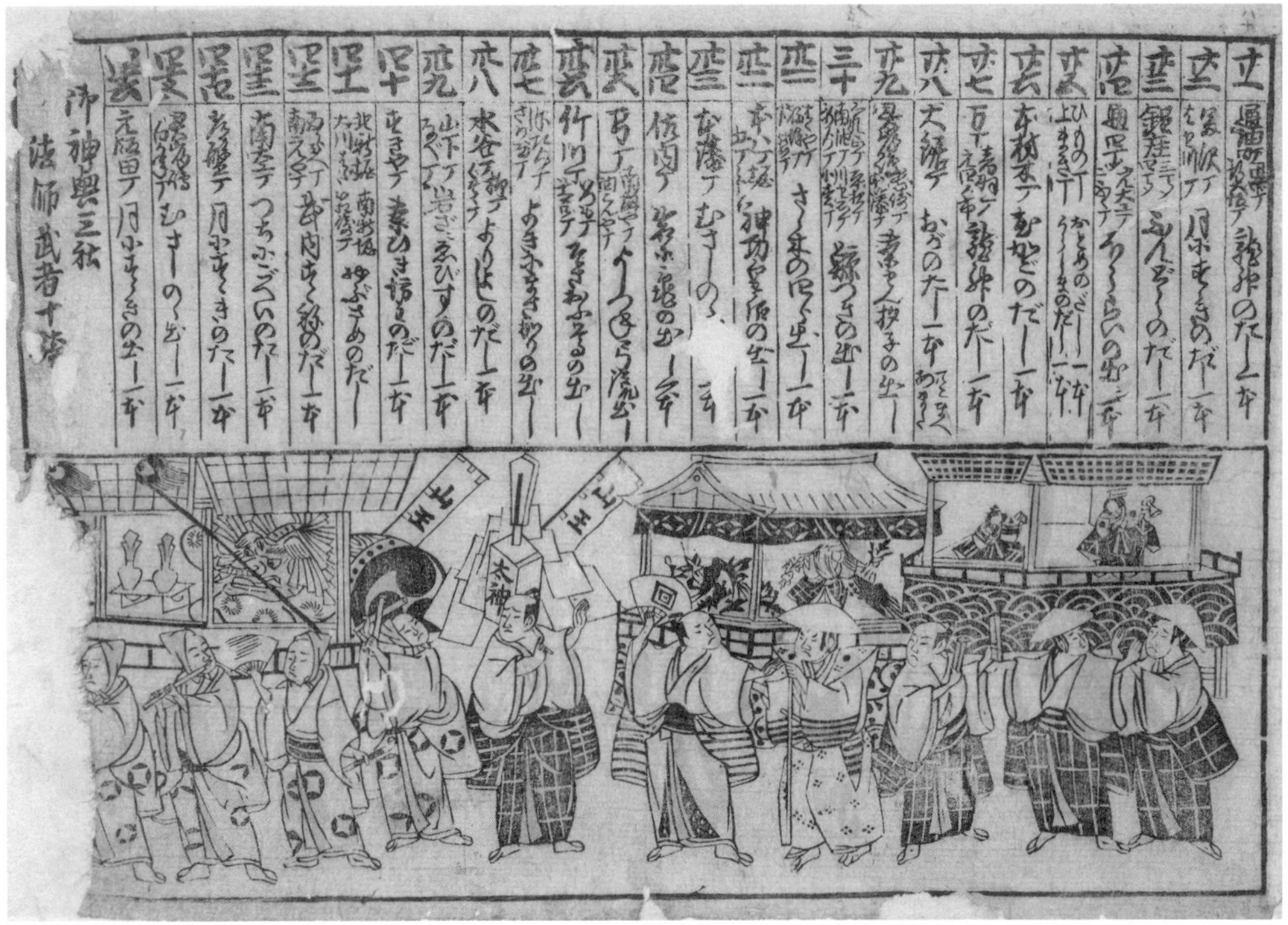

山王御祭礼番附

寛政六甲寅年 六月十五日

番	町	出し物
日吉		
一	大傳馬町	かんこのふきながし上下 けいこ大せいのほり廿本
二	南傳馬町	岩にさるのたし一本てこ まへ大ぜいのぼり二十本
此所附祭	室町三丁目	たいかくらし、のきよくはやし
	ひもの町	天人はころもおとり 万とう一本はやし
	山下町	とうぢやうじのおとりはやし
三	かうじ町一丁メ 二丁メ 三丁メ	男さるのかさほこ
	同四丁メ 五丁メ 六丁メ	さくらのたちき二馬のりこそう人形
	同七丁メ八丁メ九丁メ十丁メ	たかさごの人形かさほこ
	同十一丁メ十二丁メ十三丁メ	くもまいさるかさほこ
	同平川丁一丁メ二丁メ	にたん四郎のかさほこ
	同平川丁三丁目山元丁	しやうき人形かさほこ
四	山王丁 丸屋丁 南大坂丁	水車にけんのだし一本
五	小舟丁 掘留丁 堀江丁	二ノ宮御供
六	桶町	松に羽衣のだし一本
七	本丁四丁分金吹丁 岩付丁 革ヤ丁	弁天のたし一本
八	駿河丁両替丁 さヤ丁品川丁	龍神のだし一本 てこまへあまた
九	小田原丁 いセ丁 セと物丁	しやつきやうの出し一本
十	本舟丁安針丁 室丁 本丁	かも能人形のだし一本
十一	本石丁	花かごぼたんにてうくの たし一本てこまへあまた
十二	西がし丁	松にくまでのだし一本 けいご あまた
十三	本白かね丁 元のり物丁	むさしの、だし一本
十四	神田かぢ丁 なべ丁	セき台に松のたし一本
十五	新石丁須田丁	むさしの、たし けいこあまた
十六	三川丁 鎌倉丁	むさしの、たし(一)本
十七	小網丁	あミ打のだし一本
十八	新材木丁	おきなのたし一本
十九	新のり物丁	むさしの、たし一本
廿	さかい丁 高砂丁 吹ヤ丁 住よし丁 なにハ丁	むさしの、だし一本
廿一	通油町 田所丁 新大坂丁	龍神のたし一本
廿二	冨沢丁 はセ川丁	月にす、きのだし一本
廿三	銀座 三丁メ 四丁メ	ふんどうのだし一本
廿四	通四丁メ 元大工丁 ごふく丁	ほうらいの出シ一本
廿五	ひもの丁 上まき丁	おとめのだし一本 うらしまのだし一本
廿六	本材木丁	花かごのだし一本
廿七	万丁 音羽丁 元四ヶ市	龍神のだし一本
廿八	大鋸丁	おがのたし一本てこまへ あまた
廿九	霊岸嶋 長崎丁 東湊丁	茶セん杓子の出し
三十	くれ正丁 平松丁 南油丁 川セ石丁 新右衛門丁小松丁	鯨つきの出し一本
卅一	はくや丁 福嶋丁 下槙丁	さ、木の四郎出し一本
卅二	本八丁堀 五丁分	神功皇后の出し一本
卅三	本湊丁	むさしの、□□(出し)一本
卅四	佐内丁	岩に亀の出し一本
卅五	弓丁 南紺や丁 西こんや丁	よしつね弓流出し
卅六	竹川丁 いつも丁 芝口丁	そさおふ尊の出し
卅七	弥左衛門丁 さかな丁	よきにまさかりの出し
卅八	水谷丁柳丁 ぐそく丁	よりよしのだし一本
卅九	山下丁 なべ丁	岩ざ二えびすのだし一本
四十	すきや丁	茶ひき坊主のだし一本
四十一	北新堀南新堀 大川はた箱崎丁	やぶさめのだし
四十二	五郎兵へ丁 南こんヤ丁	武内すくねのだし一本
四十三	南大工丁	つちにごへいのたし一本
四十四	常盤丁	月にす、きのたし一本
四十五	霊岸嶋 白かね丁	むさしの、出し一本
四十六	元飯田丁	月にす、きの出し一本
	御神輿三社 法師武者十騎	

板元 まつしま□ よした屋三右衛門 八丁堀かめしま丁 いわ井屋吉兵衛

※下段絵は寛政四年版絵と同版

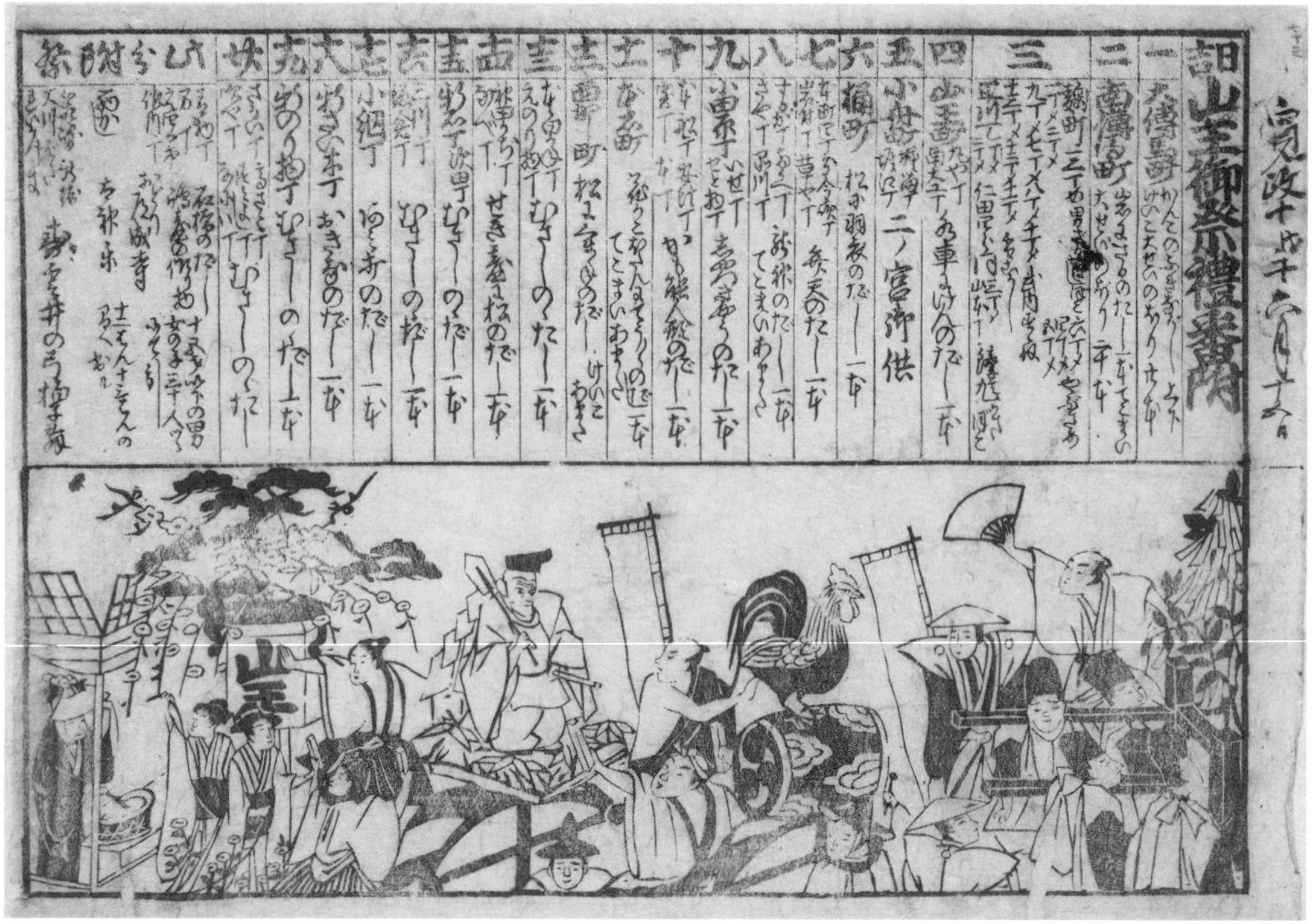

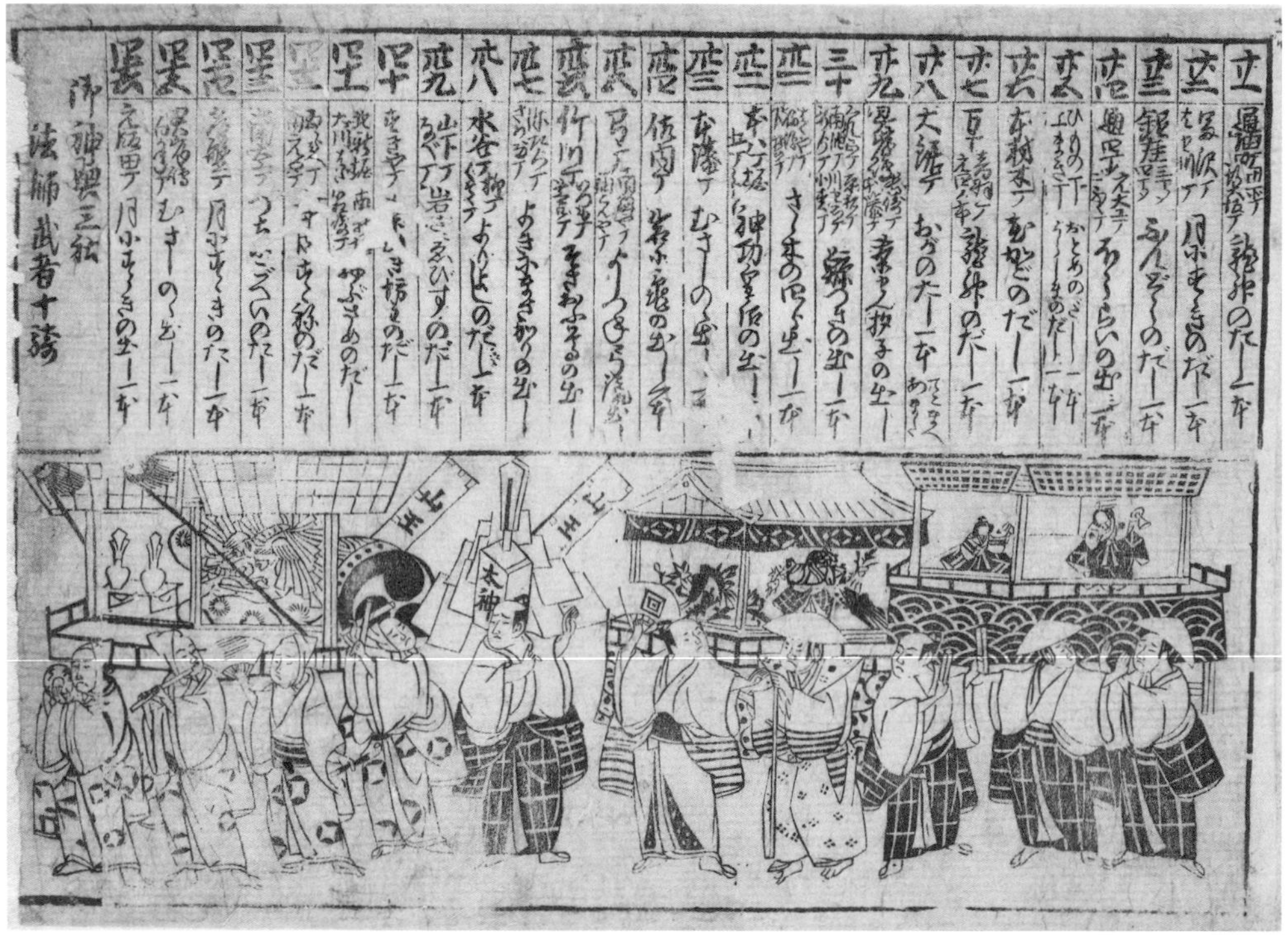

日吉

山王御祭礼番附

（墨書）寛政十戊午六月十五日

番	町	出し
一	大傳馬町	かんこのふきながし上下 けいこ大せいのほり廿本
二	南傳馬町	岩にさるのたし一本てこまい 大せいのぼり二十本
三	麹町三丁め一丁メ二丁メ	男ざるのかさぼこ
	六丁メ四丁メ五丁メ	やぶさめ
	九丁メ七丁メ八丁メ十丁メ	武内すくね
	十三丁メ十二丁メ十一丁メ	雪こか（転）し
	平川丁一丁メ二丁メ	仁田四郎
	同三丁メ山本丁	鍾馗かさぼこ
四	山王丁 丸や丁 南大工（坂）丁	水車にけんのだし一本
五	小舟丁 掘留丁 堀江丁	二ノ宮御供
六	桶町	松に羽衣のだし一本
七	本丁四丁分金吹丁 岩付丁革ヤ丁	弁天のたし一本
八	駿河丁両替丁 さヤ丁品川丁	龍神のだし一本 てこまいあまた
九	小田原丁 いセ丁 セともの丁	しやつきやうの出し一本
十	本船丁安針丁 室丁 本丁	かも能人形のだし一本
十一	本石町	花かこぼたんにてう〳〵のだし一本 てこまいあまた
十二	西かし町	松にくま手のだし けいこ あまた
十三	本白かね丁 元のり物丁	むさしの、たし一本
十四	神田かぢ丁 なべ丁	セき台に松のだし一本
十五	新石丁須田丁	むさしの、だし一本
十六	三川丁 鎌倉丁	むさしの、だし一本
十七	小網丁	あミ打のだし一本
十八	新さい木丁	おきなのだし一本
十九	新のり物丁	むさしの、だし一本
廿	さかい丁高砂丁 吹ヤ丁 すミよし丁 なにハ丁	むさしの、たし一本
此分附祭	青物丁 万丁 元四日市 佐内丁 西かし 箱崎新堀 大川ばた れいかんじま	石橋のだし 十五才以下の男 嶋台の作り物 女の子三十人ツ、 おどり道成寺 にて引 太神楽 十二はん十三はんの 間へ出ル 壽雲井の弓拍子舞
廿一	通油町 田所丁 新大坂丁	龍神のたし一本
廿二	冨沢丁 はセ川丁	月にす、きのだし一本
廿三	銀座三丁メ 四丁メ	ふんどうのだし一本
廿四	通四丁メ 元大工丁 ごふく丁	ほうらいの出シ一本
廿五	ひもの丁 上まき丁	おとめのだし一本 うらしまのだし一本
廿六	本材木丁	花かごのだし一本
廿七	万丁 音羽丁 元四ヶ市	龍神のだし一本
廿八	大鋸丁	おがのたし一本てこまへ あまた
廿九	霊岸嶋 長崎丁 東湊丁	茶せん杓子の出し
三十	くれ正丁 平松丁 南油丁 川セ石丁 新右衛門丁小松丁	鯨つきの出し一本
卅一	はくや丁 福嶋丁 下槙丁	さ、木の四郎出し一本
卅二	本八丁堀 五丁分	神功皇后の出し□□（一本）
卅三	本湊丁	むさしの、出し□□（一本）
卅四	佐内丁	岩に亀の出し一本
卅五	弓丁 南紺や丁 西こんや丁	よしつね弓流出し
卅六	竹川丁 いつも丁 芝口丁	そさおふ尊の出し
卅七	弥左衛門丁 さかな丁	よきにまさかりの出し
卅八	水谷丁 柳丁 ぐそく丁	よりよしのだし一本
卅九	山下丁 なべ丁	岩ざ（座）ニえびすのだし一本
四十	すきや丁	□□（茶ひ）き坊主のだし一本
四十一	北新堀南□□（新堀） 大川はた箱崎丁	やぶさめのだし
四十二	五郎兵へ丁 南こんヤ丁	□（武）内すくねのだし一本
四十三	南大工丁	つちにごへいのたし一本
四十四	常盤丁	月にす、きのたし一本
四十五	霊岸嶋 白かね丁	むさしの、出し一本
四十六	元飯田丁	月にす、きの出し一本

御神輿三社
法師武者十騎

※下段左絵は寛政四・六年版左絵と同版

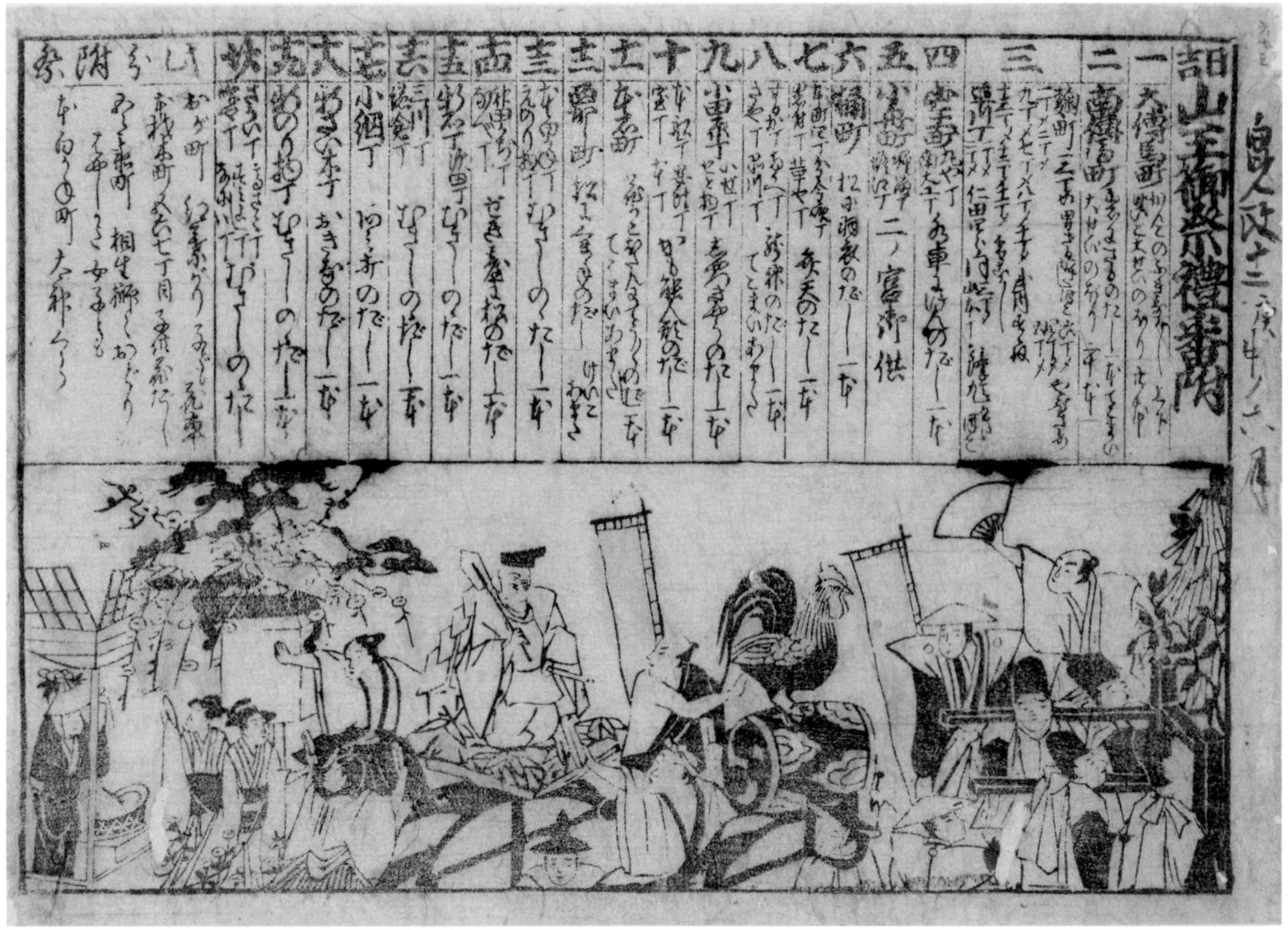

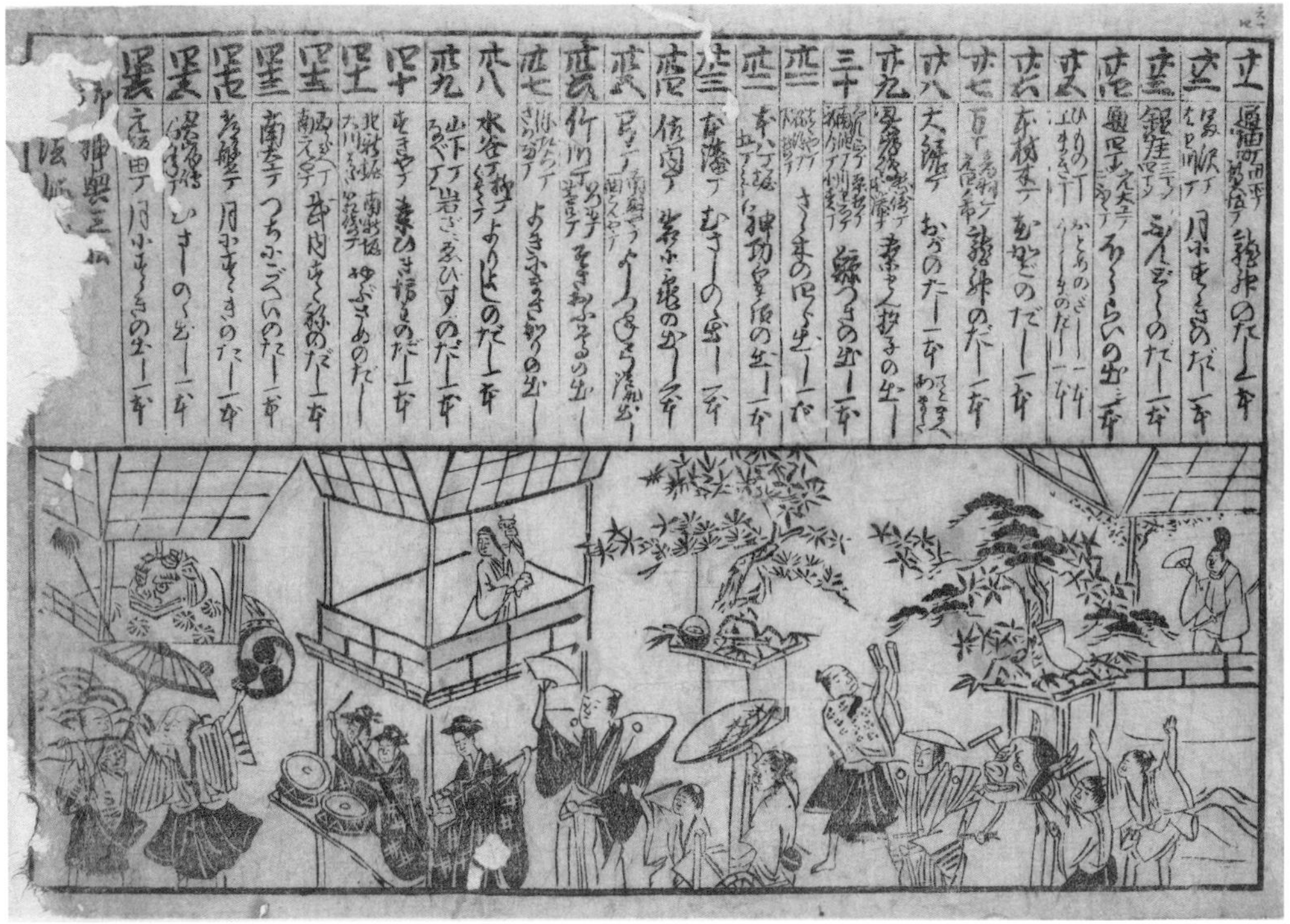

（墨書）寛政十二庚申ノ六月

日吉 山王御祭礼番附

番	町	出し
一	大傳馬町	かんこのふきながし上下 けいこ大せいのほり廿本
二	南傳馬町	岩にさるのたし一本てこまい 大せいのぼり二十本
三	麹町三丁メ一丁メ二丁メ 六丁メ四丁メ五丁メ 九丁メ七丁メ八丁メ十丁メ 十三丁メ十二丁メ十一丁メ	男ざるのかさぼこ やぶさめ 武内すくね 雪こか（転）し
	平川丁 一丁メ 二丁メ	仁田四郎
	同 三丁メ 山本丁	鍾馗かさぼこ
四	山王丁 丸や丁 南大工（坂）丁	水車にけんのだし一本
五	小舟丁 掘留丁 堀江丁	二ノ宮御供
六	桶丁	松に羽衣のだし一本
七	本丁四丁分金吹丁 岩付丁革ヤ丁	弁天のたし一本
八	するか丁両かへ丁 さや丁 品川丁	龍神のだし一本 てこまいあまた
九	小田原丁 いせ丁 せと物丁	しやつきやうのたし一本
十	本船丁安針丁 室丁 本丁	かも能人形のだし一本
十一	本石町	花かこほたんにてう〳〵のだし一本 てこまいあまた
十二	西かし町	松にくま手のだし けいこ あまた
十三	本白かね丁 元のり物丁	むさしの、たし一本
十四	神田かぢ丁 なべ丁	せき台に松のだし一本
十五	新石丁須田丁	むさしの、だし一本
十六	三川丁 鎌倉丁	むさしの、だし一本
十七	小網丁	あミ打のだし一本
十八	新さい木丁	おきなのだし一本
十九	新のり物丁	むさしの、だし一本
廿	さかい丁 高さご丁 吹ヤ丁 すミよし丁 なにハ丁	むさしの、たし一本
此分附祭	おが町 本材木町五六七丁目 五郎兵衛町 本白かね町	紅葉がり 子ども花車 子供花だし 相生獅ゝおどり はやしかた女子とも 太神くら
廿一	通油町 田所丁 新大坂丁	龍神のたし一本
廿二	冨沢丁 はセ川丁	月にす、きのだし一本
廿三	銀座 三丁メ 四丁メ	ふんどうのだし一本
廿四	通四丁メ 元大工丁 ごふく丁	ほうらいの出シ一本
廿五	ひもの丁 上まき丁	おとめのだし一本 うらしまのだし一本
廿六	本材木丁	花かごのだし一本
廿七	万丁 音羽丁 元四ヶ市	龍神のだし一本
廿八	大鋸丁	おがのたし一本 てこまへ あまた
廿九	霊岸嶋 長崎丁 東湊丁	茶せん杓子の出し
三十	くれ正丁 平松丁 南油丁 川セ石丁 新右衛門丁小松丁	鯨つきの出し一本
卅一	はくや丁 福嶋丁 下槙丁	さ、木の四郎出し一本
卅二	本八丁堀 五丁分	神功皇后の出し一本
卅三	本湊丁	むさしの、出し一本
卅四	佐内丁	岩に亀の出し一本
卅五	弓丁 南紺や丁 西こんや丁	よしつね弓流出し
卅六	竹川丁 いつも丁 芝口丁	そさおふ尊の出し
卅七	弥左衛門丁 さかな丁	よきにまさかりの出し
卅八	水谷丁 柳丁 ぐそく丁	よりよしのだし一本
卅九	山下丁 なべ丁	岩ざ（座）ニゑひすのだし一本
四十	すきや丁	茶ひき坊主のだし一本
四十一	北新堀南新堀 大川はた箱崎丁	やぶさめのだし
四十二	五郎兵へ丁 南こんヤ丁	武内すくねのだし一本
四十三	南大工丁	つちにごへいのたし一本
四十四	常盤丁	月にす、きのたし一本
四十五	霊岸嶋 白かね丁	むさしの、出し一本
四十六	元飯田丁	月にす、きの出し一本

御神輿三□（社）

法師□□□□（武者十騎）

※下段右絵は寛政十年版絵と同版（「山王」文字を削除）

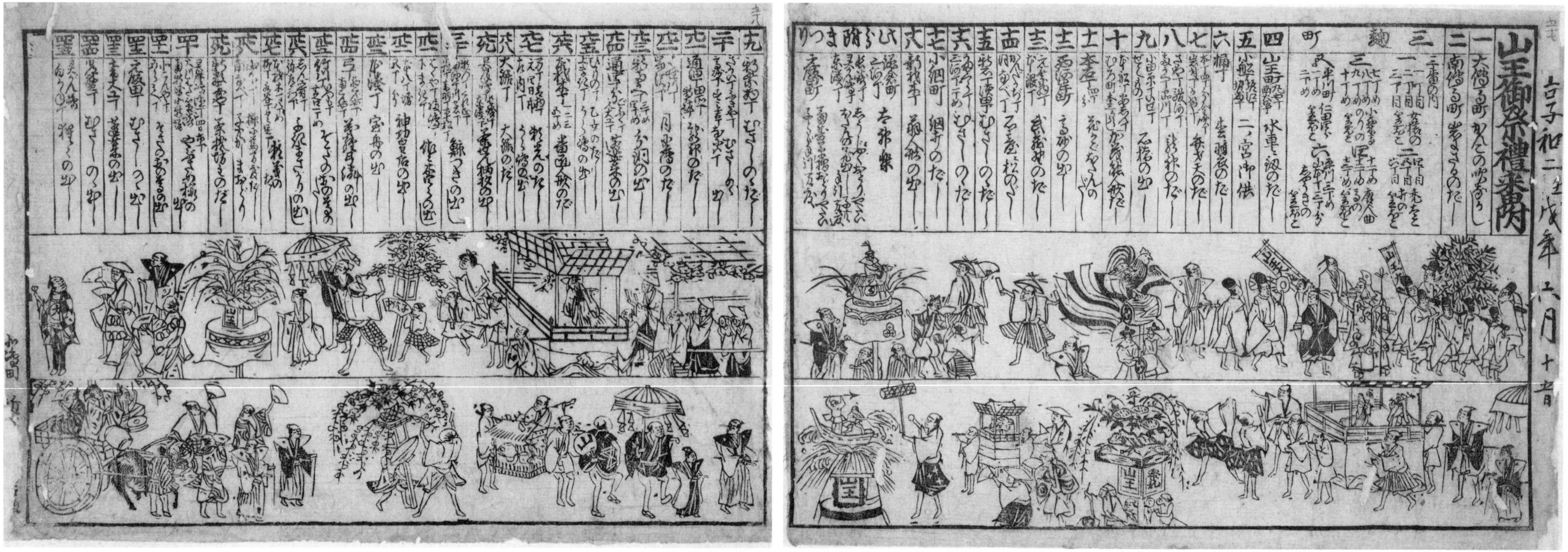

(墨書)亨和二壬戌年六月十五日

山王御祭礼番附

一	大傳馬町	かんこの吹なかし
二	南傳馬町	岩にさるのだし
三 麹町	三番の内 一丁目 二丁目 三丁目 女猿の 笠ぼこ / 二 四丁目 五丁目 六丁目 禿太こ 打の 笠ぼこ / 三 七丁め 八丁め 九丁め 十丁め 小栗馬 のりの 笠ぼこ / 四 十一丁め 十二丁め 十三丁め 唐人曲 馬の 笠ぼこ / 五 平川丁 一丁め 二丁め 仁田四郎 笠ほこ / 六 平川三丁め 山本丁三丁分 しやうきの笠ぼこ	
四	山王丁 丸や丁 南大坂丁	水車ニ鋏のだし
五	小舟丁 掘江丁 堀留丁	二ノ宮御供
六	桶丁	松ニ羽衣のだし
七	本丁四丁分金吹丁 岩付丁かハや丁	弁才天のだし
八	さや丁駿河丁 両かへ丁品川丁	龍神のだし
九	小田原丁いせ丁 せともの丁	石橋の出し
十	本船丁安しん丁 むろ町本三うらかし	加茂能人形だし
十一	本石丁四丁分	花かごほたんのだし
十二	西河岸町	高砂の出し
十三	元乗物丁 本銀丁	武蔵野のだし
十四	かんだかぢ丁 同なべ丁	石台ニ松のだし
十五	新石丁須田丁	むさしの、だした
十六	かまくら丁 三河丁一丁め	むさしの、だし
十七	小網町	網打のだし
十八	新材木丁	翁人形の出し
此分附まつり	鎌倉町 三河丁 長崎丁 霊かん嶋丁 東湊丁 元飯田町	太神楽 しうじやくおとりやたい(執着獅子) ほたんの花出し子共 手引万度 菊寿草摺おどりやたい(通称「勢い」) 子とも手引万度
十九	新乗物丁	むさしの、だし
二十	さかい丁ふきや丁 高砂丁すミ吉丁なに八丁	むさしの、出し
廿一	通油町 田所丁 新大坂丁	龍神のだし
廿二	はせ川丁 冨沢丁	月に薄のだし
廿三	新両かへ丁 三丁め 四丁め	分銅の出し
廿四	通四丁分 ごふく丁 元大工丁	蓬莱の出し
廿五	ひもの丁 上まき丁	乙女のだし うら嶋の出し
廿六	本材木丁 一二三 五丁め	番匠人形のだし
廿七	万丁青物丁 元四日市 左内丁	頼光のたし うら嶋の出し
廿八	大鋸丁	大鋸のだし
廿九	霊岸嶋 長崎丁 東湊丁	茶せん柄杓の出し
三十	新右衛門丁くれ正丁 南油丁川セ石丁 小松丁音羽丁平松丁	鯨つきの出し
卅一	はくや丁福嶋丁 下まき丁	佐ゝ木四郎の出し
卅二	本八丁堀 五丁分	神功皇后の出し一本
卅三	本湊丁	宝舟の出し
卅四	弓丁 西こんや丁 南こんや丁	義経弓流しの出し
卅五	竹川丁 いつも丁 芝口一丁め	そさのおの尊のだし
卅六	しん肴丁 弥左衛門丁	よきまさかりの出し
卅七	本材木丁八丁め 柳丁水谷丁具足丁	頼義のたし
卅八	山下丁 南なべ丁	柳に烏万度だし 子共かしまおどり
卅九	新数寄や丁	茶挽坊主のだし
四十	霊岸嶋塩丁四日市丁 大川はた箱崎 南新堀北新堀	やぶさめ桜の 出し
四十一	北こんや丁 五郎兵へ丁	そさのおの尊の出し
四十二	元飯田丁	むさしの、出し
四十三	南大工丁	蓬莱の出し
四十四	常盤丁	むさしの、出し
四十五	霊がん嶋 白かね丁	猩ゝの出し

北嶋町　近■■■■版

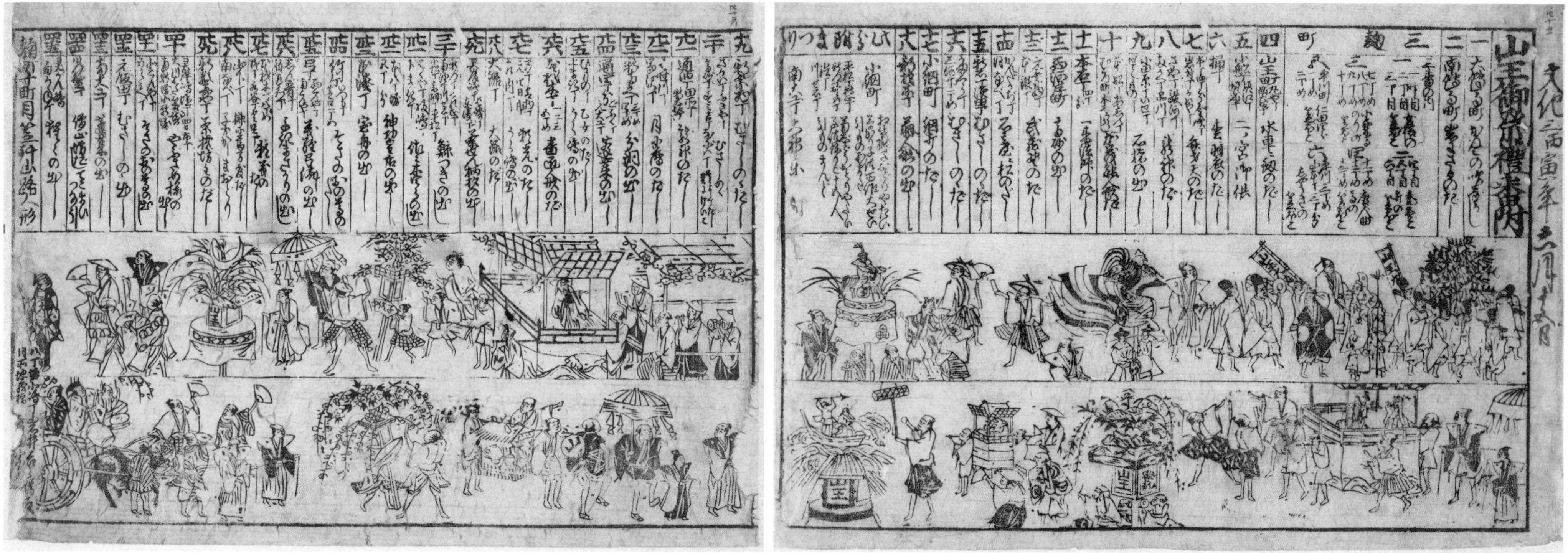

（墨書）文化三年丙寅年六月十五日

山王御祭礼番附

一	大傳馬町	かんこの吹なかし
二	南傳馬町	岩にさるのだし
三 麹町	三番の内 一 一丁目 二丁目 三丁目 女猿の笠ぼこ 三 七丁め 八丁め 九丁め 十丁め 小栗馬のりの笠ぼこ 五 平川町 一丁め 二丁め 仁田四郎笠ぼこ	二 四丁目 五丁目 六丁目 たいこ打の笠ぼこ 四 十一丁め 十二丁め 十三丁め 唐人曲馬の笠ぼこ 六 平川三丁め 山本丁三丁分 しやうきの笠ぼこ
四	山王町 丸や丁 南大坂丁	水車ニ鈒のだし
五	小舟町 堀江丁 掘留丁	二ノ宮御供
六	桶丁	松ニ羽衣のだし
七	本丁四丁分金吹丁	弁才天のだし
八	さや丁駿河丁 両かへ丁品川丁	龍神のだし
九	小田原丁いせ丁 せともの丁	石橋のだし
十	本船丁安じん丁 むろ町本三うらかし	加茂能人形だし
十一	本石町四丁分	一来法師のだし
十二	西河岸町	高砂の出し
十三	元乗物丁 本銀丁	武蔵野のだし
十四	かんだかぢ丁 同なべ丁	石台ニ松のだし
十五	新石丁須田丁	むさしの、だし
十六	かまくら丁 三河丁	むさしの、だし
十七	小網町	網打のだし
十八	新材木丁	翁人形の出し
此分附まつり	小網町 平松丁榑正丁 新衛門丁おと八丁 小松丁 川せ石丁 南大工丁	相生獅子おどりやたい 草かり子供所作大せい 引ものあまた 菊じどうおとりやたい 子供ねりこ十五人 引ものまんど 大神楽

十九	新乗物丁	むさしの、たし
二十	さかい丁ふきや丁 高砂丁すミ吉丁なに八丁	むさしの、すミよし丁たし 松にけいこ
廿一	通油丁田所丁 新大坂丁	龍神のたし
廿二	はせ川丁 冨沢丁	月に薄のたし
廿三	新両かへ丁 三丁め 四丁め	分銅の出し
廿四	通四丁分 ごふく丁 元大工丁	蓬莱の出し
廿五	ひもの丁 上まき丁	乙女のだし うら嶋の出し
廿六	本材木丁 一二三 五丁め	番匠人形のだし
廿七	万丁青物丁 元四日市 左内丁	頼光のたし うら嶋の出し
廿八	大鋸丁	大鋸のだし
廿九	霊岸嶋町なか崎丁 東湊丁	茶せん柄杓の出し
三十	新右衛門丁くれ正丁 南油丁川せ石丁 小松丁音羽丁平松丁	鯨つきの出し
卅一	はくや丁福嶋丁 下まき丁	佐ゝ木四郎の出し
卅二	本八丁堀 五丁分	神功皇后の出し
卅三	本湊丁	宝舟の出し
卅四	竹川丁いつも丁 芝口一丁め	そさのおの尊のだし
卅五	弓丁西こんや丁 南こんや丁	義経弓流しの出し
卅六	しん肴丁 弥左衛門丁	よきまさかりの出し
卅七	本材木丁八丁め 柳丁水谷丁具足丁	頼義のたし
卅八	山下丁 南なべ丁	榊に烏万度だし 子共かしまおどり
卅九	新数寄や丁	茶挽坊主のだし
四十	霊岸嶋塩丁四日市丁 大川はた箱崎 南新堀北新堀	やぶさめ桜の出し
四十一	北こんや丁 五郎兵へ丁	そさのおの尊の出し
四十二	元飯田丁	むさしの、出し
四十三	南大工丁	蓬莱の出し
四十四	常盤町	僧正坊だしてこまひ つな引
四十五	霊がん嶋 白かね丁	猩ゝの出し
麹町十町目笠鉾山路人形		

※下段絵は享和二年版絵と同版

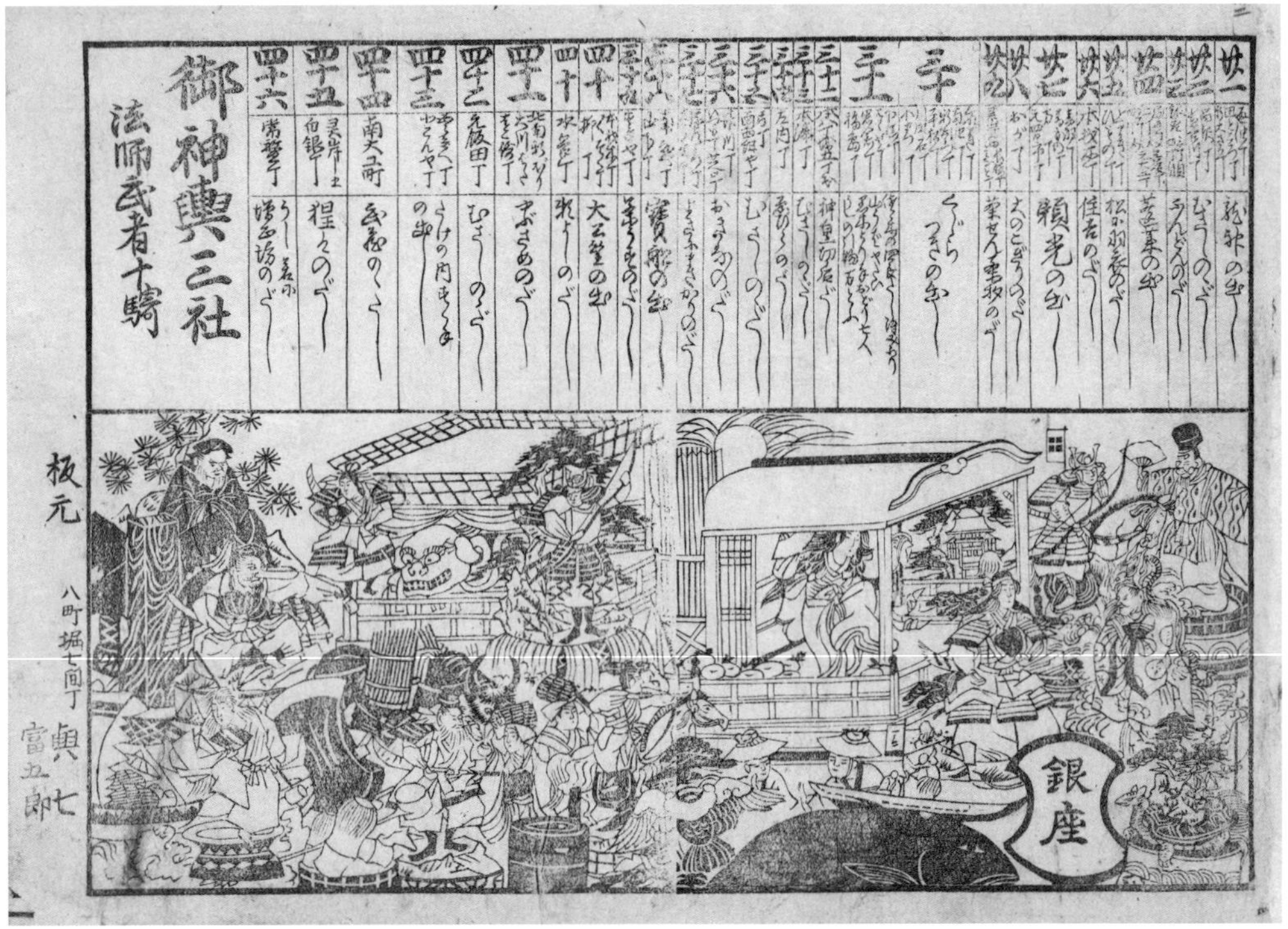

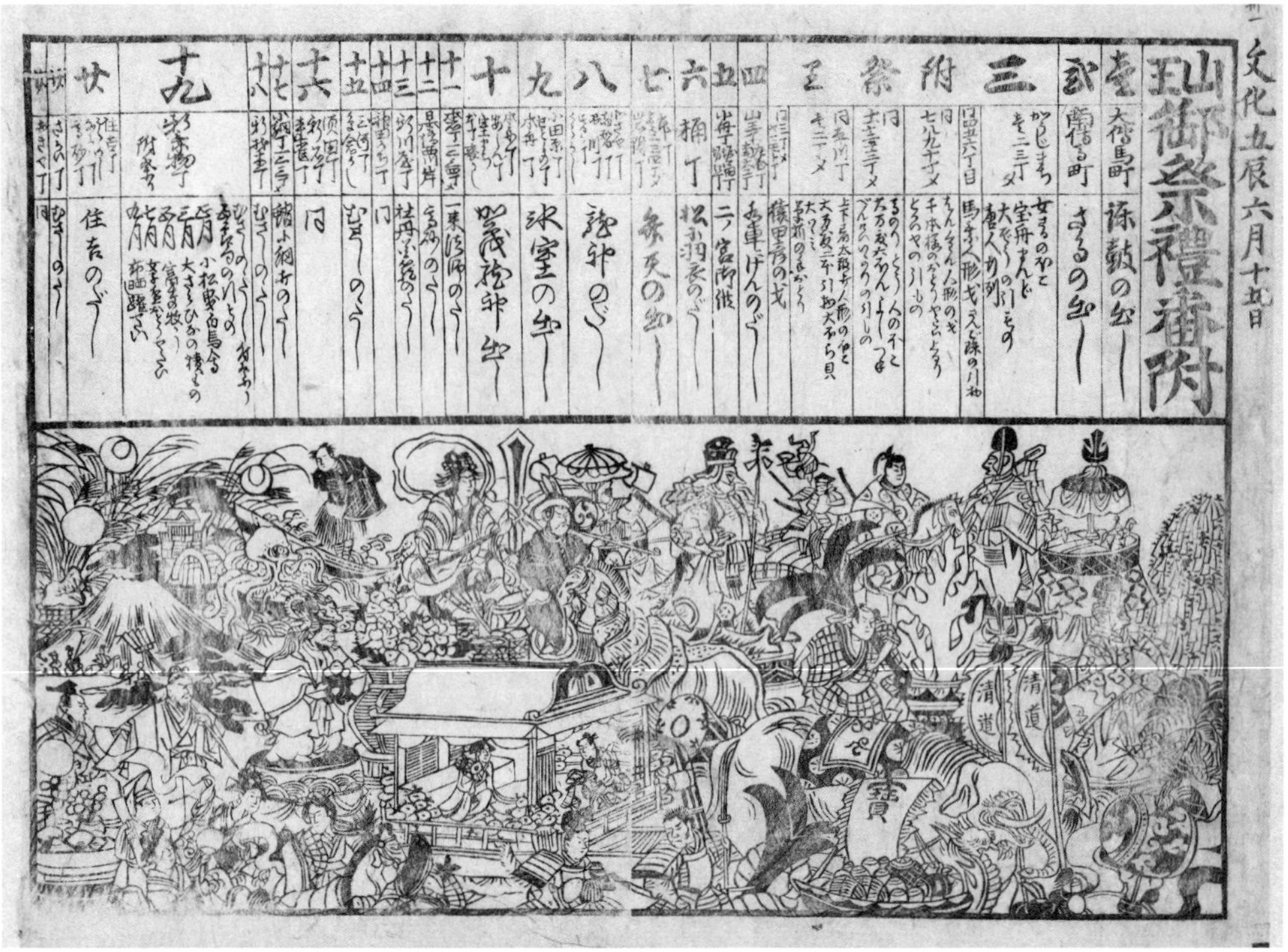

(墨書)文化五年辰六月十五日

山王御祭礼番附

番	町	出し
壱	大傳馬町	諫皷の出し
弐	南傳馬町	さるの出し
三 附祭り	かうじまち 壱二三丁メ	女さるのほこ 宝舟まんど 大ぞうの引もの 唐人行列
	同四五六丁目	馬乗人形出　さんご珠の引物
	同 七八九十丁メ	はんくわん(判官)人形の出 千本桜のおとりやたい上るり とかいヤ(渡海屋)の引もの
	同 十一十二十三丁メ	馬のりとう人のほこ 大万度六ほんよしつね べんけいいかりの引もの
	同平川丁一二丁メ	上下着太鼓打人形のほこ 大万度二本引物大ほら貝 大ツヽミ 草苅の手おとり
	同三丁メ ヤマモト丁	猿田彦の出
四	山王丁 丸屋丁 南大坂丁	水車ニけんのだし
五	小舟丁 堀留丁 掘江丁	二ノ宮御供
六	桶丁	松に羽衣のだし
七	本丁 壱二三丁メ 岩附丁	弁天の出し
八	北さや丁 両替丁 品川丁 するか丁 うらかし	龍神のだし
九	小田原丁いせ丁 せともの丁 本舟(伊勢の誤り)丁	氷室の出し
十	本舟丁 安しん丁 室まち 本丁裏かし	加茂龍神出し
十一	本石町一二三四丁メ	一来法師のたし
十二	日本橋西川岸	高砂のたし
十三	新川屋丁	牡丹花籠のたし
十四	神田かち丁	同
十五	三河丁 かま倉かし	むさしの、たし
十六	須田丁 新石丁 連雀丁	同
十七	小網町一二三丁メ	蛸に網打のたし
十八	新材木丁	むさしの、たし
十九	新乗物丁 附祭り	むさしの、たし　付祭り 五節句の引もの 正月　小松曳白馬会 三月　大さらひなの積もの 五月　富士の牧かり 七月　女子盆おとりヤたい 九月　布晒し躍ヤたい
廿	住吉丁 うらかし なにハ丁 高砂丁	住吉のだし
廿	さかい丁	むさしのたし
廿	ふきヤ丁	同
廿一	通油丁 田ところ丁 新大さか丁	龍神の出し
廿二	冨沢丁 長谷川丁	むさしの、だし
廿三	銀座三丁目 四丁目	ふんどんのだし
廿四	通壱丁メ　呉服丁 二丁メ 三丁メ元大工丁 四丁メ	蓬莱の出し
廿五	上まき丁 ひもの丁	松に羽衣のだし
廿六	本材木丁	住吉のだし
廿七	音羽丁 青もの 万丁 元四日市丁	頼光の出し
廿八	おが丁	大のこぎりのだし
廿九	霊岸嶋町長崎丁 □(東)ミなと丁	茶せん茶杓のだし
三十	くれまさ丁南油丁 新右衛門丁平松丁 川瀬石丁 小まつ丁	くじらつきの出し
三十一	下槙丁 はくや丁 岩倉丁 福島丁	佐、木四郎たし　附祭り 山うばやたい 黒木うり手おどり七人 うしの引物万とふ
三十二	本八丁堀五丁分	神功皇后だし
三十三	本湊丁	むさしの、だし
三十四	左内丁	ゑびらのだし
三十五	弓丁 南西紺や丁	むさしの、だし
三十六	竹川丁 いづも丁芝口丁	おきなのだし
三十七	弥左衛門丁 □□(新さか)な丁	よきまさかりのだし
三十八	南なべ丁 山下丁	宝船の出し
三十九	すきヤ丁	茶うすのだし
四十	本材木丁 くそく丁 柳丁	大公望の出し
四十	水谷丁	頼よしのだし
四十一	北南新ぼり 大川はた はこ崎丁	やぶさめのだし
四十二	元飯田丁	むさしの、だし
四十三	五郎兵へ丁 北こんヤ丁	たけの内すくねの出し
四十四	南大工町	武蔵の、たし
四十五	霊岸しま 白銀丁	猩々のだし
四十六	常盤丁	うし若に 僧正坊のだし

御神輿三社
法師武者十騎

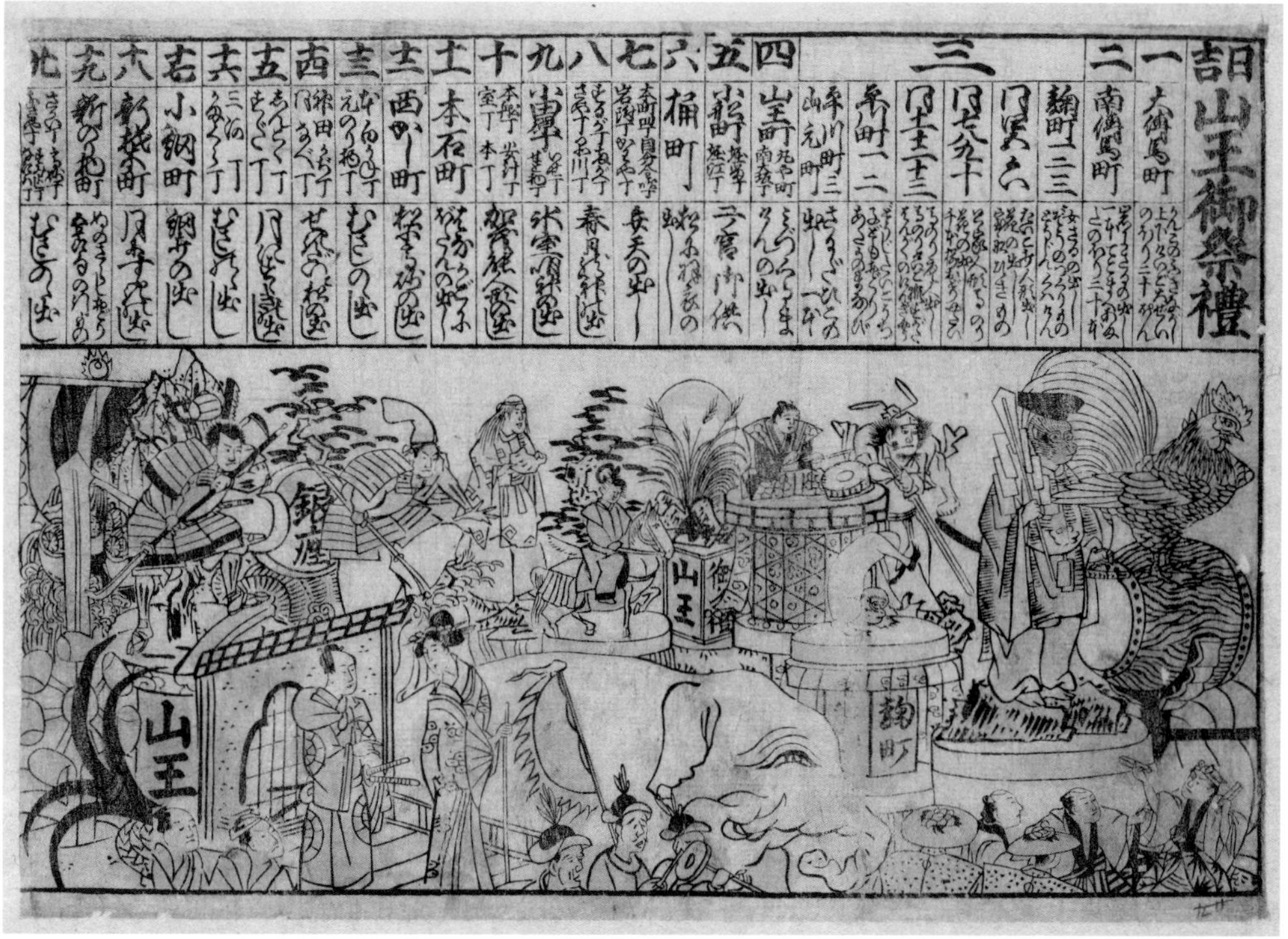

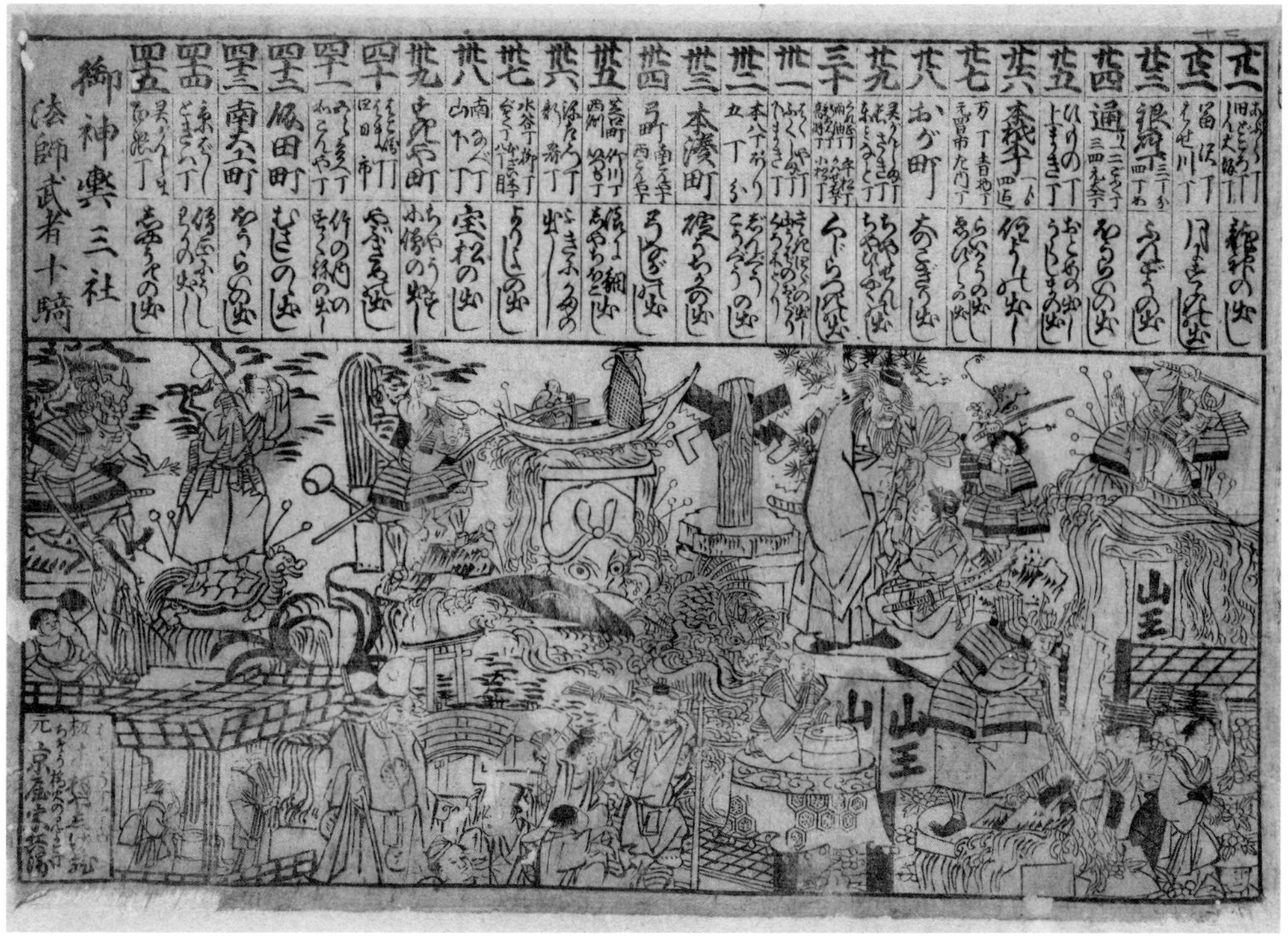

日吉山王御祭礼（文化五年）

一	大傳馬町	かんこのふきながし 上下けいご大ぜい のほり二十ぽん
二	南傳馬町	岩にさるの出し 一本てこまへあまた のほり二十本
三	麹町一二三	女さるの出し ぞうのつくりもの とうじんくハけん（唐人管弦）
三	同四五六	たいこ打人形出し 花の出し 宝舩ひきもの
三	同七八九十	公家人形馬のり 花の出し 千本桜おどりやたい
三	同十一十二十三	馬のり唐人出し 馬のりけいご狐すがた はんがくのにんぎやう
三	平川町一二	どうじたいこうち 子どもおどり あたかのまなび
三	平川町三 山元町	さるだひこの 出し一本
四	山王町丸や町 南大坂丁	ミづくるま けんの出し
五	小舩町堀留丁 堀江丁	二ノ宮御供
六	桶町	松に羽衣の出し
七	本町四丁目分金吹丁 岩附丁かわや丁	弁天の出し
八	するが丁両がへ丁 さや丁品川丁	春日龍神の出し
九	小田原丁いせ丁 せと物丁	氷室明神の出し
十	本舩丁安針丁 室丁　本丁	加茂能人形の出し
十一	本石町	はなかごにぼたんの出し
十二	西かし町	松に高砂のたし
十三	本白かね丁 本のり物丁	むさしの、出し
十四	神田かぢ丁 同　なべ丁	せきだい二松の出し
十五	しんこく丁 すだ丁	月にす、きの出し
十六	三河丁 かまくら丁	むさしの、たし
十七	小網町	網打の出し
十八	新材木町	月にす、きの出し
十九	新のり物町	ぬのさらしおどり 五節句の引もの
廿	さかい丁高砂丁 ふきや丁すみよし丁 なにハ丁	むさしの、出し
廿一	あぶら丁 田どころ丁 しん大坂丁	龍神の出し
廿二	冨沢丁 はせ川丁	月にす、きの出し
廿三	銀座丁三丁分 四丁め	ふんどうの出し
廿四	通リ一二ごふく丁 三四元大工丁	ほうらいの出し
廿五	ひもの丁 上まき丁	おとめの出し うらしまの出し
廿六	本材木丁一〜四迄	住よしの出し
廿七	万丁　青物丁 元四日市左内丁	らいかうの出し ゑびらの出し
廿八	おが町	大のこぎり出し
廿九	霊がんしま丁 長さき丁 東ミなと丁	ちやせんちやひしやくの出し
三十	くれ正丁平松丁 南油丁かハせ石丁 新右衛門丁青物丁 小松丁	くじらつきの出し
卅一	はくや丁 ふくしま丁 下まき丁	佐、木四郎たし 山うばのおどり くろきうり
卅二	本八丁ぼり 五丁分	じんぐう かうぐうの出し
卅三	本湊町	碇うちかへの出し
卅四	弓町南こんヤ丁 西こんヤ丁	弓ながしの出し
卅五	芝口町竹川丁 西側　いづも丁	浪に鯛しやちほこ出し
卅六	弥左衛門丁 新肴丁	よきにかまの出し
卅七	水谷丁 ぐそく丁 柳丁 本ざい木丁 八丁目	よりよしの出し
卅八	南なべ丁 山下丁	宝舩の出し
卅九	すきや丁	ちやうす小僧の出し
四十	はこ崎丁 はま丁 四日市	やぶさめの出し
四十一	五郎兵へ丁 北こんや丁	竹の内の すくねの出し
四十二	飯田町	むさしの、出し
四十三	南大工町	ほうらいの出し
四十四	京ばし ときハ丁	僧正にうしわかの出し
四十五	霊がんしま 白銀丁	しやう々の出し

御神輿三社
法師武者十騎

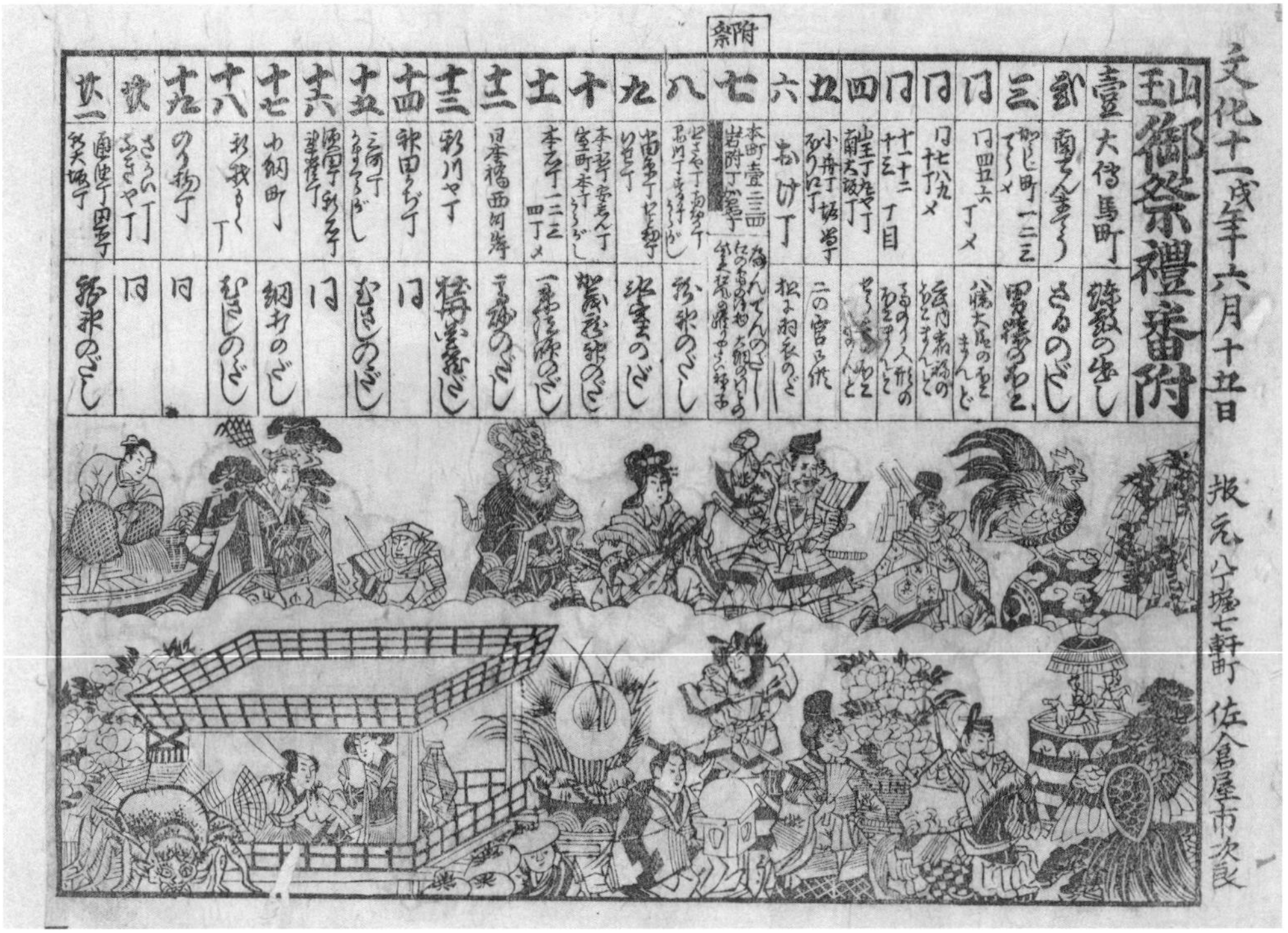

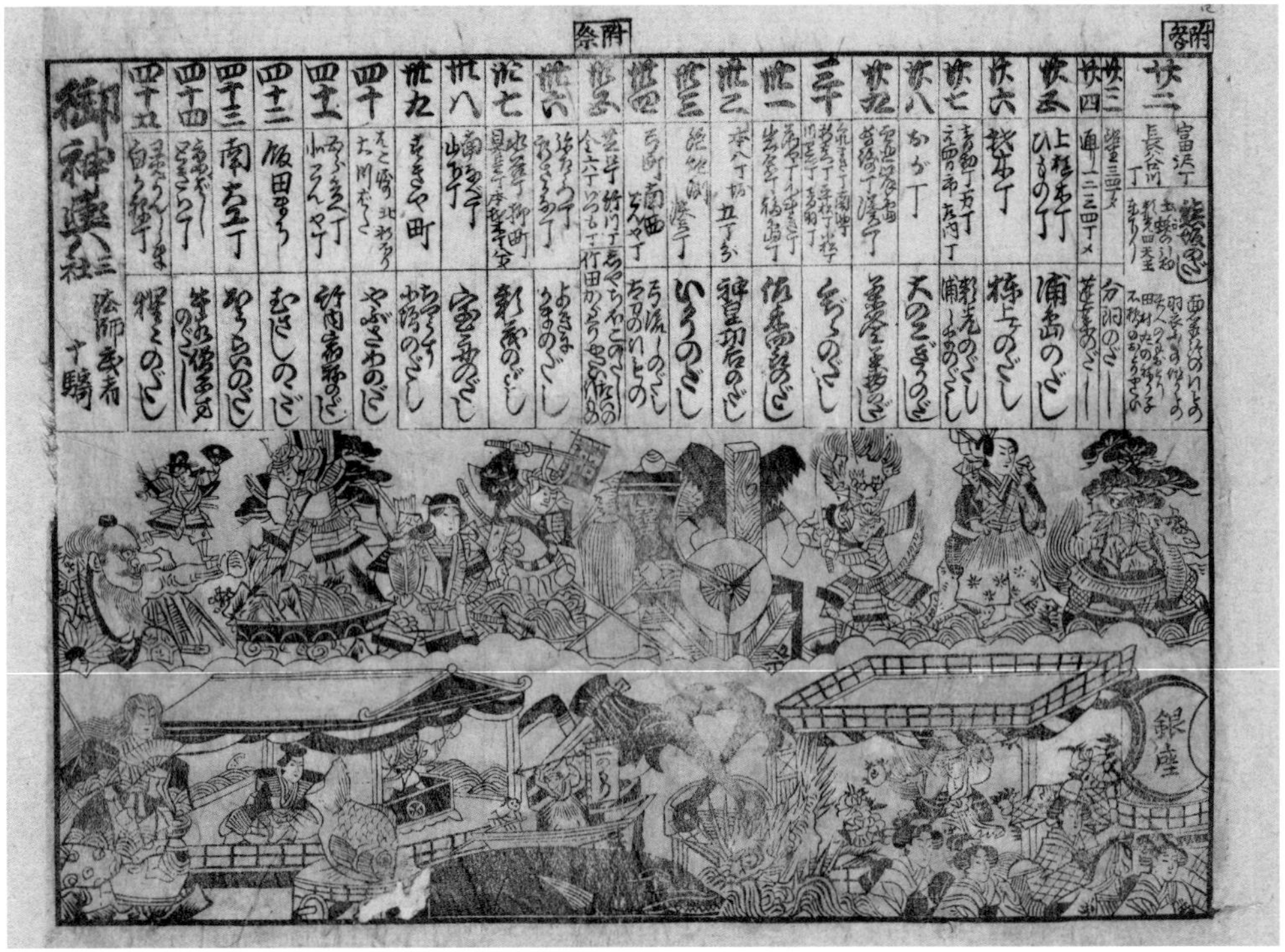

文化十一戌年六月十五日　版元　八丁堀七軒町　佐倉屋市次良

山王 御祭礼番付

壹	大傳馬町	諌鼓の出し	
弐	南てんまてう	さるのだし	
三	かうじ町一二三 てうメ	男猿のほこ	
同	同四五六丁メ	八幡大臣ほこまんど	
同	同七八九 十丁メ	武内宿祢のほこ ほこまんど	
同	十一十二 十三　丁目	馬のり人形の ほこまんと	
四	山王丁丸ヤ丁 南大坂丁	セうきのほこ まんと	
五	小舟丁堀留丁 ほり江丁	二の宮御供	
六	おけ丁	松に羽衣のだし	
七	本町壹二三四 岩附丁かわや丁	へんてんのたし 江の島の引物　大鯛の引物 此くわへ松風の躍りやたいねり子	祭附
八	北さや丁両替丁 品川丁するか丁うらがし	龍神のだし	
九	小田原丁セと物丁 いセ丁	氷室のだし	
十	本船丁安しん丁 室町本丁うらがし	加茂龍神のだし	
十一	本石町一二三 四丁メ	一来法師のだし	
十二	日本橋西河岸	高砂のだし	
十三	新川ヤ丁	牡丹花籠だし	
十四	神田かぢ丁	同	
十五	三河丁かまくらがし	むさしの丶だし	
十六	須田丁新石丁 連雀丁	同	
十七	小網丁	網打のだし	
十八	新材もく丁	むさしの丶だし	
十九	のり物丁	同	
廿	さかい丁 ふきヤ丁	同	
廿一	通油丁田所丁 新大坂丁	龍神のだし	
廿二	富沢丁 長谷川 丁	熊坂のたし　面箱鈴の引もの 土蜘の引物　羽衣ふしの作りもの 頼光四天王　天人の手おとり 東下り　田村丸のねり子 石橋のおとりやたい	祭附
廿三	銀座三四丁メ	分銅のだし	
廿四	通り一二三四丁メ	蓬莱のだし	
廿五	上槙木丁 ひもの丁	浦島のだし	祭附
廿六	材木丁	棟上ヶのだし	
廿七	青物丁万丁 元四日市左内丁	頼光のだし 浦しまのだし	
廿八	おが丁	大のこぎりのだし	
廿九	霊岸島 長崎丁湊丁	茶荃茶杓のだし	
三十	くれまさ丁南油丁 新右衛門丁平松丁小松丁 川セ石丁音羽丁	くぢらのだし	
卅一	箔ヤ丁下まき丁 岩倉丁福島丁	佐丶木四郎のだし	
卅二	本八丁堀五丁分	神皇功后のだし	
卅三	鉄炮洲湊丁	いかりのだし	
卅四	弓丁南西 こんヤ丁	弓流シのだし 太刀の引もの	
卅五	芝口丁竹川丁 金六丁いつも丁	しやちほこのたし 竹田からくりやたいの引もの	
卅六	弥左衛門丁 新さかな丁	よきにかまのだし	
卅七	水谷丁柳町 具足丁本材木丁八丁メ	頼義のだし	
卅八	南なべ丁 山下丁	宝舟のだし	
卅九	すきヤ町	ちやうす 小僧のだし	
四十	はこ崎町北新ほり 大川ばた	やぶさめのだし	
四十一	五郎兵へ丁 北こんヤ丁	竹内宿祢のだし	
四十二	飯田まち	むさしの丶だし	
四十三	南大工丁	ほうらいのだし	
四十四	京ばし ときハ丁	牛若僧正方のだし	
四十五	霊かんしま 白かね丁	猩〻のだし	

御神輿三社　法師武者 十騎

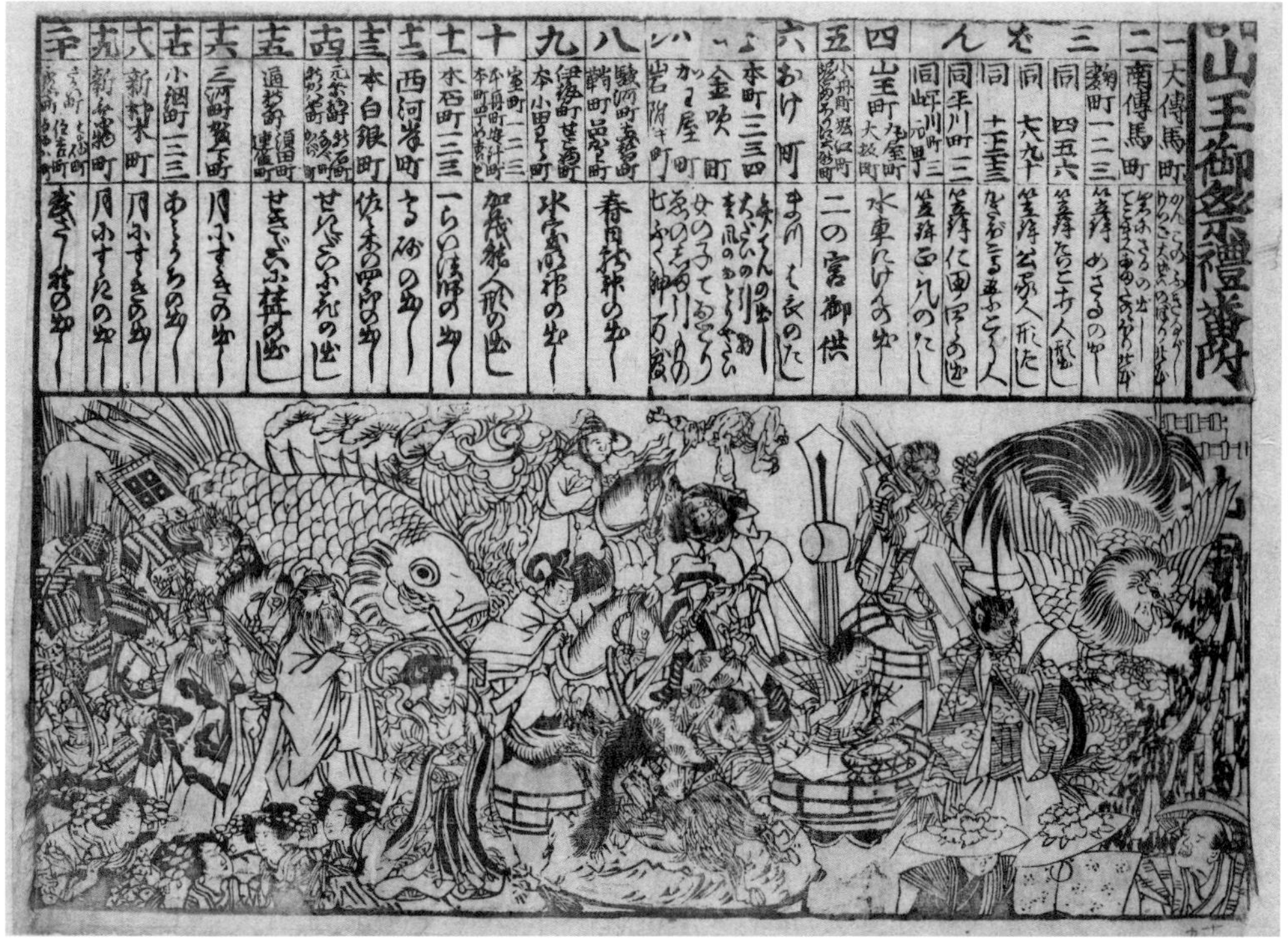

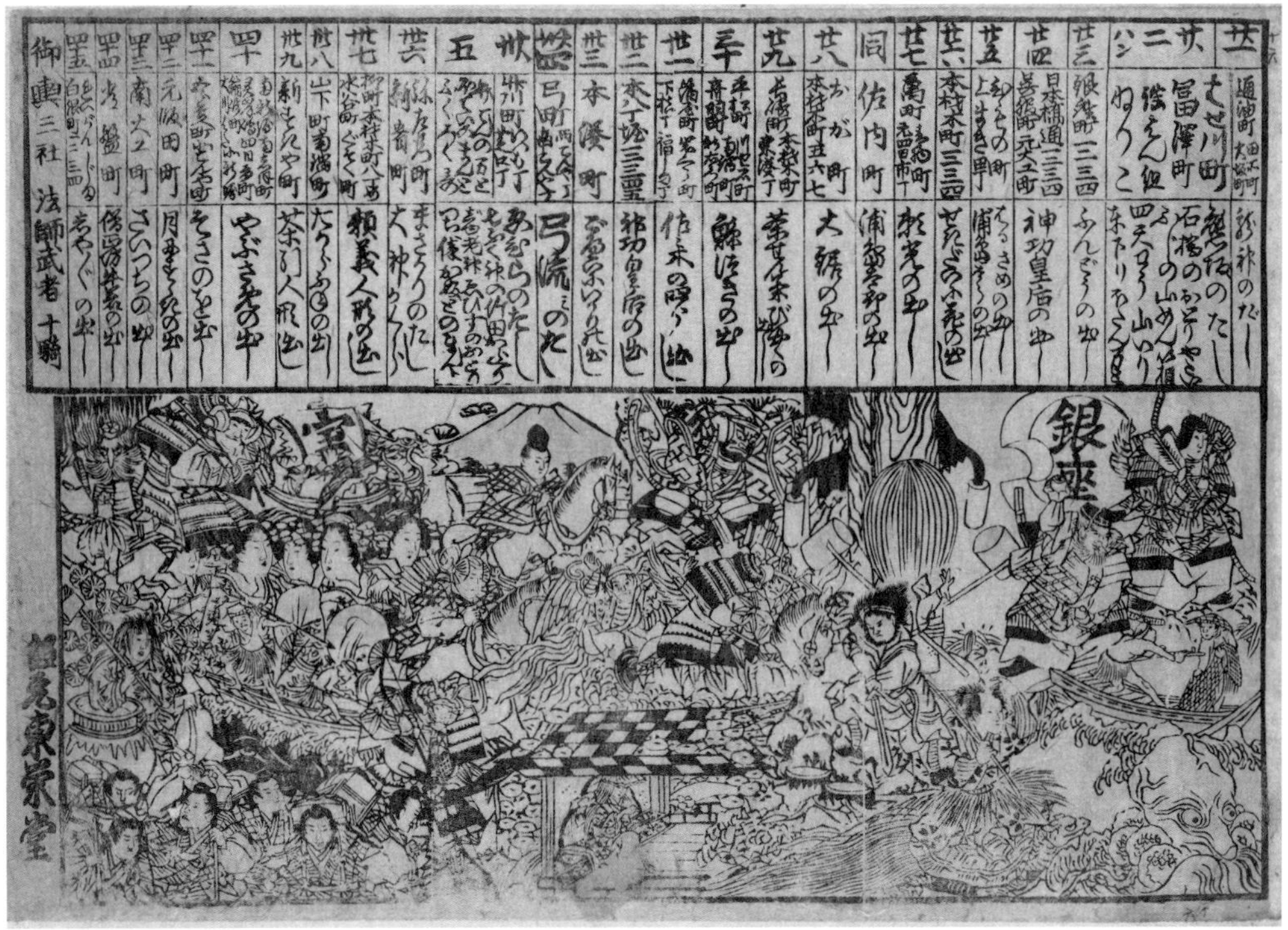

（文化十一年六月十五日）

日吉 山王御祭礼番附

番	町	出し
一	大傳馬町	かんこのふきながし けいご大ぜいのぼり廿本
二	南傳馬町	岩にさるの出し てこまへあまたのぼり廿本
三 ば ん	麹町一二三	笠鉾めさるの出し
	同 四五六	笠鉾たいこ打人形出し
	同 七八九十	笠鉾公家人形たし
	同 十一十二十三	かさぼこ馬乗とう人
	同平川町一二	笠鉾仁田ノ四郎の出し
	同平川町三 山元町	笠鉾正気（鍾馗）のたし
四	山王町 丸屋町 大坂町	水車にけんの出し
五	小舟町堀江町 掘留ほり江六新（軒）町	二の宮御供
六	おけ町	まつは衣のたし
な ゝ ハ ン	本町一二三四 金吹町 かわ屋町 岩附キ町	弁てんの出し 大だいの引物 春風のおとりやたい 女の子ておとり ゑのしま引もの せふく〳〵（猩々）神万度
八	駿河町両替町 鞘町品かわ町	春日龍神の出し
九	伊勢町せと物町 本小田原町	氷室明神の出し
十	室町一二三 本舟町安針町 本町四丁め裏がし	加茂能人形の出し
十一	本石町一二三	一らい法師の出し
十二	西河岸町	高砂の出し
十三	本白銀町	佐ゝ木四郎の出し
十四	元乗物町 新石町 新かハや町なべ町 かぢ町	せきだいに花の出し
十五	通新石町 須田町 連雀町	せきだいに牡丹の出し
十六	三河町かまくら町	月にすすきの出し
十七	小網町一二三	あミうちの出し
十八	新材木町	月にすすきの出し
十九	新乗物町	月にすすきの出し
二十	さかい町 高砂町 住吉町 ふきや町 なにハ町	武さし野の出し
廿一	通油町 田所町 大坂町	龍神のだし
廿二 ハン	はせ川町 冨澤町 □はん組 ねりこ	熊坂のたし 石橋のおとりやたい ふじの山めん箱 四天わう山いり 東下りほたん万と
廿三	銀座一二三四	ふんどうの出し
廿四	日本橋通一二三四 呉服町元大工町	神功皇后の出し
廿五	ひもの町 上まき町	はるさめの出し 浦島太郎の出し
廿六	本材木町一二三四	せきだいに花の出し
廿七	萬町 青物丁 元四日市丁	頼光の出し
同	佐内町	浦島太郎の出し
廿八	おが町 本材木町五六七	大鋸の出し
廿九	長崎町 本材木町 東湊丁	茶せん茶びやくの出し
三十	平松町川セ石町 音羽町 南油町 新右衛門町	鯨つきの出し
卅一	箔屋町岩くら町 下槇丁福しま丁	佐ゝ木の四郎出し
卅二	本八丁堀一二三四五	神功皇后の出し
卅三	本湊町	ごへいにいかりの出し
卅四	弓町 西こんや丁 南こんや丁	弓流シのたし
五卅	竹川町 いつも丁 芝口丁 弁てんの万と ほていのまんと ふくろく寿	ゑひら（箙）のたし 七ふく神の竹田からくり じゆ老神ゑひすのおとり つち俵かふとのまんト
卅六	弥左衛門町 新肴町	まさかりのたし 大神かくら
卅七	柳町本材木町八丁め 水谷町ぐそく町	頼義人形の出し
卅八	山下町南鍋町	たからふねの出し
卅九	新すきや町	茶引人形出し
四十	南新堀南しほ町 霊岸嶋四日市町 箱崎町 北新堀 大川はた	やぶさめの出し
四十一	五郎兵へ町北こんや町	そさのを出し
四十二	元飯田町	月にすゝきの出し
四十三	南大工町	さいつちの出し
四十四	常盤町	僧正坊牛若の出し
四十五	れいがんじま 白銀町一二三四	しやぐ〳〵（猩々）の出し

御輿三社　法師武者十騎

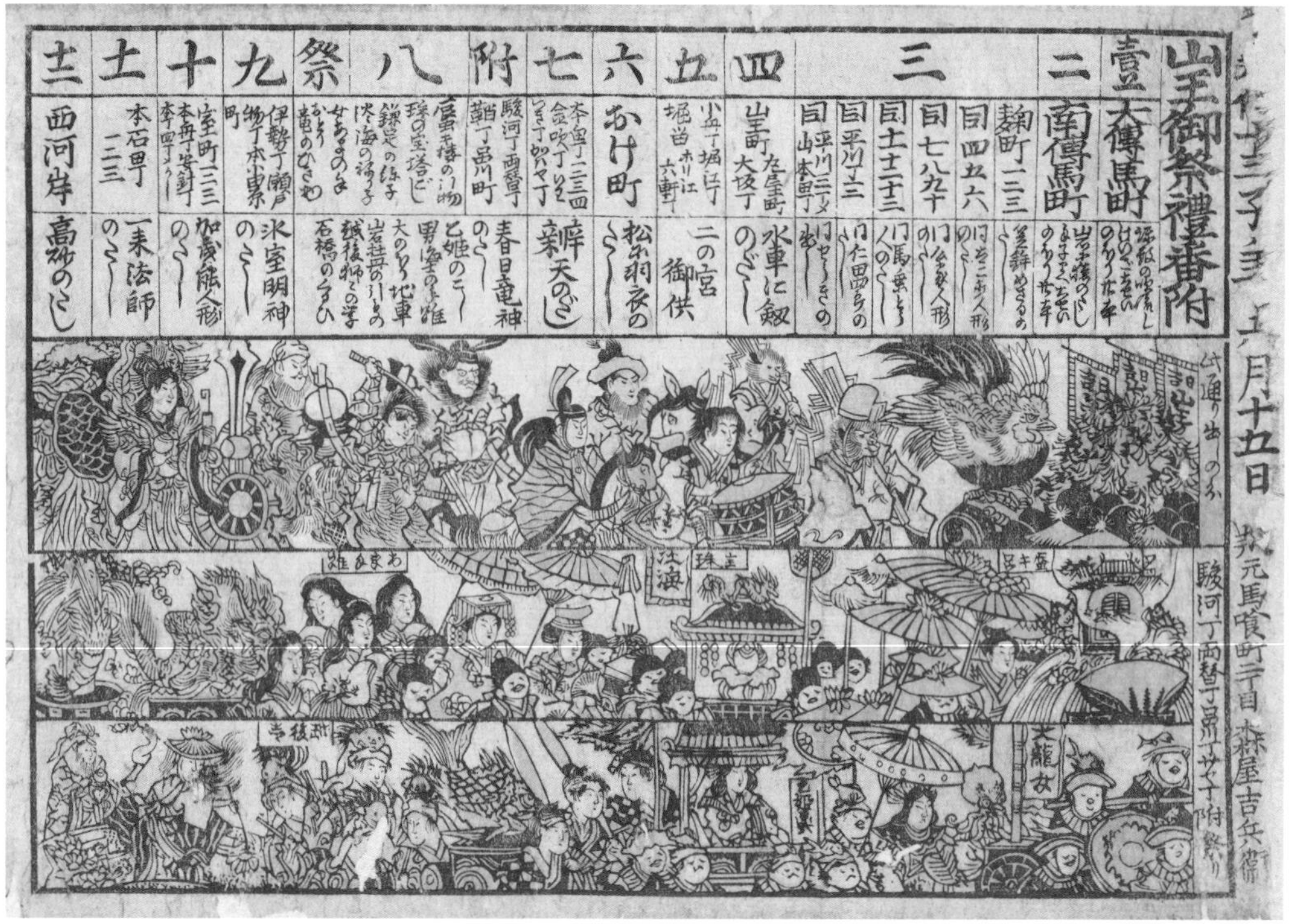

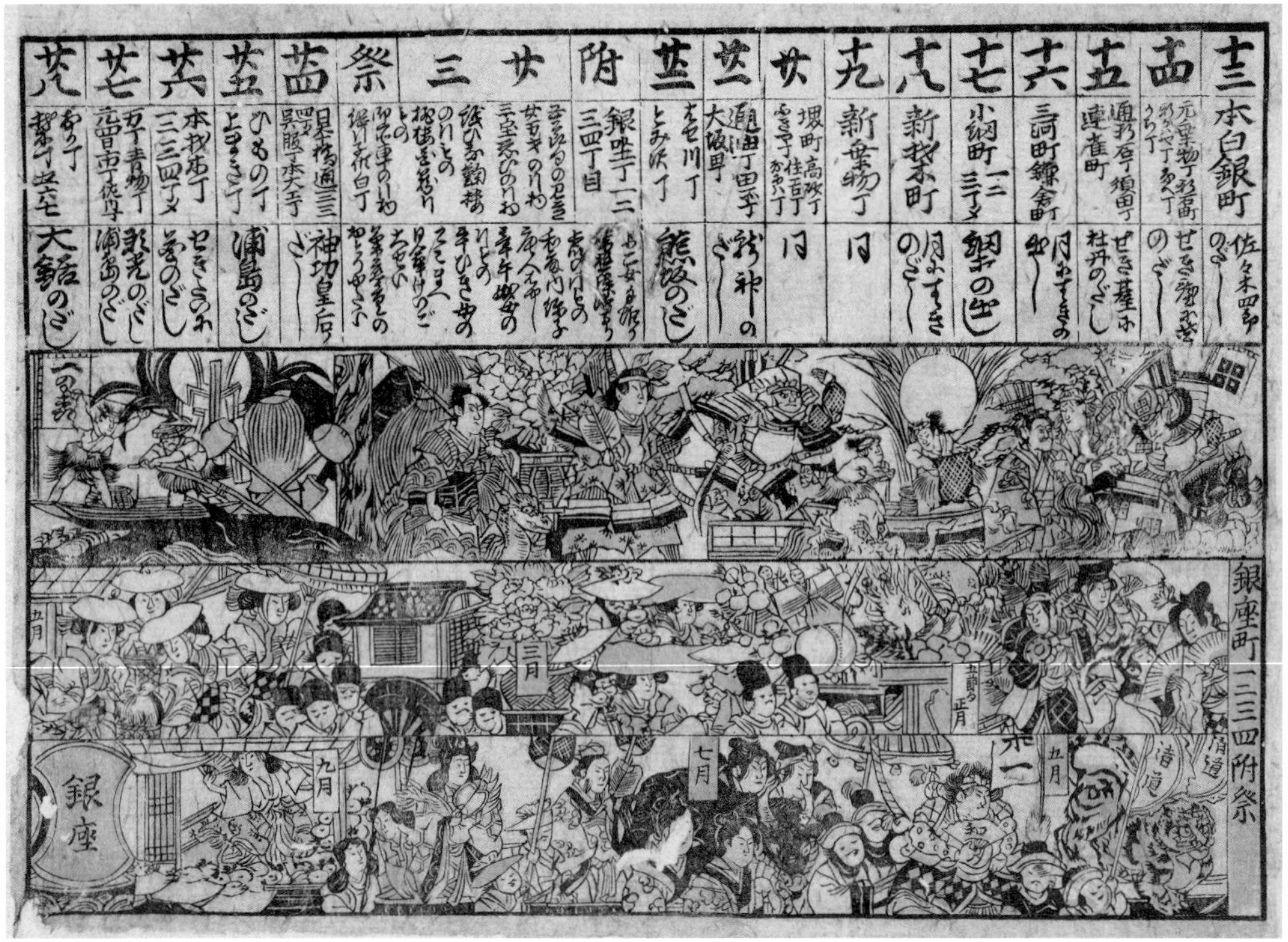

山王御祭礼番付

文化十三子年六月十五日　版元馬喰町二丁目森屋吉（治カ）兵衛

番	町	出し
壹	大傳馬町	諌皷の吹流し けいご大セい のぼり廿本
二	南傳馬町	岩に猿のたし 手子まへ大セい のほり廿本
三	麹町一二三	笠鉾めさるのたし
	同　四五六	同太こ打人形のたし
	同　七八九十	同公家人形たし
	同　十一十二十三	同馬乗とう人のたし
	同平川丁一二	同仁田四郎のたし
	同平川三丁メ 山本町	同セうきの出し
四	山王町 丸屋町 大坂丁	水車に劔のだし
五	小舟丁堀江丁 掘留ホリ江六軒丁	二の宮御供
六	おけ町	松に羽衣のたし
七	本白丁一二三四 金吹丁いわつき丁 かハヤ丁	辨天のだし
附	駿河丁両替丁 鞘丁品川丁	春日竜神のたし 乙姫のこし 男海士の手躍 大のほり地車 岩牡丹の引もの 越後獅〻の学 石橋のくるひ
八	蜃気楼の引物 珠の宝塔だし 鎌足の練子 淡海のねり子	
祭	女あまの手おとり 竜のひき物	
九	伊勢丁瀬戸物丁 本小田原町	氷室明神のたし
十	室町一二三 本舟丁安針丁 本丁四丁メかし	加茂能人形のたし
十一	本石町一二三	一来法師のたし
十二	西河岸	高砂のたし
十三	本白銀町	佐々木四郎のだし
十四	元乗物町新石町 新かハヤ丁なべ丁 かち丁	せき台に花のだし
十五	通新石丁須田丁 連雀町	せき台に牡丹のだし
十六	三河町鎌倉町	月にすゝきの出し
十七	小網町一二三丁メ	網打の出し
十八	新材木町	月にすゝきのだし
十九	新乗物町	同
廿	堺町　高砂丁 ふきヤ丁住吉丁 なにハ丁	同
廿一	通油丁田所丁 大坂町	龍神のだし
廿二	はセ川町 とみ沢丁	熊坂のだし
附	銀座丁一二 三四丁目	早乙女手躍り 常磐津浄るり 虎の引もの 和藤内練子 唐人はやし 牽牛織女の引もの 牛ひき女のてこまへ 日傘けいご大セい 菊慈童のおとりやたい
三廿	五節句の見立 女万才の引物 三宝ゑひの引物 紙ひな鞠楼の引もの	
祭	枕楼花籠引もの 御所車の引物 綱引子供白丁	
廿四	日本橋通一二三四丁メ 呉服丁元大工丁	神功皇后ノだし
廿五	ひもの丁 上まき丁	浦島のだし
廿六	本材木丁 一二三四丁メ	セきたいに花のだし
廿七	万丁青物丁 元四日市丁佐内丁	頼光のだし 浦島のだし
廿八	おか丁 材木丁五六七	大鋸のだし

（第三紙欠）

此通り出しの分

一の森（銛）

駿河丁両替丁品川丁サヤ丁附祭リ

蜃キ呂　珠宝　淡海　あま手踊

大龍女　乙姫輿　越後しゝ

銀座町一二三四附祭

五節句 正月　三月

五月　七月　九月

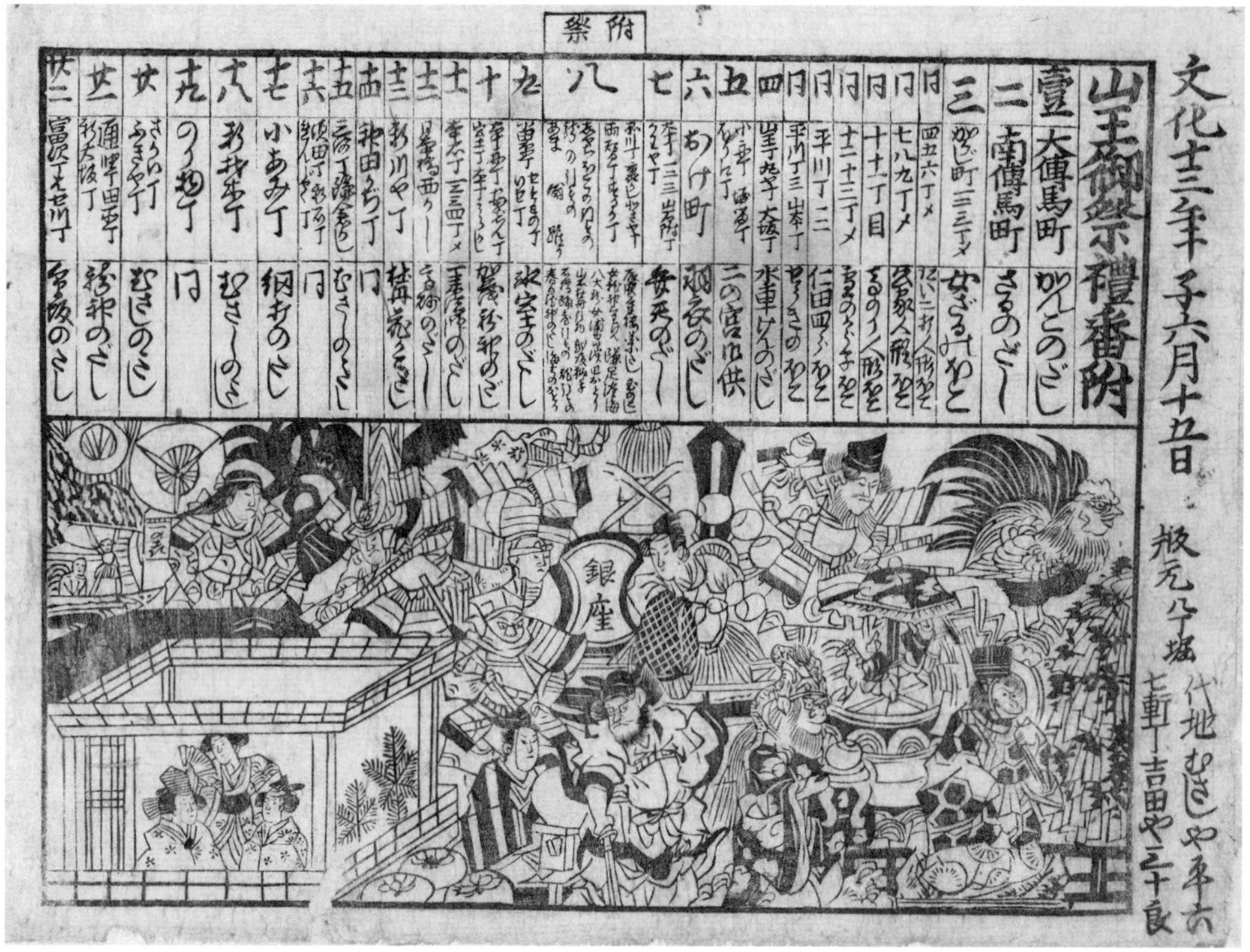

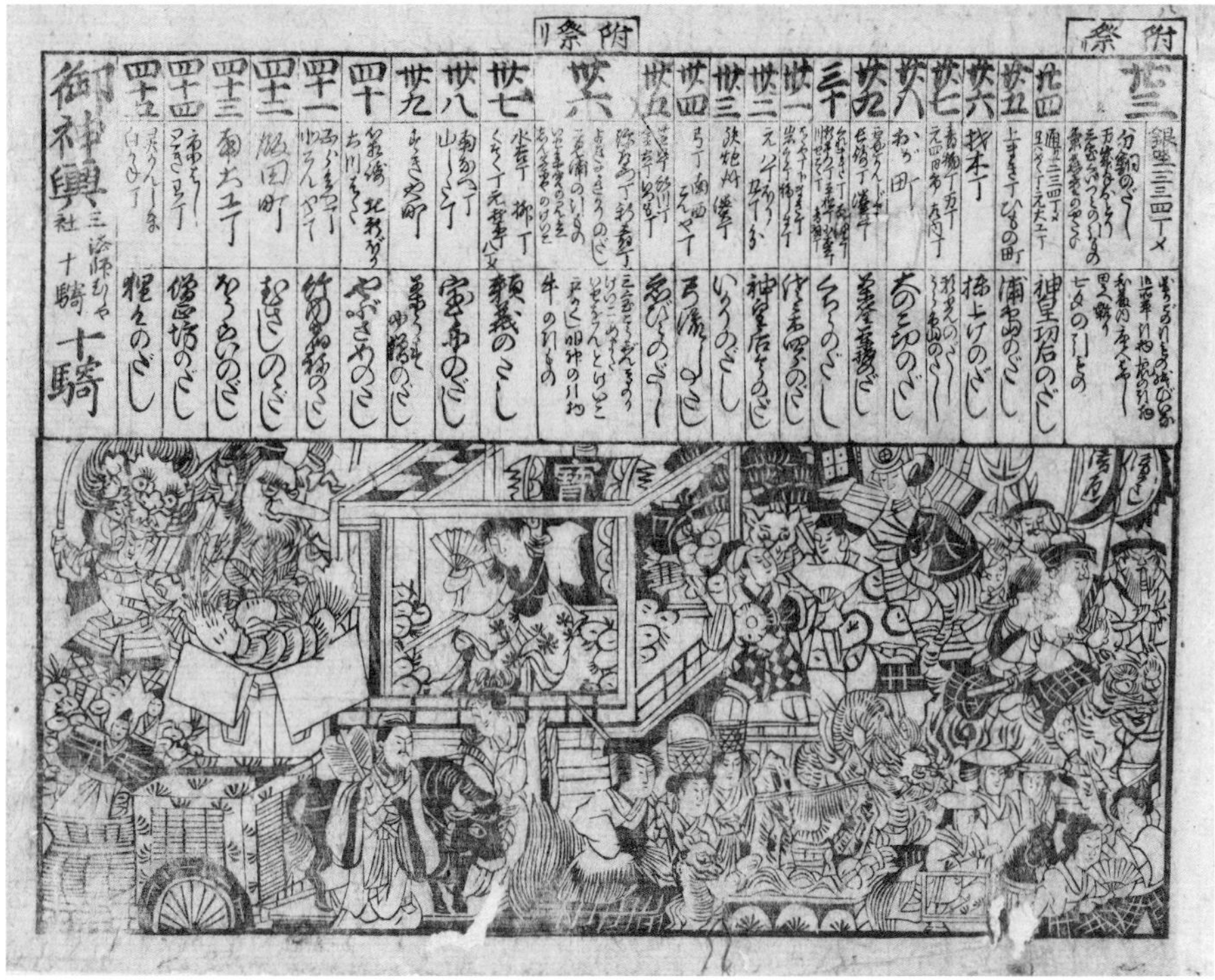

文化十三年子六月十五日

山王御祭礼番付

祭附

番	町	出し物
壹	大傳馬町	かんこのだし
二	南傳馬町	さるのだし
三	かうじ町一二三丁メ	女ざるのほこ
同	四五六丁メ	たいこ打人形ほこ
同	七八九丁メ	公家人形ほこ
同	十十一丁目	馬のり人形ほこ
同	十二十三丁メ	雪のから子ほこ
同	平川丁一二	仁田四郎ほこ
同	平川丁三山本丁	せうきのほこ
四	山王丁丸ヤ丁大坂丁	水車けんのだし
五	小舟丁堀留丁 ほり江丁	二の宮御供
六	おけ町	羽衣のだし
七	本丁一二三岩附丁 かわヤ丁	弁天のだし
八	品川丁裏かし北さヤ丁 両替丁するか丁 しやちほこの引もの 龍の引もの あま酒躍り	蜃気楼花小たし玉のたし 女龍神くわけん鎌足淡海 八大龍女浦島浜辺おとり 岩牡丹引物越後獅子 石橋踊台引もの龍引もの 春日龍神のたし海士のおとり
九	小田原丁 せともの丁町 いセ丁	氷室のだし
十	本舟丁安じん丁 室丁本丁うらかし	加茂龍神のだし
十一	本石町一二三四丁メ	一来法師のだし
十二	日本橋西かし	高砂のだし
十三	新川ヤ丁	牡丹花かこだし
十四	神田かぢ丁	同
十五	三河町鎌倉かし	むさしの、だし
十六	須田丁新石丁 れんじヤく丁	同
十七	小あみ丁	網打のたし
十八	新材木丁	むさしの、たし
十九	のり物丁	同
廿	さかい丁 ふきヤ丁	むさしの、たし
廿一	通油丁田所丁 新大坂丁	龍神のだし
廿二	富沢丁はセ川丁	熊坂のたし

版元八丁堀　代地むさしや平六
七軒丁吉田や三十良

祭附　祭附

番	町	出し物
廿三	銀座丁一二三四丁メ 分銅のだし 万歳手おとり 三宝くいつミの引もの 菊慈童のやたい	花かごの引もの紙びいな 御所車引物虎の引物 和藤内の唐人はやし 田うへ囃り 七夕の引もの
廿四	通り一二三四丁メ 呉ふく丁元大工丁	神功皇后のだし
廿五	上まき丁ひもの町	浦島のだし
廿六	材木丁	棟上けのだし
廿七	青物丁万丁 元四日市左内丁	頼光のだし うら島のたし
廿八	おが町	大のこ切のだし
廿九	霊かんじま 長崎丁湊丁	茶筌茶杓のだし
三十	くれまさ丁南油丁 新右衛門丁平松丁小松丁 川せこく丁音羽丁	くちらのだし
卅一	はくヤ丁下まき丁 岩くら丁福しま丁	佐ゝ木の四郎のだし
卅二	元八丁ほり五丁分	神皇后くうのだし
卅三	鉄炮州湊丁	いかりのだし
卅四	弓丁 南西 こんヤ丁	弓流しのたし
卅五	芝口丁竹川丁 金六丁いつも丁	ゑひらのだし
卅六	弥左衛門丁新肴丁 よきまさかりのだし 二見浦の引もの いセ参宮の見立 しん茶ヤのけいこ	三宝こうじん(荒神)馬のり けいこあまた いセをんとけいこ 戸かくし明神の引物 牛の引もの
卅七	水谷丁柳丁 ぐそく丁元材木丁八丁メ	頼義のたし
卅八	南なへ丁 山した丁	宝舟のだし
卅九	すきや町	茶うす小僧のだし
四十	箱崎北新ぼり 大川はた	やぶさめのたし
四十一	五郎兵へ丁 北こんヤ丁	竹内宿祢のたし
四十二	飯田丁	むさしの、だし
四十三	南大工丁	ほうらいのだし
四十四	京はし ときわ丁	僧正坊のだし
四十五	霊かんしま 白かね丁	猩々のだし

御神輿　三社　法師むしや十騎　十騎

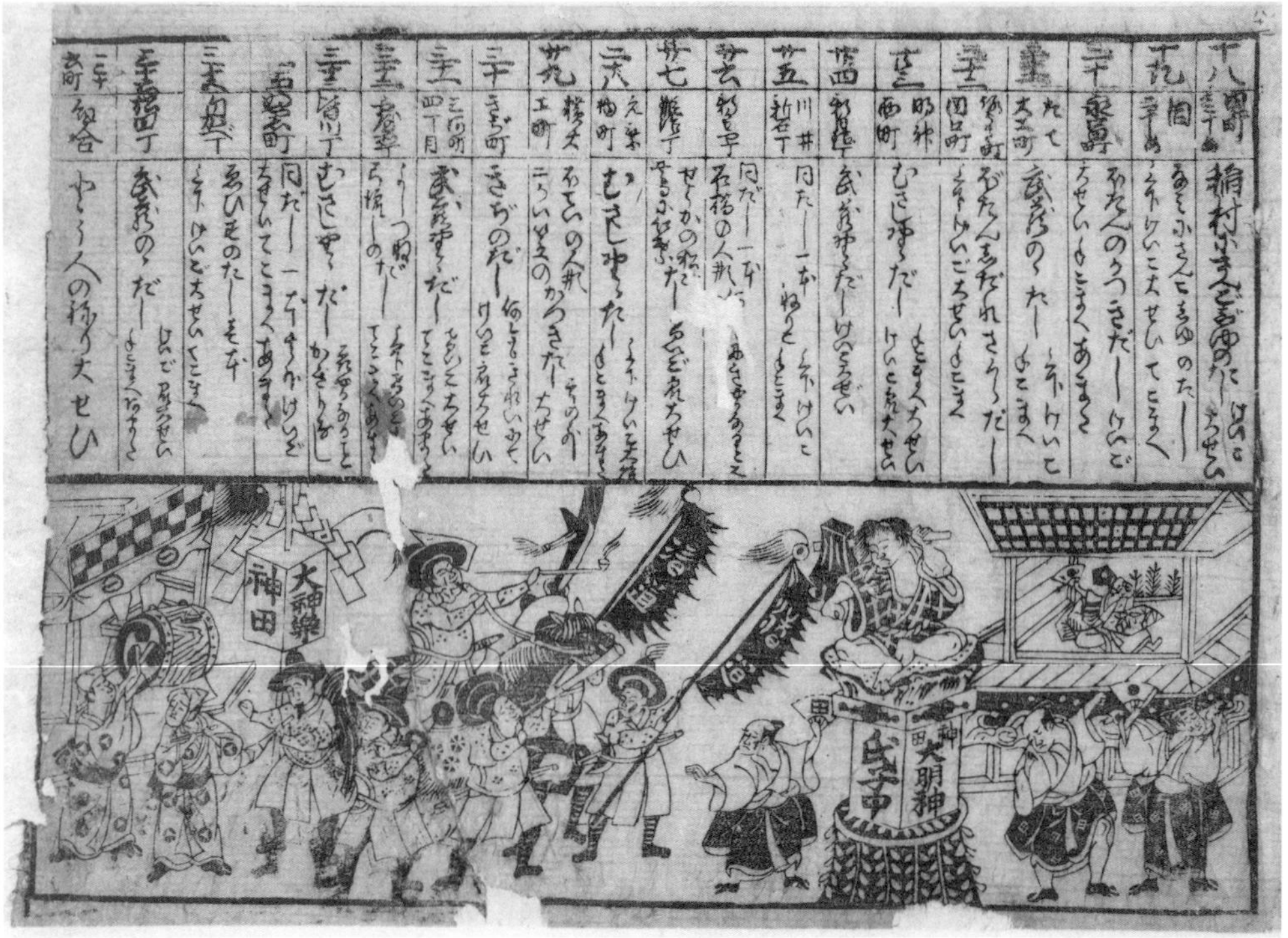

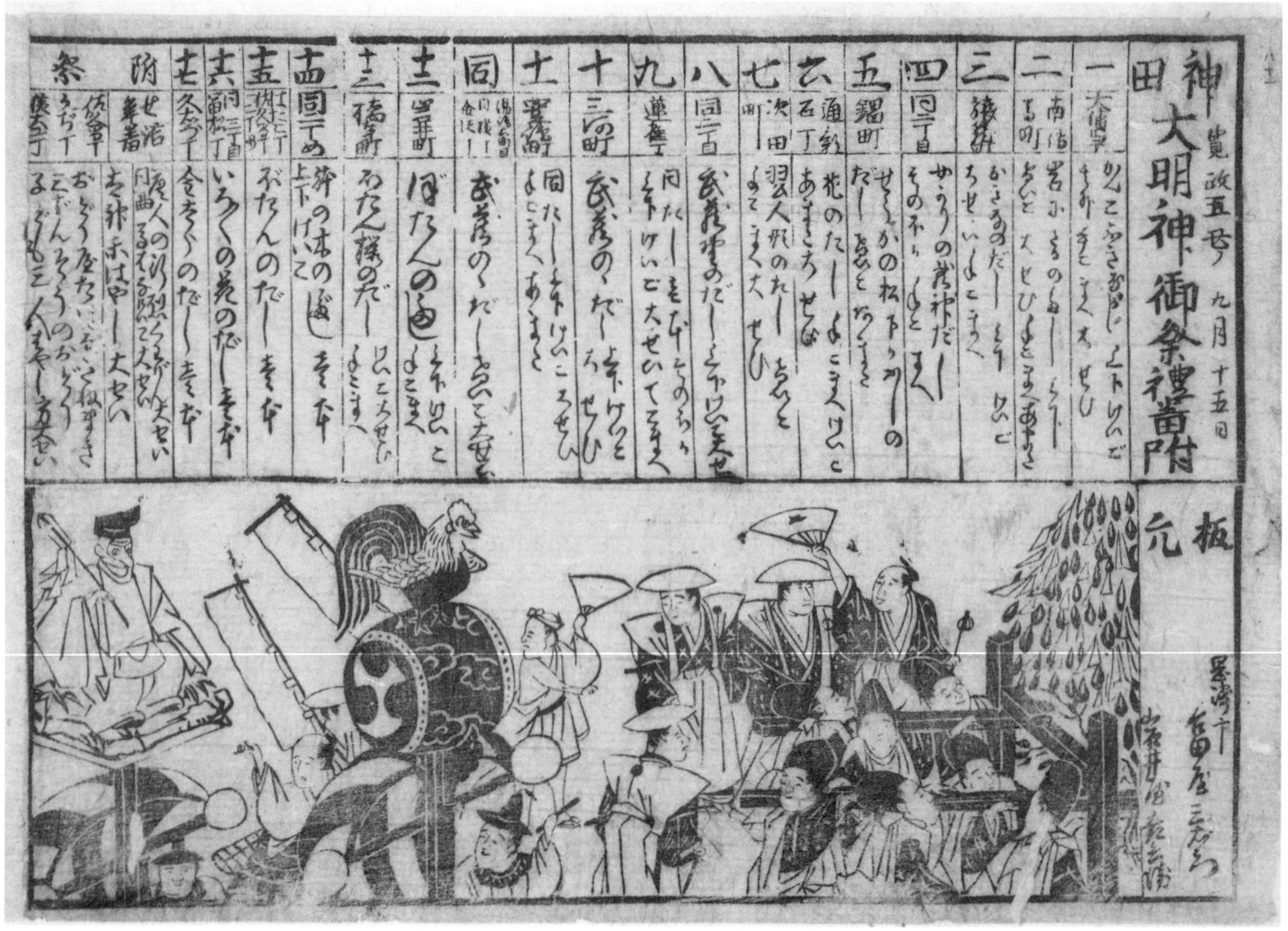

神田 大明神御祭礼番附

寛政五丑ノ九月十五日

一	大傳馬丁	かんこのふきながし上下けいご 其外手こまへ大せひ
二	南傳 馬町	岩にさるのたし上下 けいこ大せひ手こまへあまた
三	旅籠町	おきなのだし上下けいご 大せい手こまへ
四	同二丁目	女かり(布刈)龍神だし そのほか手こまへ
五	鍋町	せうかの松下りふし(藤)の だしけいこあまた
六	通新 石丁	花のたし手こまへけいこ あまた大せひ
七	須田 町	翁人形のたしけいこ 手こまへ大せひ
八	同二丁目	武蔵野のだし上下けいこ大せ(ひ)
九	蓮雀丁	同たし壱本そのほか 上下けいご大せひてこまへ
十	三河町	武蔵の、だし 上下けいこ 大せひ
十一	豊嶋町	同たし上下けいこ大せひ てこまへあまた
同	湯嶋六町目 同横丁 金沢丁	武蔵の、たしけいこ大せい
十二	岩井町	ぼたんのたし 上下けいこ 手こまへ
十三	橋本町	ほたん桜のだし けいこ大せひ 手こまへ
十四	同二丁め	鉢の木のだし壱本上下けいこ
十五	はたこ丁 佐久間丁 同二丁め	ぼたんのだし壱本
十六	同三丁目 冨松丁	いろ〳〵の花のだし壱本
十七	久右衛門丁	金太郎のだし壱本
祭附	世話 年番	唐人の行烈くわげん(管弦)大せい 同曲馬はなけいこ大せい
		太神楽はやし大せひ
	佐久間丁 かぢ丁 横大工丁	おどりやたい□(は)るたねまき 三ばんそうのおどり 子ども三人はやし方大せい

十八	田町 壱丁め	稲村にさんごじゅのたし けいこ 大せい
十九	同 二丁め	なミにさんこしゅのたし 上下けいこ大せひてこまへ
二十	永冨町	ほたんのかつきだしけいご 大せい手こまへあまた
二十一	たて大工町	武蔵の、たし 上下けいこ 手こまへ
二十二	ろうそく町 関口町	ぼたんしだれさくらだし 上下けいご大せい手こまへ
廿三	明神 西町	むさし野、だし手こまへ大せい けいこ衆大せい
廿四	新白銀町	武蔵野だしけいこ大ぜい
廿五	川井 新石丁	同たし一本 □ ねりこ 上下けいこ 手こまへ
廿六	新かわヤ丁	同だし一本 何□□(レも) 石橋の人形 にきやかなる事也
廿七	鍛治丁	せうかの松 たし けいご衆大せひ 蔦に紅葉
廿八	元乗 物町	むさし野、たし 上下けいこ大□ 手こまへあまた
廿九	横大 工町	ほていの人形かつきたしその外 二かい笠の 大せい
三十	きぢ町	きぢのだし 何レもきれいにて けいこ衆大せひ
三十一	三河町 四丁目	武蔵野、だし けいこ大せい てこまへあまた
三十二	台所丁	よしつね だし 上下けいこ□□□ 弓流しの てこまへあまた
三十三	皆川丁	むさし野、だし 花やかなること かぎりなし
三十四	ぬし町	同だし一本其外けいご 大せいてこまへあまた
三十五	白かべ町	ゑひすのたし壱本 上下けいご大せいてこまへ
三十六	松田丁	武蔵の、だしけいご衆大せい 手こまへあまた
三十 六町	組合	とう人のねり大せひ

板元 岡崎丁 吉田屋三右衛門 岩井屋吉兵衛

※下段右絵は寛政四・六年 山王祭版絵と同版

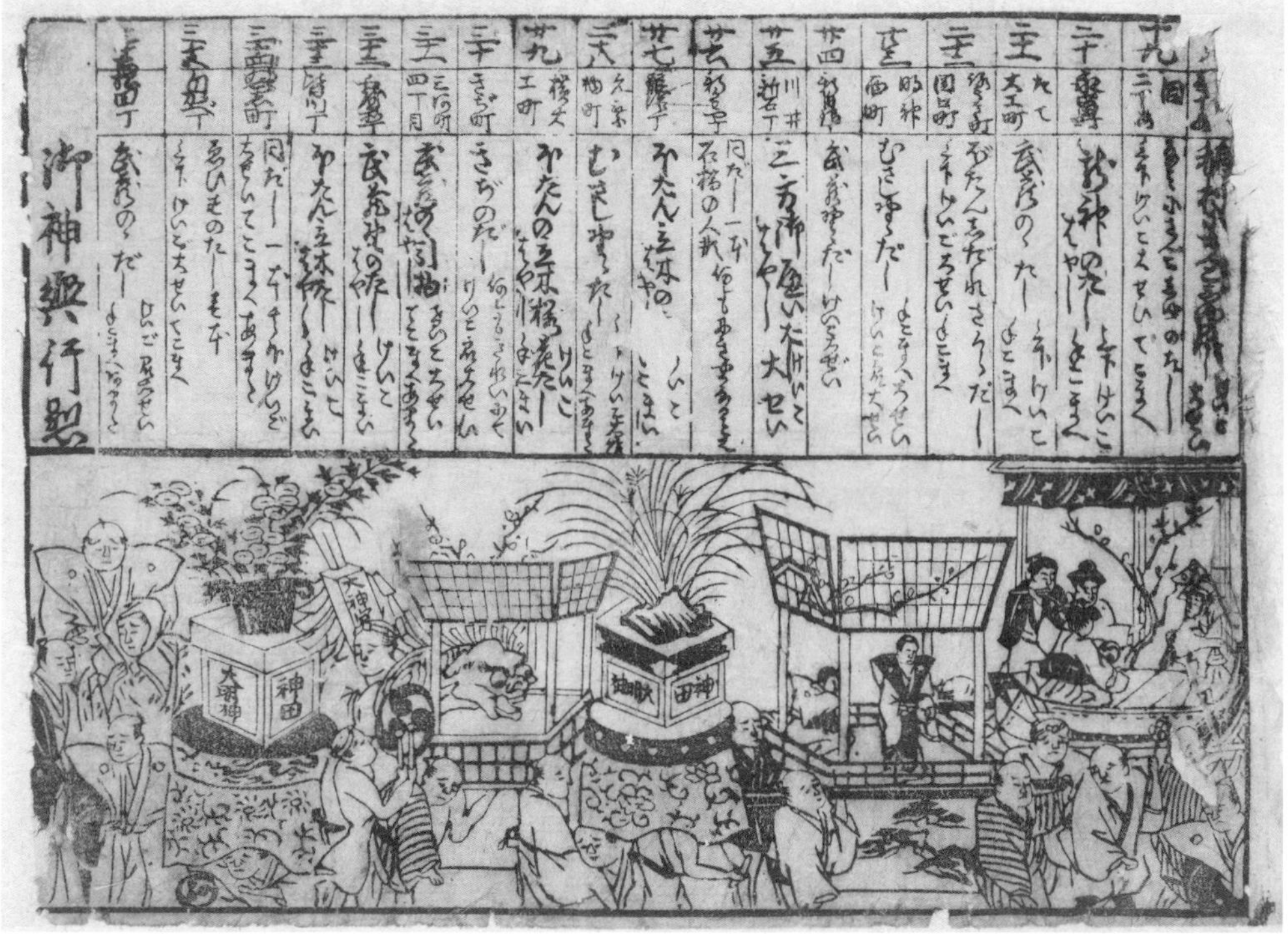

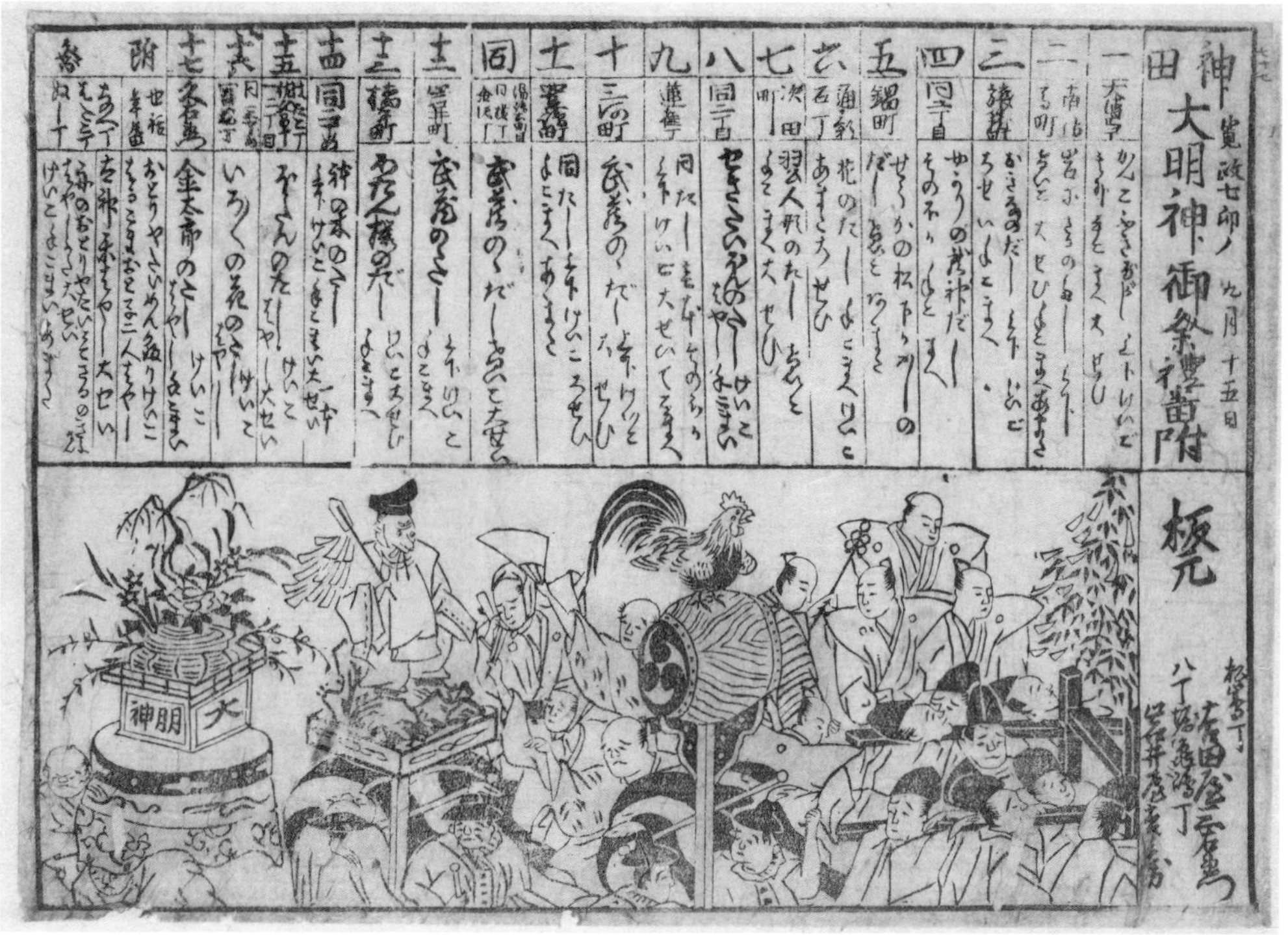

神田大明神御祭礼番附

寛政七卯ノ九月十五日

一	大傳馬丁	かんこふきながし上下けいご 其外手こまへ大せひ
二	南傳馬町	岩にさるのたし上下 けいこ大せひ手こまへあまた
三	旅籠町	おきなのだし上下けいご 大せい手こまへ
四	同二丁目	女かり(布刈)龍神だし そのほか手こまへ
五	鍋町	せうかの松下りふし(藤)の だしけいこあまた
六	通新石丁	花のたし手こまへけいこ あまた大せひ
七	須田町	翁人形のたし　けいこ 手こまへ大せひ
八	同二丁目	せきたいほん(石台牡丹)のだしけいこ はやし手こまい
九	蓮雀丁	同たし壱本そのほか 上下けいご大せいてこまへ
十	三河町	武蔵の、だし 上下けいこ 大せひ
十一	豊嶋町	同たし上下けいこ大せひ てこまへあまた
同	湯嶋六町目 同横丁 金沢丁	武蔵の、だしけいこ大せい
十二	岩井町	武蔵の、たし 上下けいこ 手こまへ
十三	橋本町	ほたん桜のだし けいこ大せひ 手こまへ
十四	同二丁め	鉢の木のたし　一本 上下けいこ手こまへ大せい
十五	はたこ丁 佐久間丁 一二丁目	ほたんのたし　けいこ はやし大せい
十六	同三丁め 冨松丁	いろ〳〵の花のたし けいこ はやし
十七	久右衛門	金太郎のたし　けいこ はやし手こまへ
附祭	世話 年番	おとりやたいめんかふり(面被り)けいこ はるこまおと子二人はやし
	なへ丁 はたこ丁 ぬし丁	太神楽はやし大せい 舟のおとりやたいニてさるのきよけん(狂言) はやしかた大せい けいこ手こまいあまた

板元　松嶌丁 吉田屋三右衛門
八丁堀亀嶋丁 岩井屋吉兵衛

十八	□□(田町) 壱丁め	稲村にさんごじゆのたし けいこ 大せい
十九	同 二丁め	なミにさんこしゆのたし 上下けいこ大せひてこまへ
二十	永冨町	龍神のたし上下けいこ はやし　手こまへ
二十一	たて 大工町	武蔵の、たし 上下けいこ 手こまへ
二十二	ろうそく町 関口町	ぼたんしだれさくらだし 上下けいご大せい手こまへ
廿三	明神 西町	むさし野、だし 手こまへ大せい けいこ衆大せい
廿四	新白銀町	武蔵野、だしけいこ大ぜい
廿五	川井 新石丁	三方御へい(幣)たしけいこ はやし　大せい
廿六	新かわヤ丁	同だし一本何レもにきやかなる事也 石橋の人形
廿七	鍛治丁	ほたん立木の□□けいこ はやし□□□こまい
廿八	元乗 物町	むさし野、たし 上下けいこ大□ 手こまへあまた
廿九	横大 工町	ほたんの立木桜花たし けいこ はやし手こまい
三十	きぢ町	きぢのだし 何レもきれいにて けいこ衆大せひ
三十一	三河町 四丁目	武蔵野、引物けいこ大せい はやしてこまへあまた
三十二	台所丁	武蔵野のたしけいこ はやし手こまい
三十三	皆川丁	ほたん立木たしけいこ はやし手こまい
三十四	ぬし町	同だし一本其外けいご 大せいてこまへあまた
三十五	白かべ町	ゑひすのたし壱本 上下けいご大せいてこまへ
三十六	松田丁	武蔵の、だしけいご衆大せい 手こまへあまた

御神輿行列

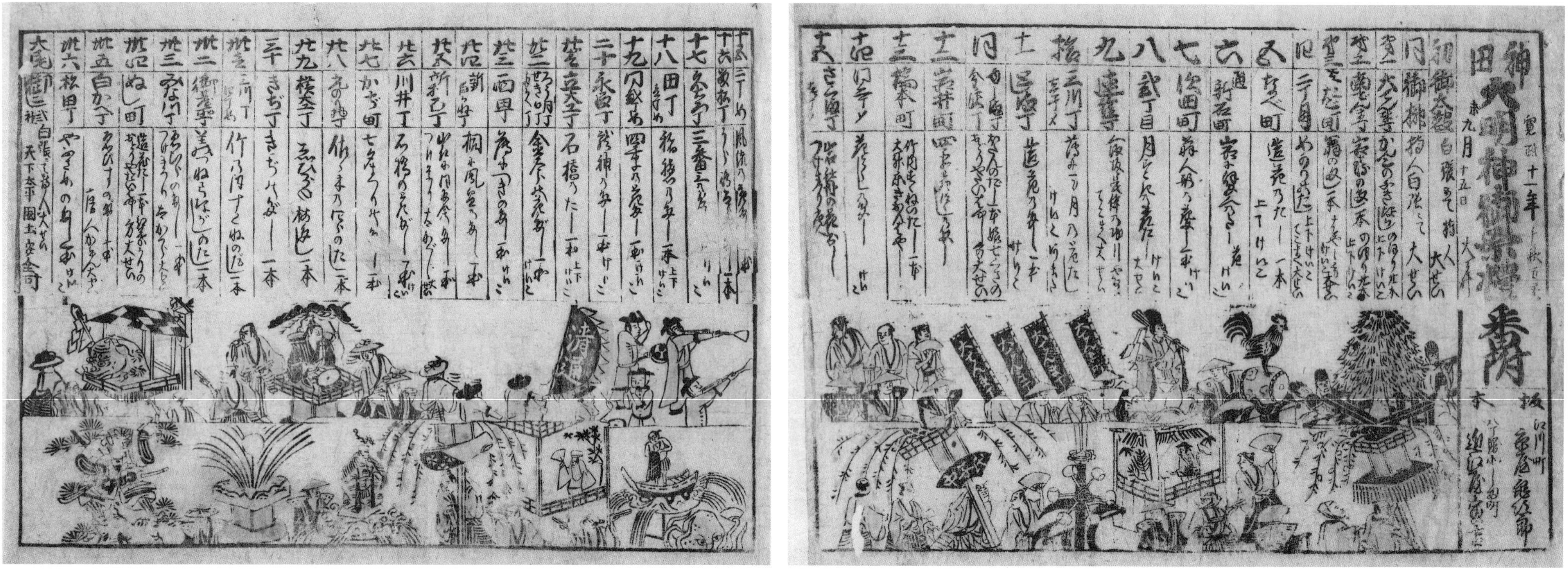

神田 大明神御祭礼番附

寛政十一 千秋万歳
未九月十五日 大さ叶

初	御太皷	白張にて持人大せい
同	御榊	持人白張ニて大せい
第一	大てんま丁	かんこふきなかしのほり廿本 上下けいこ
第二	南でんま丁	岩さるのたしのほり廿本 上下けいこ
第三	はたご町	翁のたし一本はやし方 けいこ大せい
四	二丁目	めかりのたし上下けいこ 手こまへ大せい
五	なべ町	造花乃たし一本 上下けいこ
六	通新石町	岩にほたん乃たし花けいこ
七	須田町	翁人形乃花たし一本けいこ
八	弐丁目	月すゝき乃たしけいこ 大せい
九	連雀丁	くま坂御武体乃地引やたい 手こまへ大せい
拾	三河丁壱丁メ	薄に万(満)月乃花たし けいこあまた
十一	としま丁	造花乃たし一本 けいこ
同	ゆしま丁 金沢丁	ほたんのだし一本娘七くさの おどりやたいはやし方大せい
十二	岩井町	四季花つくし乃たし
十三	橋本町	竹内すくねのたし一本 大神楽きおんはやし
十四	同二丁メ	花つくし乃たし けいこ
十五	さくま丁 壱丁メ	岩牡丹の花出し つけまつり唐人

元板
江川町 京屋亀次郎
八丁堀北しま町 近江屋寅吉

十五	二丁め	風流乃花たし一本
十六	冨松丁	うら嶋太郎□(た)し一本
十七	久右衛門丁	三番三(叟)乃た□□けいこ
十八	田丁 壱丁め	稲穂乃たし一本上下 けいこ
十九	同弐丁め	四季乃花たし一本けいこ
二十	永冨丁	龍神乃たし一本けいこ
廿一	立大工丁	石橋乃たし一本上下 けいこ
廿二	ろう月丁 せき口丁 両かへ丁	金太郎の花だし一本 けいこ
廿三	西町	薄につきのたし一本けいこ
廿四	新 白かね丁	桐に凰皇乃たし一本
廿五	新石丁	岩にほたん乃たし一本 つけ祭り太かぐら大せい
廿六	川井丁	石橋の花だし一本けいこ
廿七	かぢ町	七夕まつりのたし一本
廿八	元のり物丁	佐ゝ木乃四郎のたし一本
廿九	横大工丁	ゑひら(箙)□梅たし一本
三十	きぢ丁	きぢ乃だし一本
卅一	三川丁 四丁め	竹乃内すくねのだし一本
卅二	御台所丁	義つね弓ながしのたし一本
卅三	みな川丁	ゑひらのたし一本 つけまつり太かくら大せい
卅四	ぬし町	造花たし一本紅葉かりの おとりやたいはやし方大せい
卅五	白かべ丁	ゑびすのだし一本 唐人かけん(管弦)大せい
卅六	松田丁	やふさめのたし一本けいこ
大尾	御こし 社弐	白張ニて持人大せい 天下太平国土安全叶

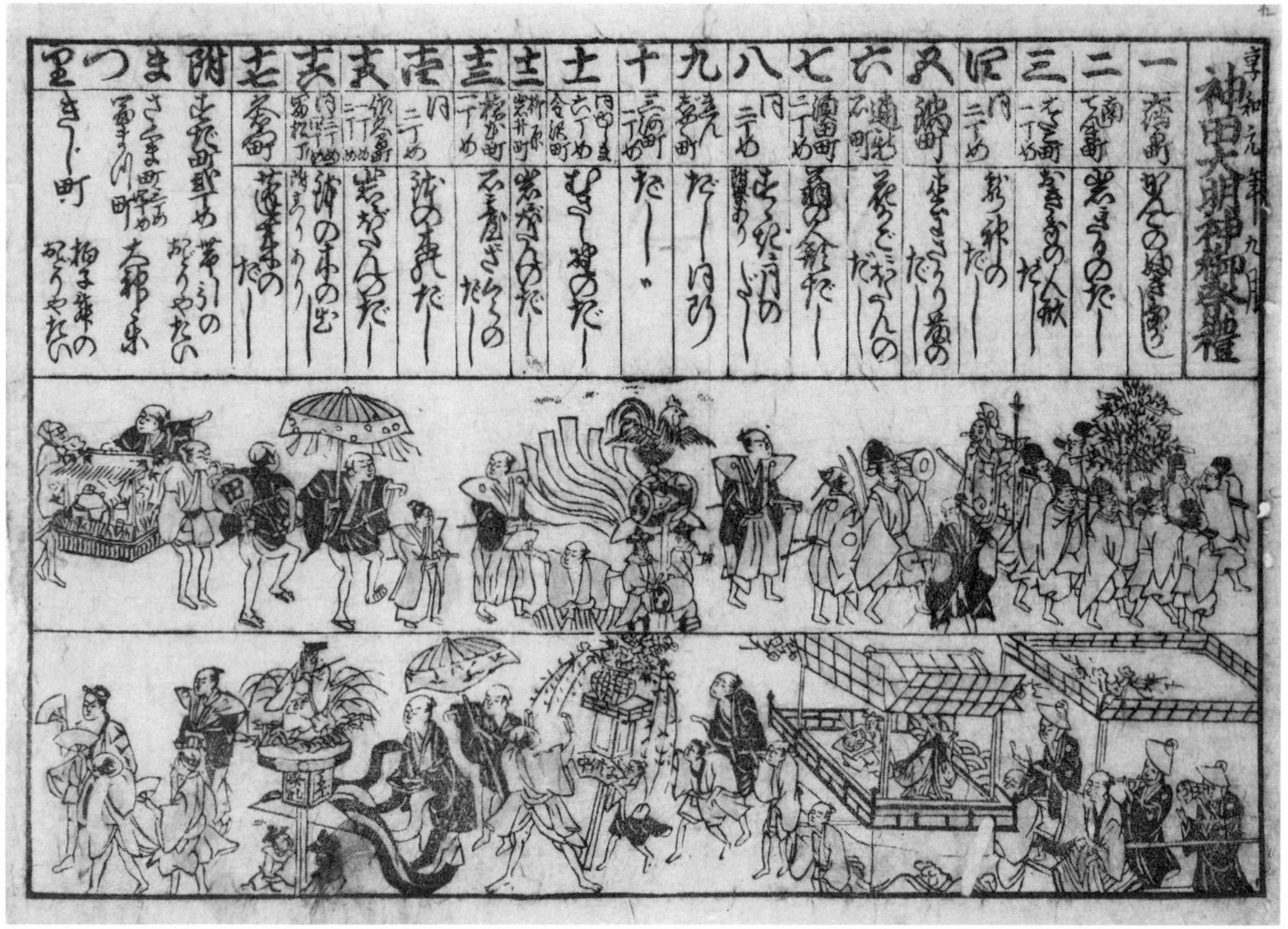

享和元年九月

神田大明神御祭礼

一	傳馬町	かんこふきながし
二	南てんま町	岩ニさるのだし
三	はたご町一丁め	おきなの人形だし
四	同二丁目	龍神のだし
五	鍋町	松にまさかり藤のだし
六	通新石町	花かごニぼたんのだし
七	須田町三丁目	翁の人形だし
八	同二丁め	すゝき二月のだし　附祭あり
九	れんじやく町	だし同断
十	三河町一丁め	だしゝ
十一	同ゆしま六丁め 金沢町	むさし野のだし
十二	柳原岩井町	岩ニぼたんのだし
十三	橋本町一丁め	石台ニさくらのだし
十四	同二丁め	鉢の木のだし
十五	佐久間町一丁め 二丁め	岩ニぼたんのだし
十六	同三丁め 四丁め 冨松丁	鉢の木の出し 附まつりあり
十七	久右衛門丁	蓬莱のだし
附まつり	すだ町弐丁め	帯引のおどりやたい
	さくま町三丁め四丁め	大神楽
	冨まつ町 きじ町	拍子舞のおどりやたい

（後欠）

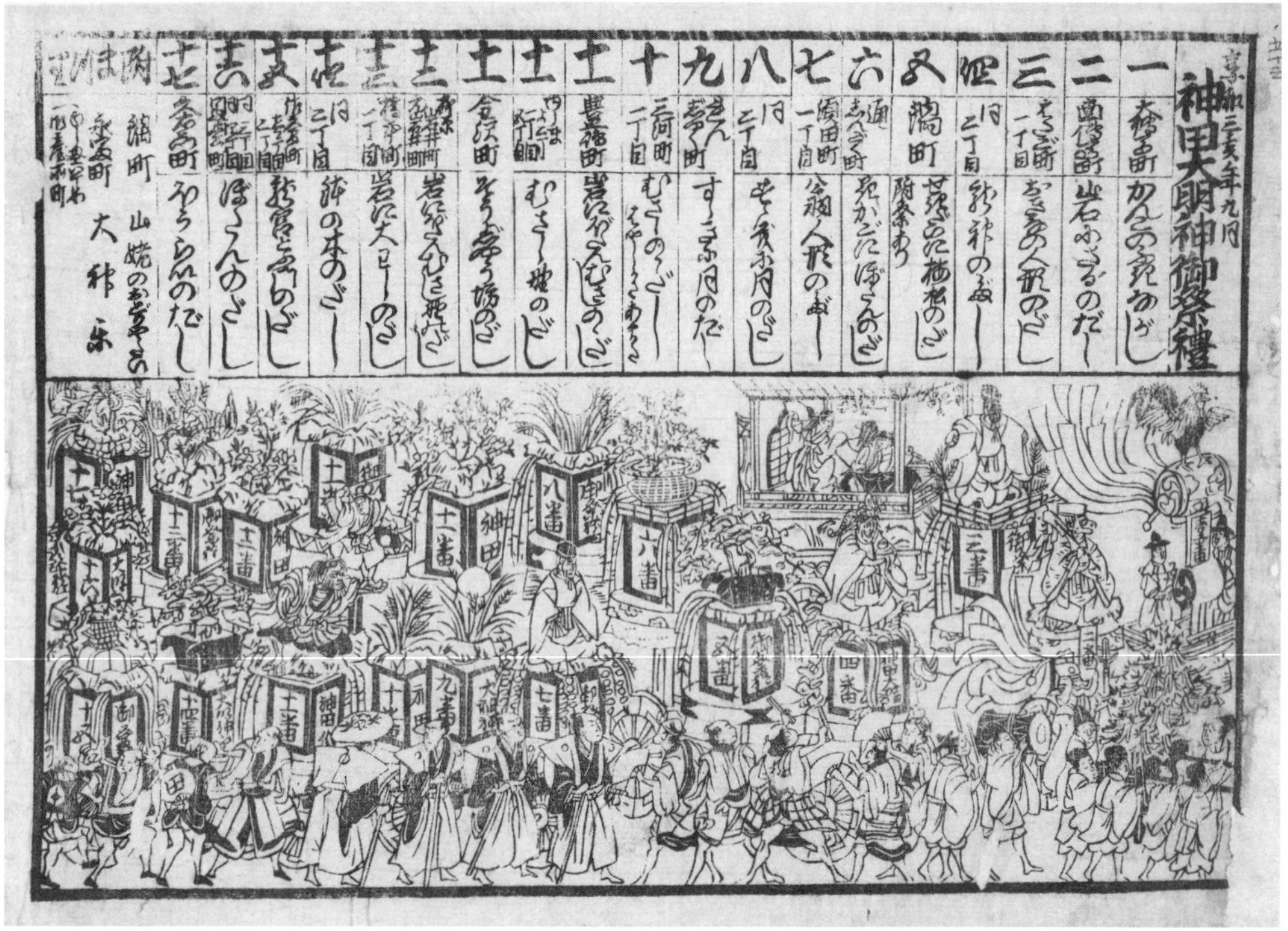

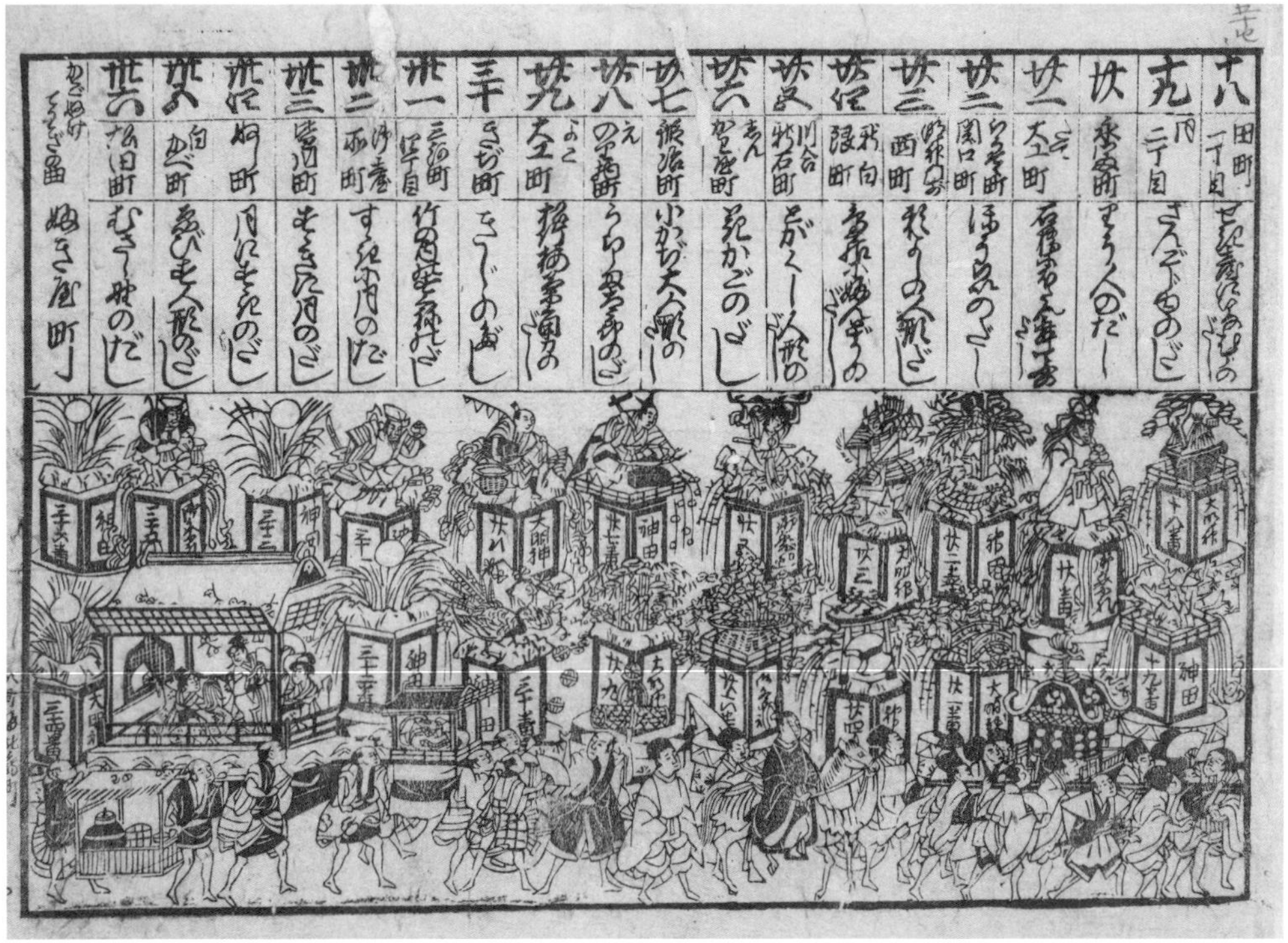

享和三年亥年九月 神田大明神御祭礼

番	町名	出し物
一	大傳馬町	かんこふきながし
二	南傳馬町	岩にさるのだし
三	はたご町 一丁目	おきなの人形だし
四	同 二丁目	龍神のだし
五	鍋町	せきだいに梅松のだし 附祭あり
六	通新石町	花かごにぼたんのだし
七	須田町 一丁目	翁人形のだし
八	同二丁目	す、きに月のだし
九	れん じやく町	す、きに月のだし
十	三河町 一丁目	むさしの、だし はやしかたあまた
十一	豊嶋町	岩にぼたんむさしの、だし
十一	ゆしま よこ丁 一丁目 五丁目	むさし野のだし
十一	金沢町	そうじやう坊のだし
十二	柳原 岩井町 元岩井町	岩にぼたんむさし野のだし
十三	橋本町 一丁目	岩に大わしのだし
十四	同 二丁目	鉢の木のだし
十五	佐久間町 壱丁目 二丁目	龍宮とふ(唐)門のだし
十六	同三丁目 同四丁目 冨松町	ぼたんのだし
十七	久右衛門丁	ほうらいのだし
附まつり	鍋町 永冨町 ゆしま六丁め 御台所町	山姥のおどりやたい 大神楽
十八	田町一丁目	せき台にいなむらのだし
十九	同二丁目	さんごじゆのだし
廿	永冨町	りう人(龍神)のだし
廿一	たて 大工町	石橋にぼたん舞てふのだし
廿二	らうそく町 関口町	ほうらいのだし
廿三	明神門前 西町	頼よしの人形だし
廿四	新白 銀町	鳥居にふんどうの だし
廿五	川合 新石町	とがくし人形の だし
廿六	しん かわ屋町	花かごのだし
廿七	鍛治町	小かぢ大人形の だし
廿八	元 のり物町	うらしま太郎のだし
廿九	よこ 大工町	松竹梅菊角力の だし
三十	きぢ町	きじのだし
卅一	三河町 四丁目	竹の内のすくねのだし
卅二	御台 所町	す、きに月のだし
卅三	皆川町	す、きに月のだし
卅四	ぬし町	月にす、きのだし
卅五	白 かべ町	えびす人形のだし
卅六	松田町	むさし野のだし

かごぬけ てわざの曲　ふき屋町

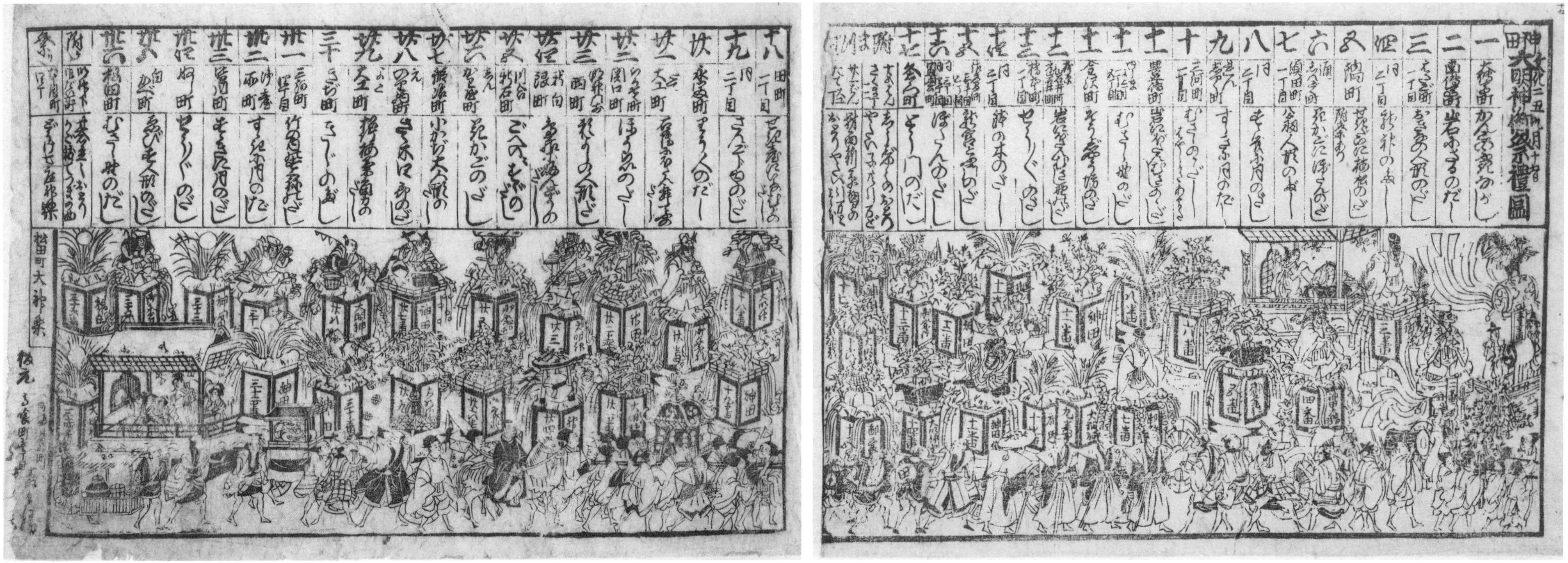

神田 大明神御祭礼図 文化二年丑九月十五日		
一	大傳馬町	かんこのふきながし
二	南傳馬町	岩にさるのだし
三	はたご町 一丁め	おきなの人形だし
四	同 二丁目	龍神のだし
五	鍋町	せきだいに梅松のだし 附祭あり
六	通しんこく町	花かごにぼたんのだし
七	須田町 一丁目	翁人形のだし
八	同 二丁目	すゝきに月のだし
九	れんじやく町	すゝきに月のだし
十	三河町 一丁目	むさしの、だし はやしかたあまた
十一	豊嶋町	岩にぼたんむさしの、だし
十一	ゆしま よこ丁 一丁目 五丁目	むさし野のだし
十一	金沢町	そうじやう坊のだし
十二	柳原 岩井町 元岩井町	岩にぼたんむさし野のだし
十三	橋本町 一丁目	セうぐのだし
十四	同 二丁目	鉢の木のだし
十五	佐久間町 壱丁目 二丁目	龍宮とふ(唐)門のだし
十六	同三丁め 同四丁め 冨松町	ぼたんのだし
十七	久右衛門丁	とう門のだし
りつま附	十五はん さくま丁 一二	しうじゆくのおとり やたい子共引万ど
りつま附	廿一ばん たて大工丁	対面新草摺の おとりやたい引万と 壱本
十八	田町 一丁目	せき台にいなむらの だし
十九	同 二丁目	さんごじゆのだし
廿	永冨町	りう人(龍神)のだし
廿一	たて大工町	石橋にぼたん舞てふの だし
廿二	らうそく町 関口町	ほうらいのだし
廿三	明神門前 西町	頼よしの人形だし
廿四	新白銀町	鳥居にふんどうの だし
廿五	川合 新石町	ごへいニすゞの だし
廿六	しん かわ屋町	花かごのだし
廿七	鍛治町	小かぢ大人形の だし
廿八	元 のり物町	さゝ木四郎のだし
廿九	よこ 大工町	松竹梅菊角力の だし
三十	きぢ町	きじのだし
卅一	三河町 四丁目	竹の内のすくねのだし
卅二	御台所町	すゝきに月のだし
卅三	皆川町	すゝきに月のだし
卅四	ぬし町	セうぐのだし
卅五	白かべ町	ゑびす人形のだし
卅六	松田町	むさし野のだし
附ケ	明神下 御だい所町	碁立之おとり かご抜てつま(手妻)の曲
祭リ	本銀町 四丁	道化七座神楽
松田町 大神楽		

版元 八町堀□□町 馬喰町壱丁目 □

※下段絵は享和三年版絵と同版

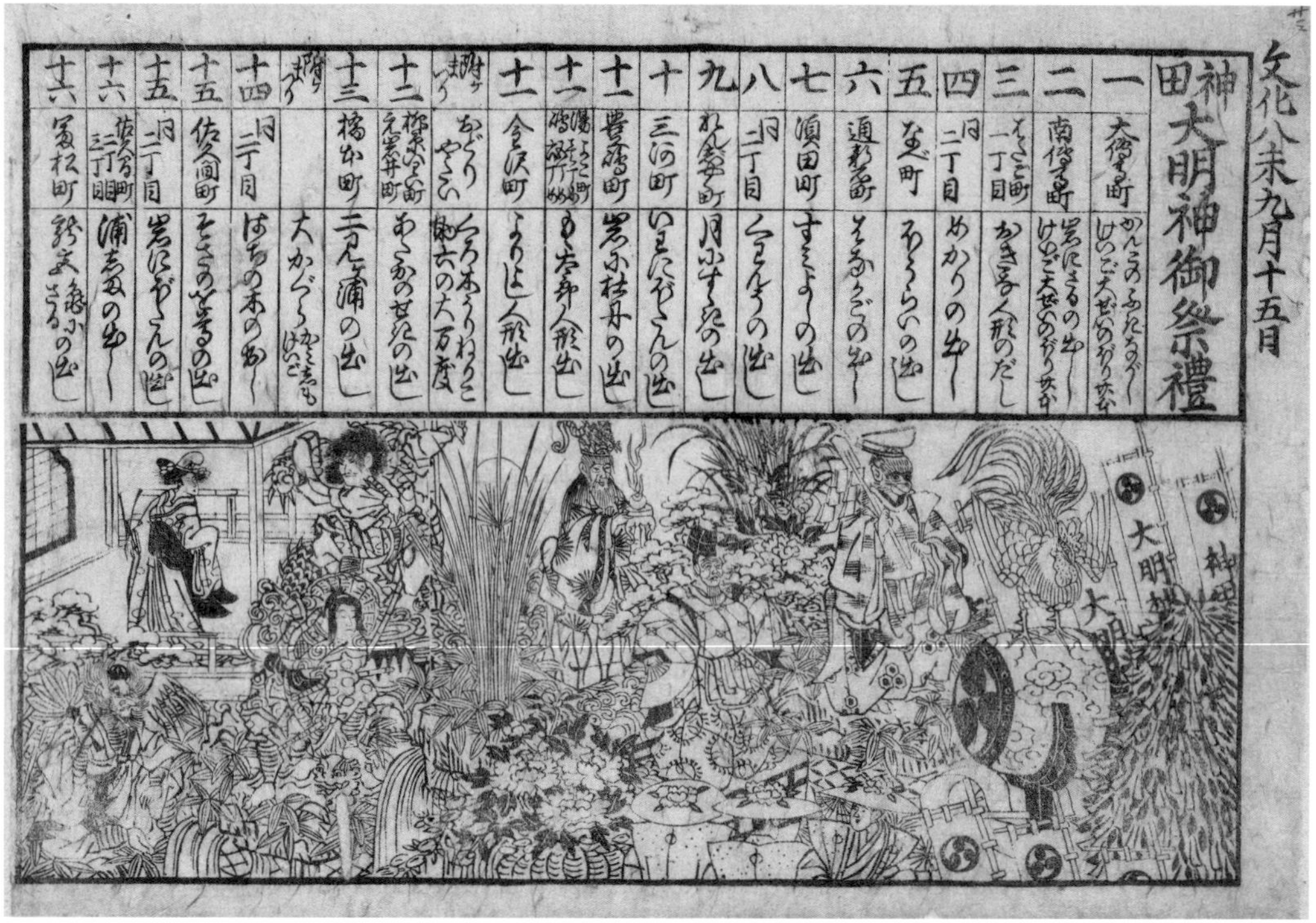

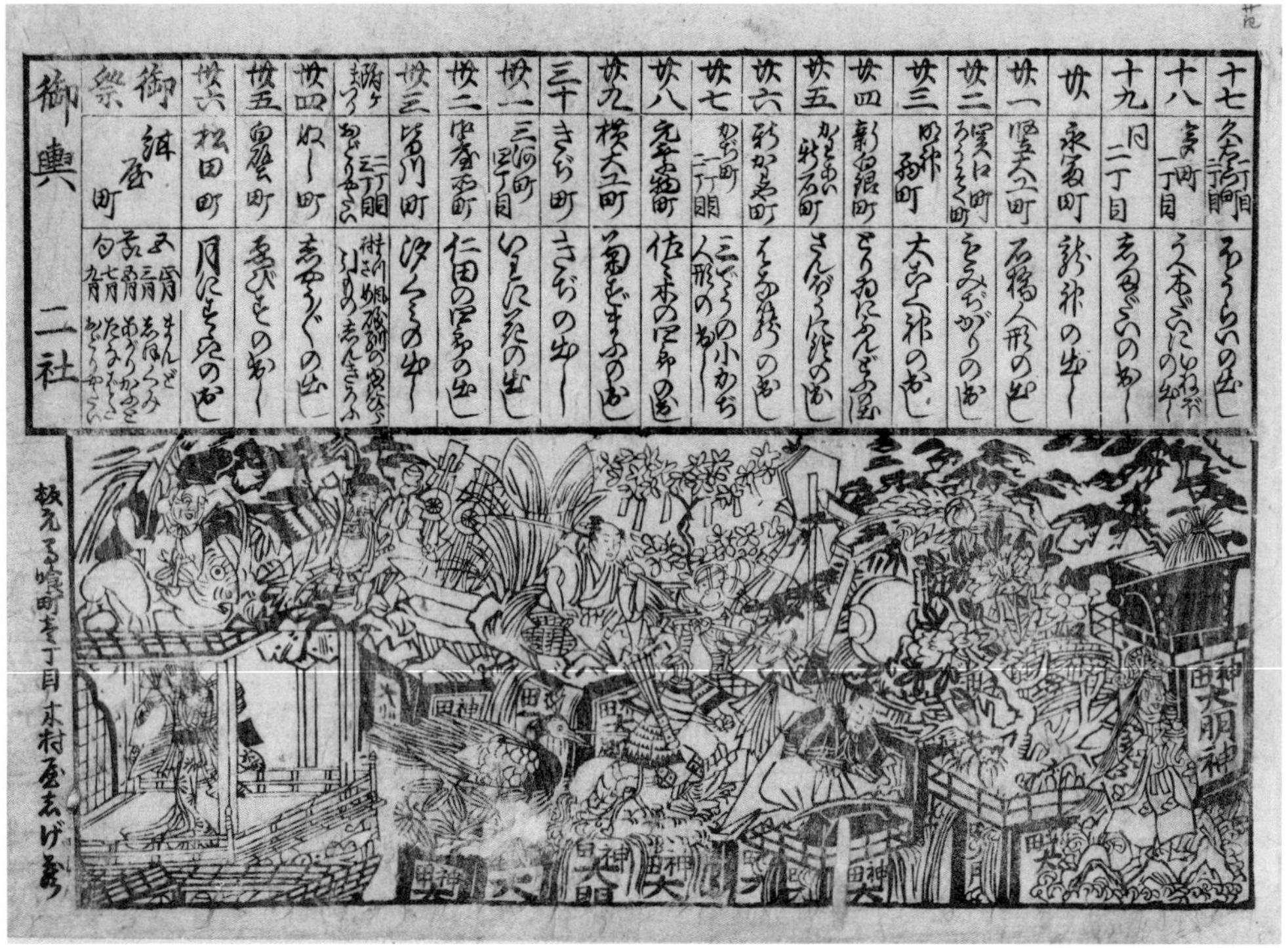

文化八年未九月十五日

神田 大明神御祭礼

一	大傳馬町	かんこふきながし けいご大ぜいのぼり廿本
二	南傳馬町	岩にさるの出し けいご大ぜいのぼり廿本
三	はたご町 一丁目	おきな人形のだし
四	同 二丁目	めかりの出し
五	なべ町	ほうらいの出し
六	通新石町	はなかごの出し
七	須田町	すミよしの出し
八	同 二丁目	くわんう(関羽)の出し
九	れんじやく町	月にす丶きの出し
十	三河町	いわにぼたんの出し
十一	豊嶋町	岩に牡丹の出し
十一	湯よこ町 壱丁め 五丁め 嶋 六丁め	も丶太郎人形出し
十一	金沢町	よりよし人形出し
附ヶまつり	おどり やたい	くろ木うりねりこ 助六の大万度
十二	柳原いわい町 元岩井町	あたかのせき(安宅の関)の出し
十三	橋本町	二見ヶ浦の出し
附ヶまつり		大かぐら かミしも けいご
十四	同 二丁目	はちの木のだし
十五	佐久間町	そさのを尊の出し
十五	同 二丁目	岩にぼたんの出し
十六	佐久間町 二丁メ 三丁目	浦しまの出し
十六	冨松町	龍宮亀に さるの出し
十七	久右衛門町 一丁目 二丁目	ほうらいの出し
十八	多町 一丁目	うへ木だいにいねぼの出し
十九	同 二丁目	しまだいの出し
廿	永富町	龍神の出し
廿一	竪大工町	石橋人形の出し
廿二	関口町 ろうそく町	もみぢがりの出し
廿三	明神 西町	大こく神の出し
廿四	新白銀町	とりゐにふんどふの出し
廿五	かわあい 新石町	さんぼうに鈴の出し
廿六	新かわや町	花籠の出し
廿七	かぢ町 一丁目 二丁目	三でう(条)の小かぢ 人形の出し
廿八	元乗物町	佐丶木四郎の出し
廿九	横大工町	菊ずまふの出し
三十	きぢ町	きぢの出し
卅一	三河町 四丁目	いわに花の出し
卅二	御台所町	仁田の四郎の出し
卅三	皆川町	汐くミの出し
附ヶまつり	二丁目 三丁目 おどりやたい	まつ風 村さめ 磯馴のゆきひら 引ものしんきろふ
卅四	ぬし町	しやうぐ〱の出し
卅五	白壁町	ゑびすの出し
卅六	松田町	月にす丶きの出し
御祭	紺屋町	五節句 正月 まんど 三月 しほくみ 五月 あがりかぶと 七月 たなばた 九月 おどりやたい

御輿 二社

板元馬喰町一丁目木村屋しげ蔵

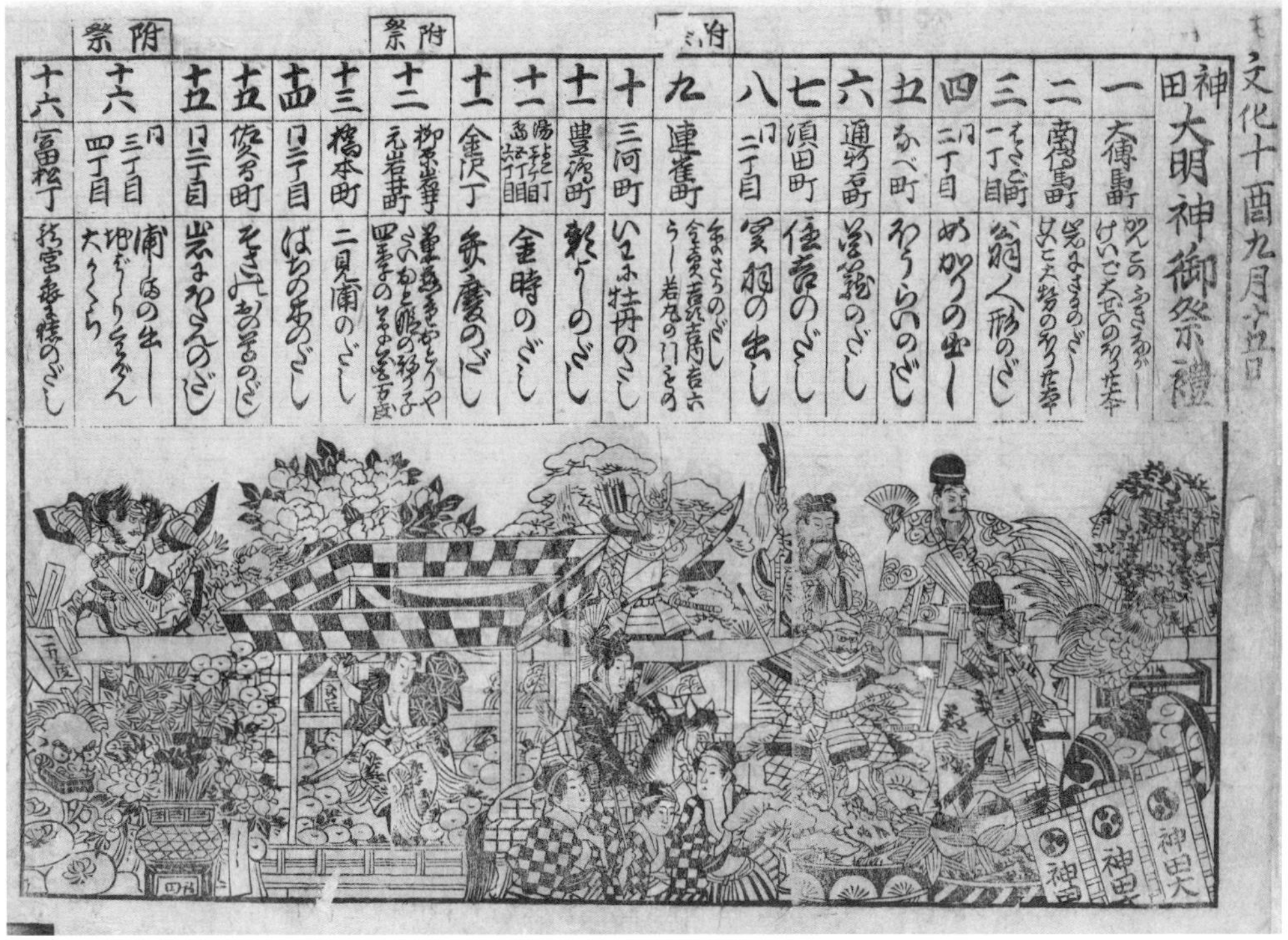

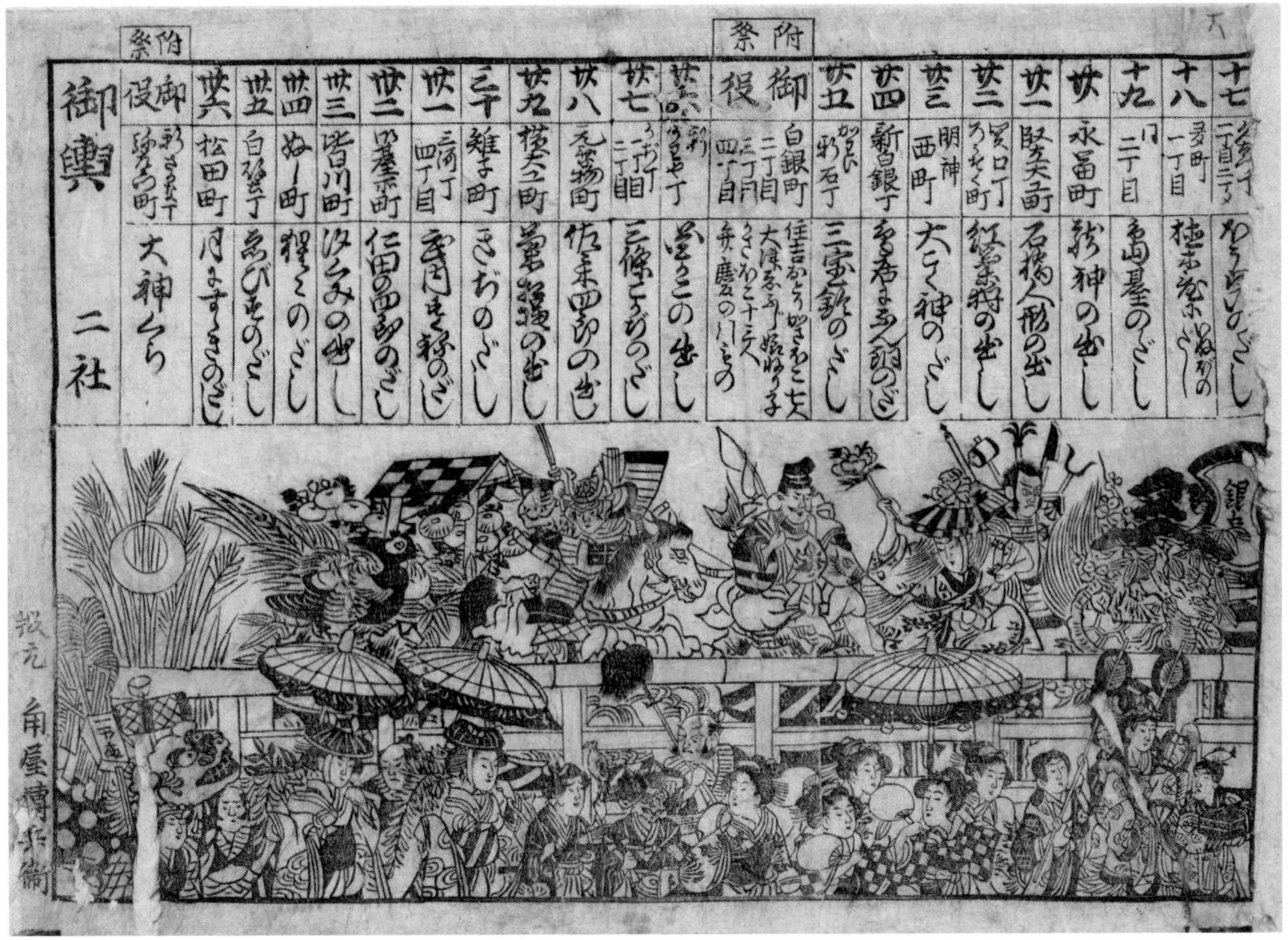

文化十酉九月十五日

神田 大明神御祭礼

番	附祭	町名	出し物
一		大傳馬町	かんこふきながし けいご大ぜいのほり廿本
二		南傳馬町	岩にさるのだし けいこ大勢のほり廿本
三		はたご町 一丁目	翁人形のだし
四		同 二丁目	めかりの出し
五		なべ町	ほうらいのだし
六		通新石町	花籠のだし
七		須田町	住吉のだし
八		同二丁目	関羽の出し
九	祭附	連雀町	くまさかのだし 金売吉次吉内吉六 うし若丸の引もの
十		三河町	いわに牡丹のたし
十一		豊嶋町	頼よしのだし
十一		湯島 よこ町 壱丁目 五丁目 六丁目	金時のだし
十一		金沢町	弁慶のだし
十二	祭附	柳原岩井丁 元岩井町	菊慈童おとりヤ たいおと姫のねり子 四季乃草花万度
十三		橋本町	二見浦のだし
十四		同二丁目	はちの木のだし
十五		佐久間町	そさのお尊のだし
十五		同二丁目	岩にほたんのだし
十六	祭附	同 三丁目 四丁目	浦しまの出し 地ばしりくわげん 大かくら
十六		冨松町	龍宮亀に猿のだし

番	附祭	町名	出し物
十七		久右衛門丁 一丁目二丁メ	ほうらいのだし
十八		多町 一丁目	植木台にいねぼのだし
十九		同 二丁目	島台のだし
廿		永冨町	龍神の出し
廿一		竪大工町	石橋人形の出し
廿二		関口丁 ろうそく町	紅葉狩の出し
廿三		明神 西町	大こく神のだし
廿四		新白銀丁	鳥居にふん銅のだし
廿五		かわい 新石町	三宝鈴のだし
御役	祭附	白銀町 二丁目 三丁目 四丁目	住吉おとりかさほこ七人 大津ゑふじ娘ねり子 かさほこ十三人 弁慶の引もの
廿六		新 かわや丁	花かこの出し
廿七		かぢ丁 一丁目 二丁目	三條こかぢのだし
廿八		元乗物町	佐ゝ木四郎の出し
廿九		横大工町	菊相撲の出し
三十		雉子町	きぢのだし
卅一		三河丁 四丁目	武内すくねのだし
卅二		御台所町	仁田の四郎のだし
卅三		皆川町	汐くみの出し
卅四		ぬし町	猩ゝのだし
卅五		白壁丁	ゑびすのだし
卅六		松田町	月にすゝきのだし
御役	祭附	新さかな丁 弥左衛門町	大神くら

御輿 二社

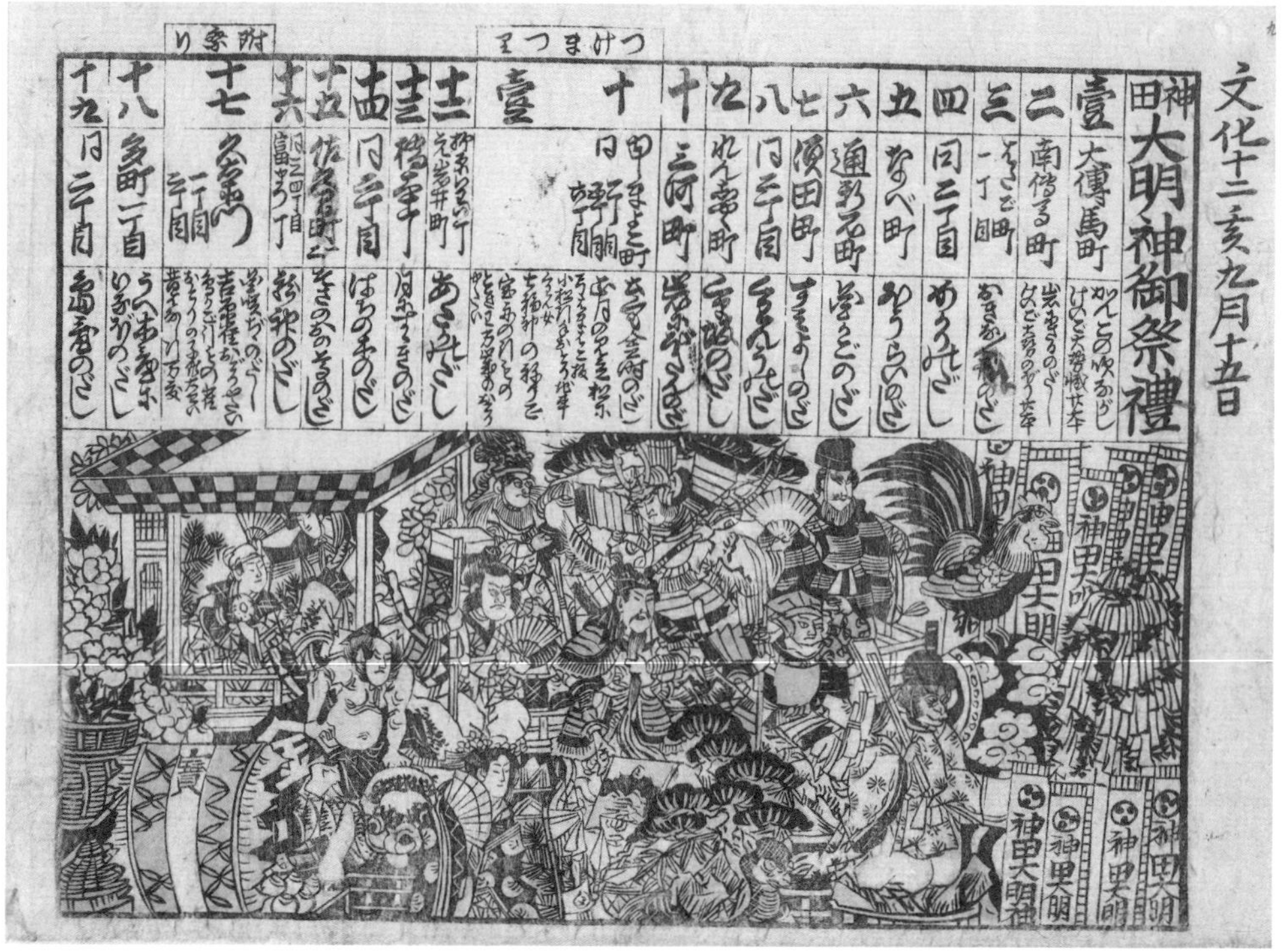

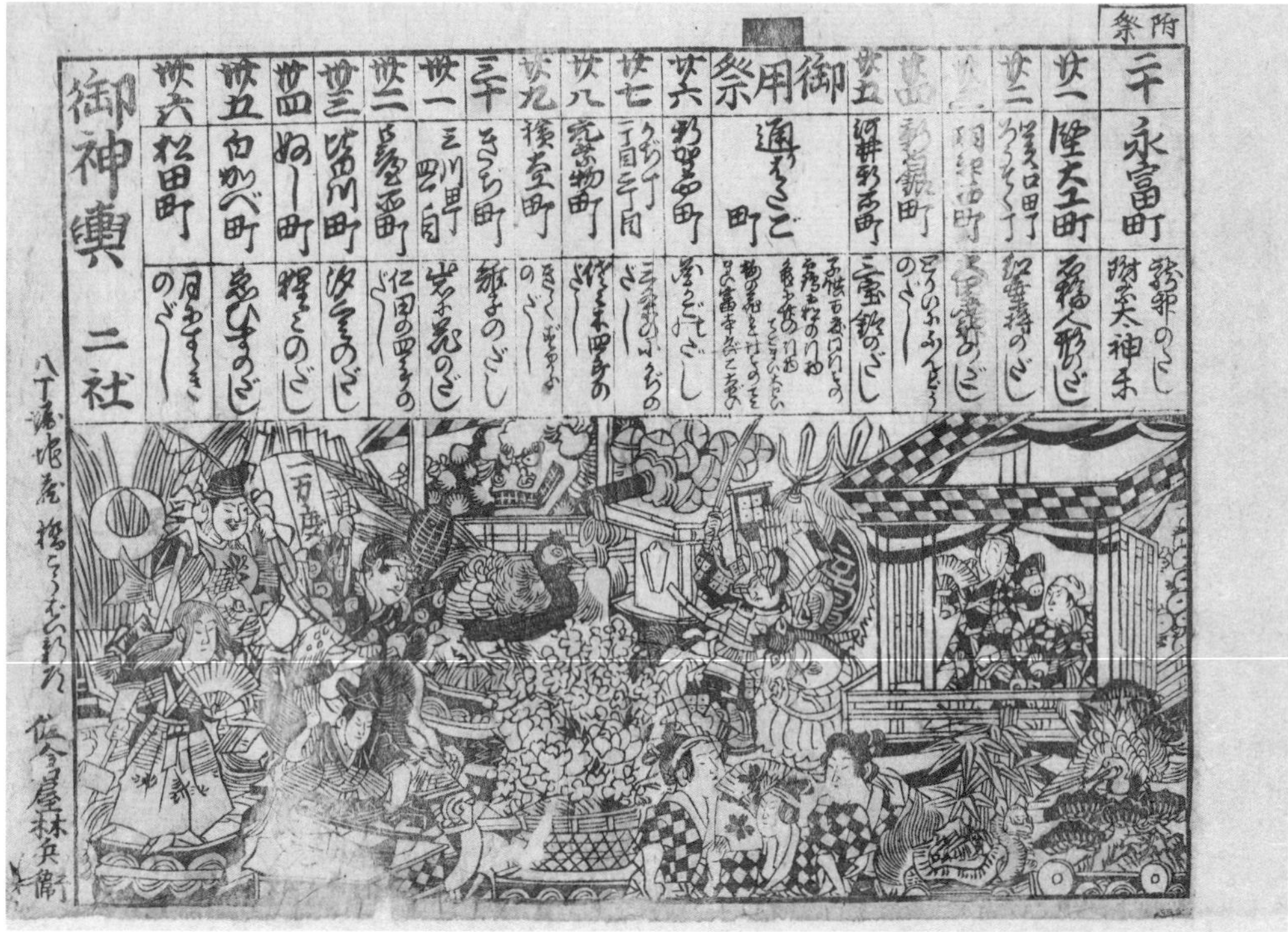

文化十二年亥九月十五日

神田大明神御祭礼

壹	大傳馬町	かんこの吹ながし けいご大勢幟廿本
二	南傳馬町	岩にさるのだし けいご大勢のぼり廿本
三	はたご町 一丁目	おきな人形のだし
四	同二丁目	めかりのだし
五	なべ町	ほうらいのだし
六	通新石町	花かごのだし
七	須田町	すミよしのだし
八	同二丁目	くわんう（関羽）のだし
九	れんしやく町	くま坂のだし
十	三河町	岩にぼたんのだし
りつまけつ 壹十	ゆしまよこ町 同 一丁目 五丁目 六丁目	土くも金時のだし 正月の見立松に 弓はま（破魔）はこ（羽子）板 小松引手おとり地車 くわん女 七福神のねりこ 宝舟の引もの ときわ万歳のおとり やたい
十二	柳原いわい丁 元岩井町	あたかのだし
十三	橋本丁	月にすゝきのだし
十四	同二丁目	はちの木のだし
十五	佐久間町一二	そさのおの尊のだし
十六	同三丁目 富まつ丁	龍神のだし
り祭附 十七	久右衛門 一丁目 二丁目	花咲ぢゝのだし 吉原雀おどりやたい 鳥かご引もの雀 おとりの子供大セい 昔はなし引万度
十八	多町一丁目	うへ木台にいなほのだし
十九	同二丁目	島台のだし
祭附 二十	永富町	龍神のたし 附祭太神楽
廿一	竪大工町	石橋人形のだし
廿二	関口町 ろうそく丁	紅葉狩のだし
廿三	明神西町	大黒神のだし
廿四	新白銀町	とりいにふんどうのだし
廿五	河井新石町	三宝鈴のだし
[redacted] 祭用御	通りはたご町	子供万度同引もの 霍に松の引物 亀に竹の引物 てこまい大セい 梅の花かご引ものてこ まい富本げいこ大ぜい
廿六	新かわや町	花かごのだし
廿七	かぢ丁 一丁目二丁目	三条の小かぢのだし
廿八	元乗物町	佐ゝ木四郎のだし
廿九	横大工町	きくずもふのだし
三十	きぢ町	雉子のだし
卅一	三河町四丁目	岩に花のだし
卅二	御台所町	仁田の四郎のだし
卅三	皆川町	汐くみのだし
卅四	ぬし町	猩ゝのだし
卅五	白かべ町	ゑひすのだし
卅六	松田町	月にすゝきのだし

御神輿 二社

八丁堀地蔵橋こうばい新道 佐倉屋林兵衛

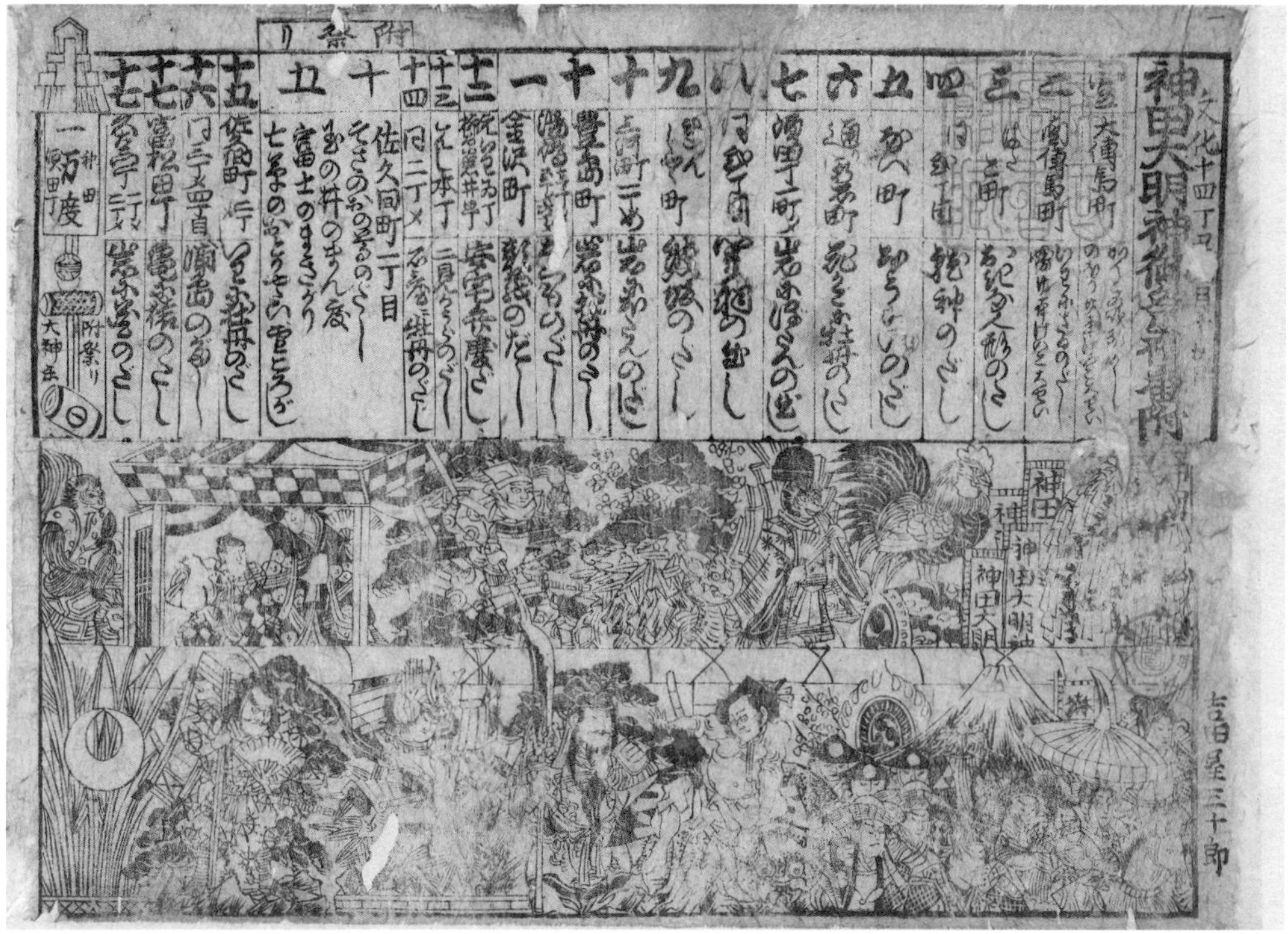

文化十四年丑□(九)月十五日 神田大明神御祭礼番附		
壱	大傳馬町	かんこの吹なかし のほり廿本けいご大せい
二	南傳馬町	いわにさるのだし 幟廿本けいこ大せい
三	はたご町	おきな人形のたし
四	同弐丁目	龍神のだし
五	なべ町	ほうらいのだし
六	通り新石町	花かごに牡丹のたし
七	須田丁一町メ	岩にぼたんの出し
八	同弐丁目	関羽の出し
九	れんじやく町	熊坂のたし
十	三河町一丁め	岩にぼたんのだし
一十	豊島町	岩に牡丹のたし
	湯嶋壱丁メ 五丁メ六丁メ	土くものだし
	金沢町	頼義のだし
十二	元いわゐ丁 柳原岩井町	安宅弁慶だし
十三	はし本丁	二見かうらのだし
十四	同二丁メ	石台ニ牡丹のだし
り祭附 五十	佐久間町一丁目 そさのおの尊のだし 玉の井のまん度 富士のまきがり 七草のおとりやたい雪ころがし	
十五	佐久間町二丁メ	いわに牡丹のだし
十六	同三丁メ四丁目	浦島のだし
十七	富松町	亀に猿のたし
十七	久右衛門一丁メ 二丁目	岩に花のだし
	神田 一万度 須田丁	附祭り 大神楽

吉田屋三十郎

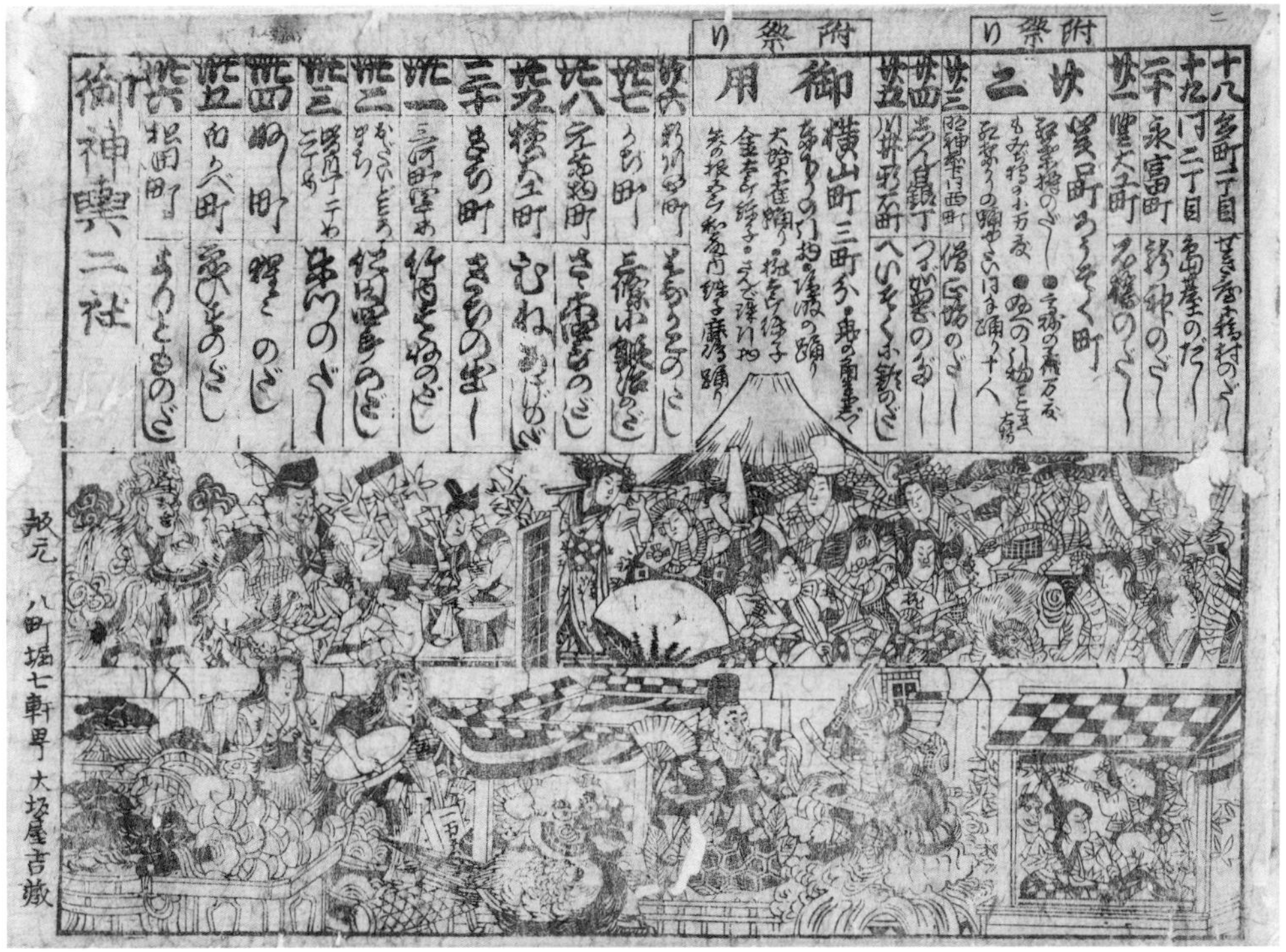

十八	多町一丁目	せき台に稲村のだし
十九	同二丁目	島台のだし
二十	永富町	龍神のだし
廿一	竪大工町	石橋のだし
り祭附 二廿	関口町ろうそく町 紅葉狩のだし●高砂の子供万度 もみぢ狩の小万度●ぬへの引物てこまへ大勢 紅葉かりの踊やたい同手踊り十人	
廿三	明神前下同西町	僧正坊のだし
廿四	しん白銀町	つるが岡のだし
廿五	川井新石町	へいそくに鈴のだし
り祭附 用御	横山町三町分●鬼の角兵衛じ、 東下りの引物●塩汲の踊り 大蛤に雀踊り●桃太郎練子 金太郎練子 ●さんご珠引物 矢の根五郎和藤内練子鹿嶋踊り	
廿六	新川や町	はなかこのたし
廿七	かぢ町	三條小鍛治のだし
廿八	元乗物町	さ、木四郎のだし
廿九	横大工町	むねあげのだし
三十	きぢ町	きちの出し
卅一	三河町四丁め	竹内すくねのだし
卅二	おだいどころ まち	仁田四郎のだし
卅三	皆川丁一丁め 二丁め	朱門のだし
卅四	ぬし町	猩ゝのだし
卅五	白かべ町	ゑひすのだし
卅六	松田町	よりとものだし
御神輿 二社		

版元 八町堀七軒町 大坂屋吉蔵

文政七年「山王御祭礼御免番附」

東京都立中央図書館蔵（特別買上文庫二八三一）

後半の唄本「四季の内春駒」、「吉例住江の植女」は浄瑠璃と長唄の掛け合いである。「上」は浄瑠璃、「ゥ」は長唄略号

原本には外表紙が付く

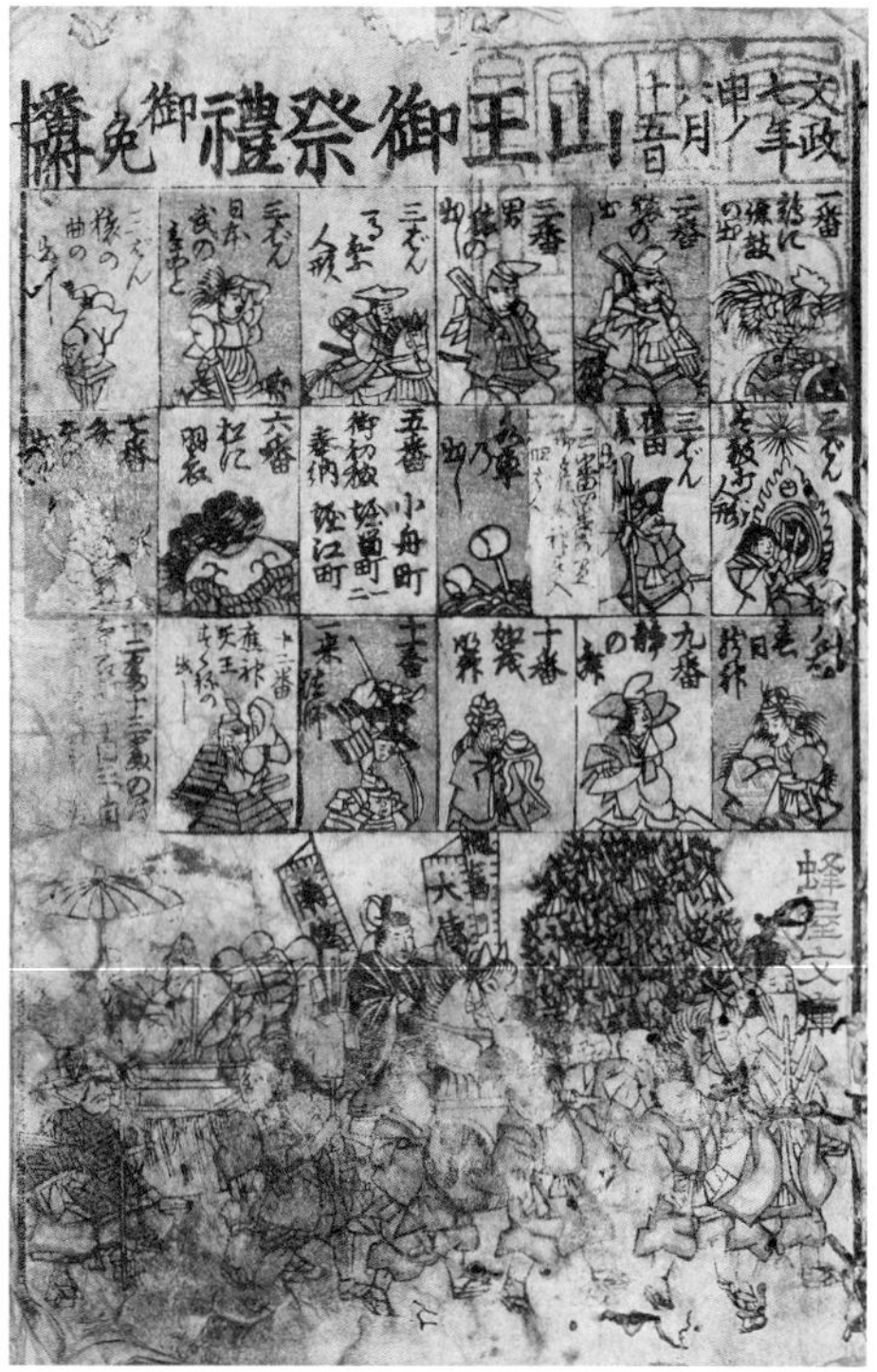

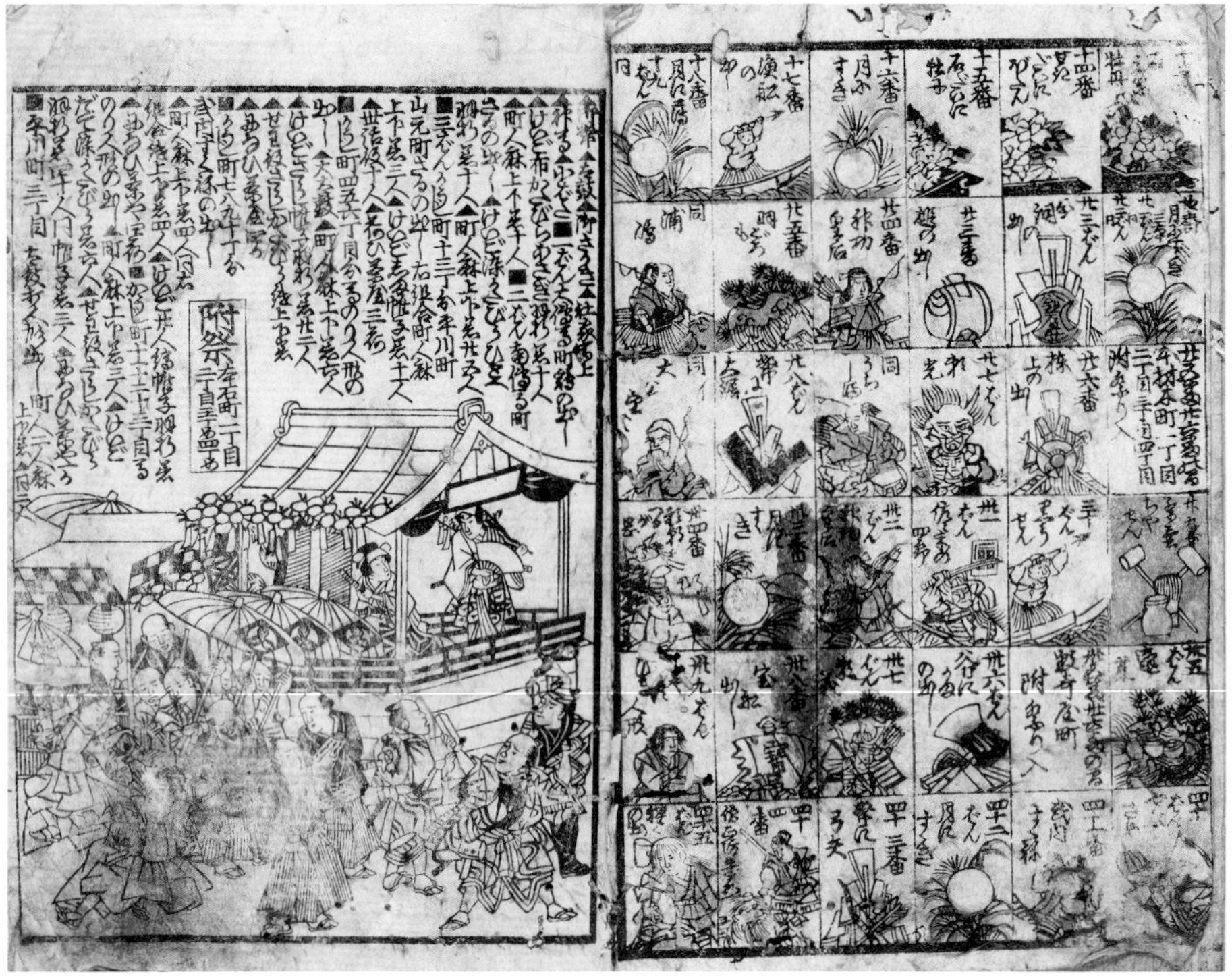

文政七年申ノ六月十五日　山王御祭礼　御免番附

一番 鶏に諫鼓の出し	二番 猿の出し	三番 男猿の出し	三ばん 馬乗人形	三ばん 日本武のミこと	三ばん 猿の曲の出し
三ばん 太鼓打人形	三ばん 猿田彦	三番四番の間へ 御雇太神楽入／四ばん 水車乃出し	五番 御初穂奉納 小舟町 堀留町一二 堀江町	六番 松に羽衣	七番 弁天の出し
八番 春日龍神	九番 静の舞	十番 加茂明神	十一番 一来法師	十二番 應神天王(皇) すくねの出し	十二番十三番の間 本石町一丁目二丁目
蜂屋文庫					

十三番 石台に牡丹	十四番 せきだいにぼたん	十五番 石だいに牡丹	十六番 月にすゝき	十七番 漁船の出し	十八番 月に薄 十九ばん同
廿番 月にすゝき 廿一番同 廿二番同	廿三番 分銅の出し	廿三番 槌の出し	廿四番 神功皇后	廿五番 羽ごろも	同 浦嶋
廿五番廿六番の間 本材木町一丁目 二丁目三丁目四丁目 附祭り入	廿六番 棟上の出し	廿七ばん 頼光	同 うらしま	廿八ばん 幣に大鋸	同 大公望
廿九番 茶しやく ちやせん	三十ばん りやうせん	卅一ばん 佐ゝ木の四郎	卅二ばん 神功皇后	卅三番 月にすゝき	卅四番 頼朝 つるが岡
卅五ばん 蓬莱	卅五番卅六番の間 数寄屋町 附祭り入	卅六ばん 斧にかまの出し	卅七ばん 頼義	卅八番 宝船出し	卅九ばん ちや□(う)すひき 人形
四十ばん やぶさめ	四十一番 武内すくね	四十二ばん 月にすゝき	四十三番 幣に弓矢	四十四番 僧正坊牛若	四十五ばん 猩々の出

▲御幣▲太鼓▲さかき▲社家馬上
▲神馬▲小ばた■一ばん大傳馬町鶏の出し
▲けいご布かたびらあさぎ羽折着十人
▲町人麻上下着十人■二ばん南傳馬町
さるの出し▲けいご染かたびらひとへ
羽折着十人▲町人麻上下着廿五人
■三ばんかうじ町十三丁分平川町
山元町さるの出し右組合町人麻
上下着三人▲けいごしま帷子着十一人
▲世話役十人▲荷ひ茶屋三荷
■かうじ町四五六丁目分馬のり人形の
出し▲大太鼓▲町人麻上下着六人
▲けいごさらし帷子羽折着廿二人
▲せわ役さらしからびら継上下着
▲になひ茶屋四か
■かうじ町七八九十丁分
武内すくねの出し

附祭　本石町一丁目
二丁目三丁目四丁目

▲町人麻上下着四人同右
組合継上下着四人▲けいご廿人縞帷子羽折着
▲になひ茶や四荷■かうじ町十一十二十三丁目馬
のり人形の出し▲町人麻上下着三人▲けいご
だて染かたびら着六人▲せわ役さらしかたびら
羽折着四十人同帷子着三人▲になひ茶や一か
■平川町三丁目太鼓打人形出し町人二人麻上下着▲同二人

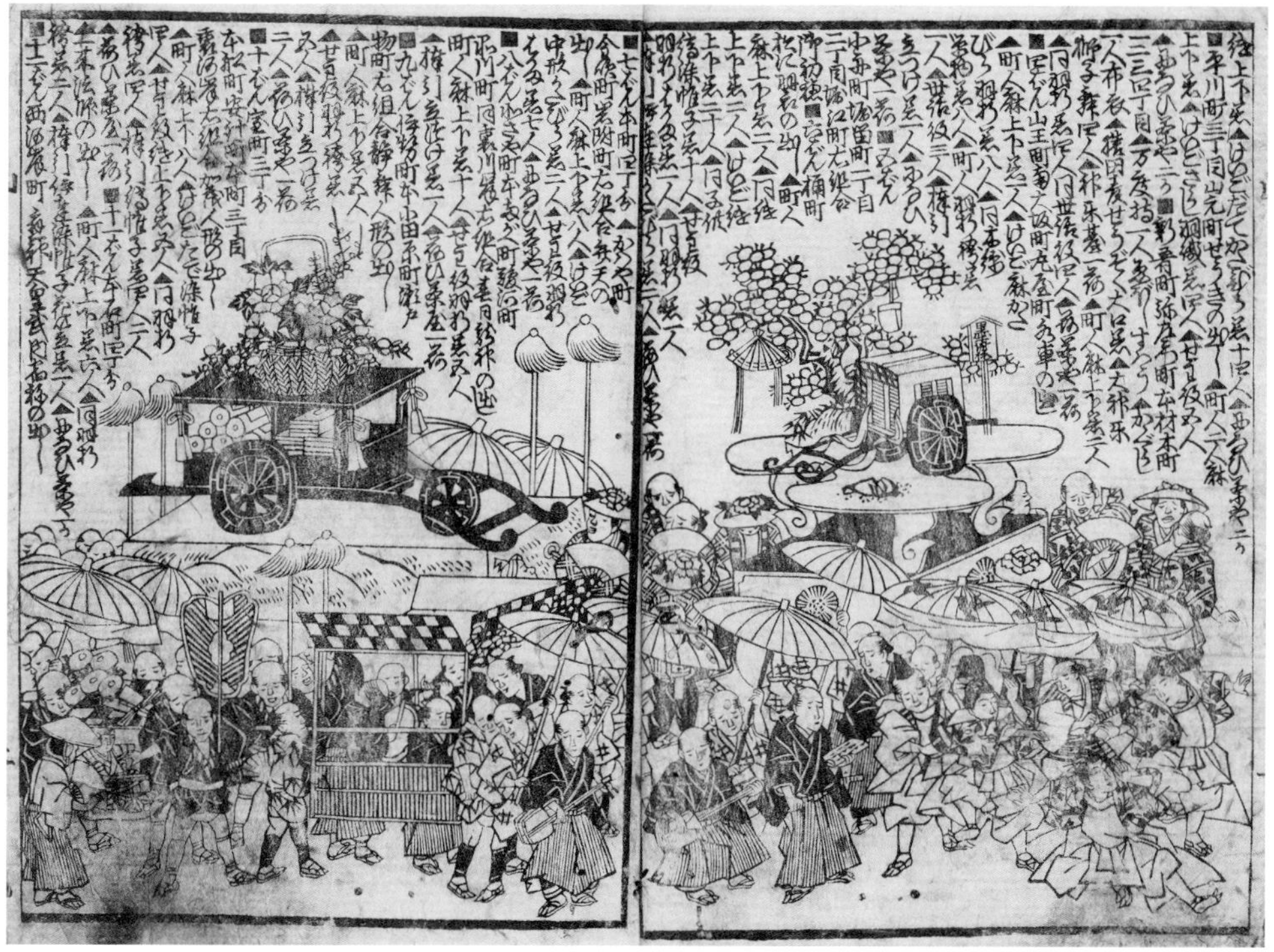

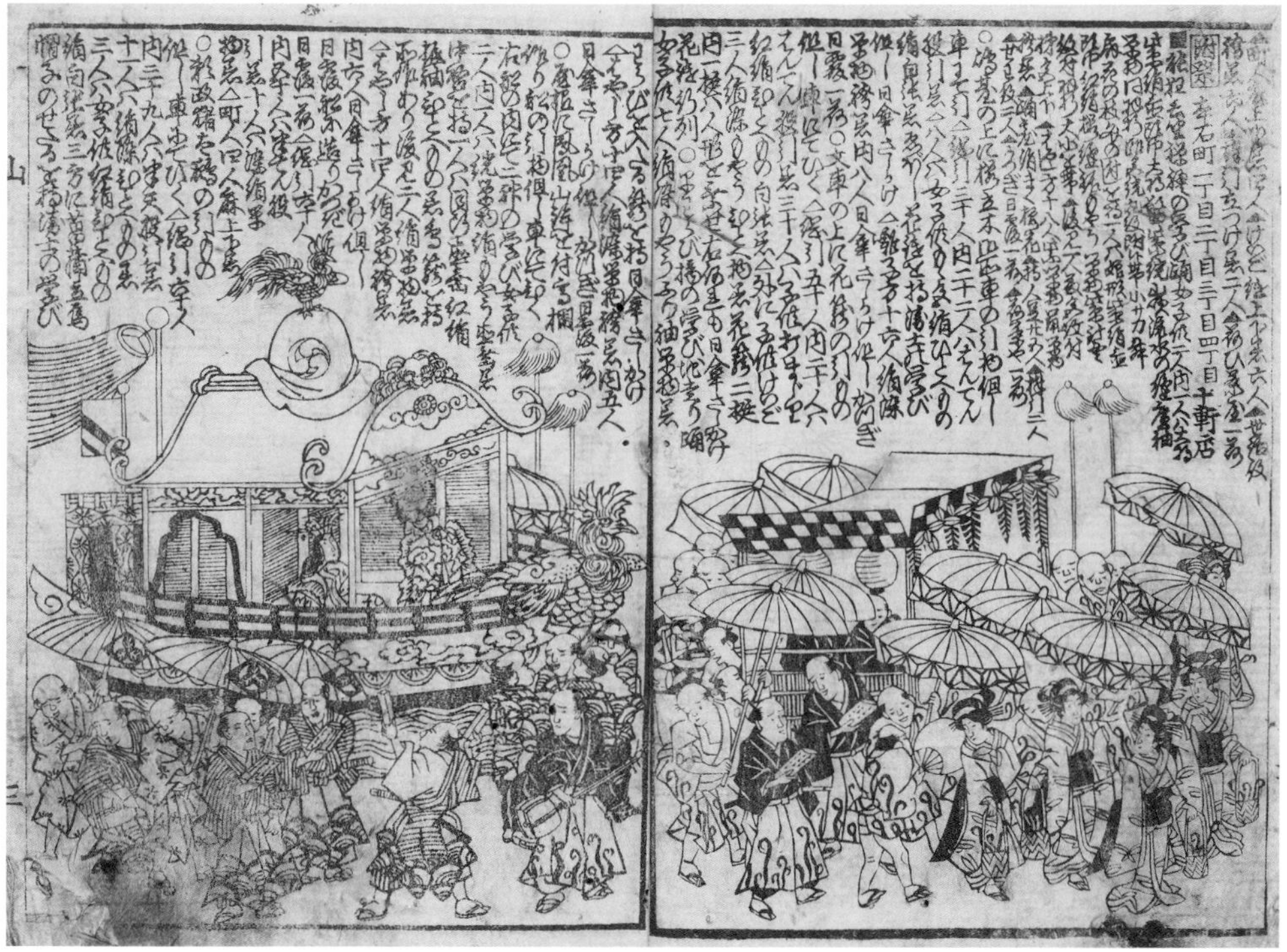

継上下着▲けいごだてかたびら着十四人▲になひ茶や二か
■平川町三丁目山元町せうきの出し▲町人二人麻
上下着▲けいごさらし羽織着四人▲せわ役五人
▲になひ茶や二か■新肴町弥左衛門町本材木町
一二三四丁目▲万度持一人ゑぼしすハう▲かぐらし
一人布衣▲猿田彦せうぞく大口着▲大神楽
獅子舞四人▲神楽台一荷▲町人麻上下着二人
▲同羽折着四人同世話役四人▲荷茶や一荷
■四ばん山王町南大坂町丸屋町水車の出し
▲町人麻上下着一人▲けいご麻かた
びら羽折着八人さ▲けいご麻かた
びら羽折着八人▲同木綿
単物着八人▲町人羽折袴着
一人▲世話役三人▲棒引
立つけ着一人▲になひ
茶や一荷■五ばん
小舟町掘留町一丁目
二丁目堀江町右組合
御初穂■六ばん桶町
松に羽衣の出し▲町人
麻上下着二人▲同継
上下着二人▲けいご継
上下着二十人▲同子供
縞染帷子着十人▲せわ役
羽折はかま着一人▲同羽折着一人
▲棒引伊達染かたびら着二人▲荷ひ茶や一荷
■七ばん本町四丁分▲かハや町
金吹町岩附町右組合弁天の
出し▲町人麻上下着八人▲けいご
中形かたびら着二人▲せわ役羽折
はかま着七人▲になひ茶や一荷
■八ばん北さや町本両がへ町駿河町
品川町同裏河岸右組合春日龍神の出し
町人麻上下着十人▲せわ役羽折着五人
▲棒引立つけ着一人▲荷ひ茶屋一荷
■九ばん伊勢町本小田原町瀬戸
物町右組合静舞人形の出し
▲町人麻上下着五人
▲せわ役羽折袴着
五人▲棒引立つけ着
二人▲荷ひ茶や一荷
■十ばん室町三丁分
本船町安針町本町三丁目
裏河岸右組合加茂人形の出し
▲町人麻上下八人▲けいごたで(だてカ)染帷子
四人▲せわ役継上下着五人▲同羽折
袴着四人▲棒引縞帷子着四人二人
▲荷ひ茶屋一荷■十一ばん本石町四丁分
▲一来法師の出し▲町人麻上下着六人▲▲同羽折
袴着二人▲棒引伊達染帷子花笠着一人▲荷なひ茶や一か
■十二ばん西河岸町應神天皇武内宿祢の出し

▲町人麻上下着四人▲けいご継上下着六人▲せわ役
袴着六人▲棒引立つけ着二人▲荷ひ茶屋一荷
附祭本石町一丁目二丁目三丁目四丁目十軒店
■能狂言座禅襖の学び踊女子供二人内一人は大将
紫絹置頭巾大将髷紫絖山吹流水の縫広袖
単物同羽折□色絖丸紋附候帯小サ刀舞
扇花の枝文の付しを持一人ハ姫形紫絹置
頭巾紅絹桜縫継もやう単物紫針貫
紋付羽折大小を帯▲後見一人藤色紋付
柿色上下▲はやし方十八人紫単物鼠単物
袴着▲踊台絹まく桜花▲持人足廿五人▲棒引二人
▲せわ役二人▲かつぎ日覆一荷▲荷茶や一荷
○嶋台の上に桜立木御所車の引物但し
車にて引△綱引三十人内二十二人ハはんてん
股引着△八人ハ女子供も、色絹ひとへもの
絹白張着ゑぼし花鑓を持衛士の学び
但し日傘さしかけ△囃子方十六人絹染
単物袴着内八人日傘さしかけ但しかつぎ
日覆一荷○文車の上に花籠の引もの
但し車にてひく△綱引五十人内二十人ハ
はんてん股引着三十人ハ子供打まじり
紅絹ひとへもの白張着△外に子供けいご
三人絹染もやうひとへ物着花籠二挺
内一挺ハ人形を乗せ右何れも日傘さしかけ
花鑓行列○早わらび摘の学び地走り踊
女子供七人紅染もやうふり袖単物着
わらびを入たる籠を持日傘さしかけ
△はやし方十四人絹染単物袴着内五人
日傘さしかけ但しかつぎ日覆一荷
○屋根に鳳凰山鉾を付高欄
作り船の引物但し車にてひく
右船の内にて二神の学び女子供
二人内一人ハ絖単物絹もやう直垂着
中啓を持一人ハ同断直垂紅絹
振袖ひとへもの着鳥籠を持
所作あり後見二人絹単物着
△はやし方十四人絹単物袴着
内六人日傘さしかけ但し
日覆船に造りかつぎ
日覆一荷△綱引六十人
内五十人ハ半てん股
引着十人ハ染絹単
物着△町人四人麻上下着
○頼政猪太鵺の引もの
但し車にてひく△綱引六十人
内三十九人ハ半天股引着
十一人ハ絹染ひとへもの着
三人ハ女子供紅絹ひとへもの
絹白張着三方に菖蒲立烏
帽子のせたるを持衛士の学び

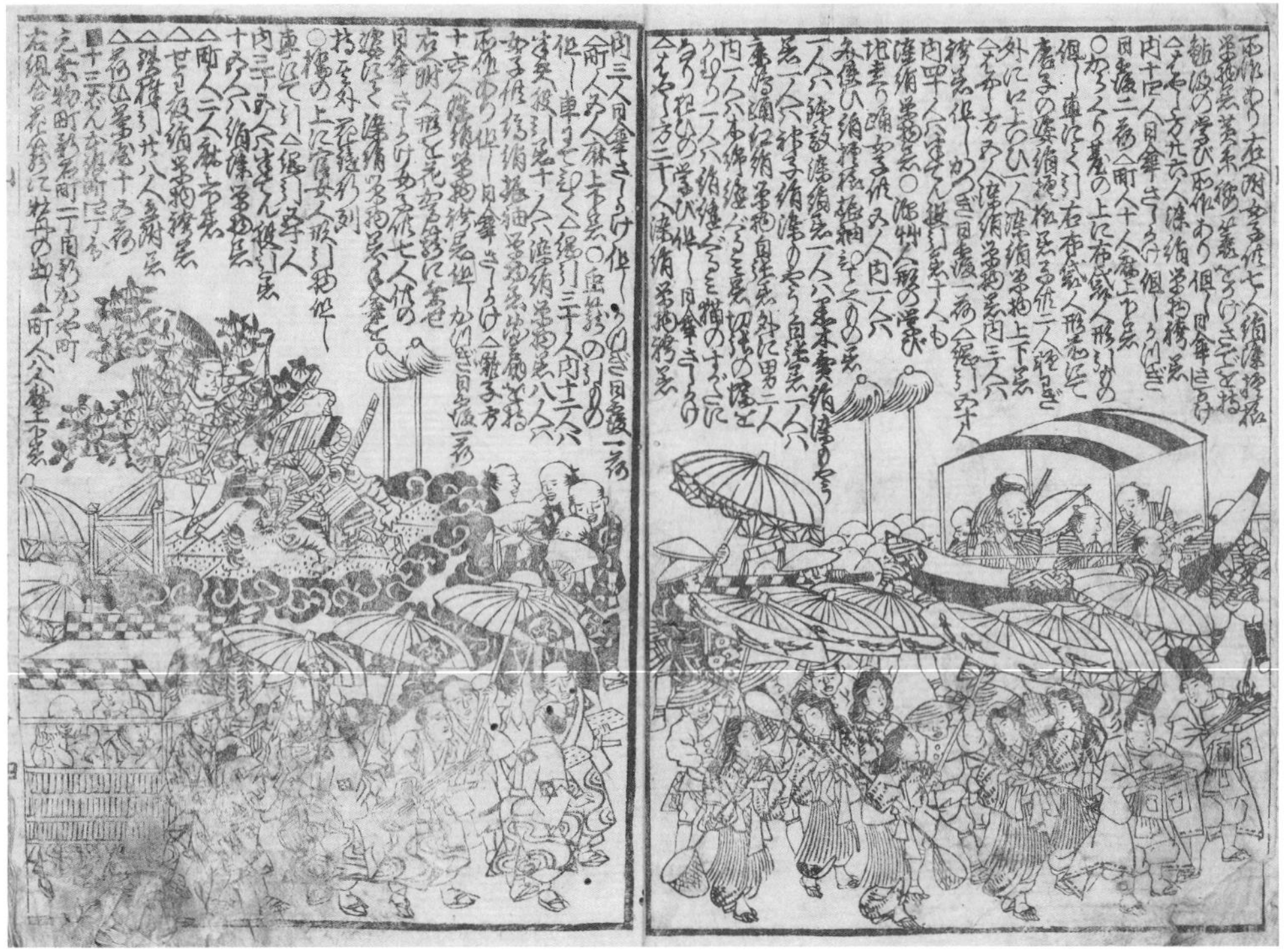

所作あり右へ附女子供七人絹染模様
単物着黄糸腰蓑をかけさでを持
鮎汲の学び所作あり但し日傘さしかけ
△はやし方廿六人染絹単物袴着
内十四人日傘さしかけ但しかつぎ
日覆二荷△町人十人麻上下着
○からくり台の上に布袋人形引もの
但し車にて引右布袋人形前にて
唐子の姿絹模様着子供二人軽わざ
外に口上いひ一人染絹単物上下着
△はやし方五人染絹単物着内三人ハ
袴着但しかつぎ日覆一荷△綱引五十人
内四十人ハ半てん股引着十人も
染絹単物着○深艸人形の学び
地走り踊女子供五人内一人ハ
文使ひ絹模様振袖ひとへもの着
一人ハ鉢敲染絹着一人ハ黒木売絹染もやう
着一人ハ神子絹染もやう白張着一人ハ
鹿嶋踊紅絹単物白張着外に男二人
内一人ハ木綿縫ぐるミ着切張の蝶を
かむり一人ハ絹縫ぐるミ猫のすがたに
なり狂ひの学び但し日傘さしかけ
△はやし方二十人染絹単物袴着
内三人日傘さしかけ但しかつぎ日覆一荷
△町人五人麻上下着○虫籠の引もの
但し車にてひく△綱引三十人内十二人ハ
半天股引着十八人ハ染絹単物着八人ハ
女子供縞絹振袖単物着団扇を持
所作あり但し日傘さしかけ△囃子方
十六人染絹単物袴着但しかつぎ日覆一荷
右へ附人形を花駕籠に乗せ
日傘さしかけ女子供七人供の
姿にて染絹単物着手傘を
持其外花鑓行列
○橋の上に官女人形引物但し
車にて引く△綱引五十人
内三十五人ハ半てん股引着
十五人ハ絹染単物着
△町人二人麻上下着
△せわ役絹単物袴着
△鉄棒引廿八人立附着
△荷ひ茶屋十五荷
■十三ばん本銀町四丁分
元乗物町新石町一丁目新かハや町
右組合花籠に牡丹の出し▲町人八人麻上下着

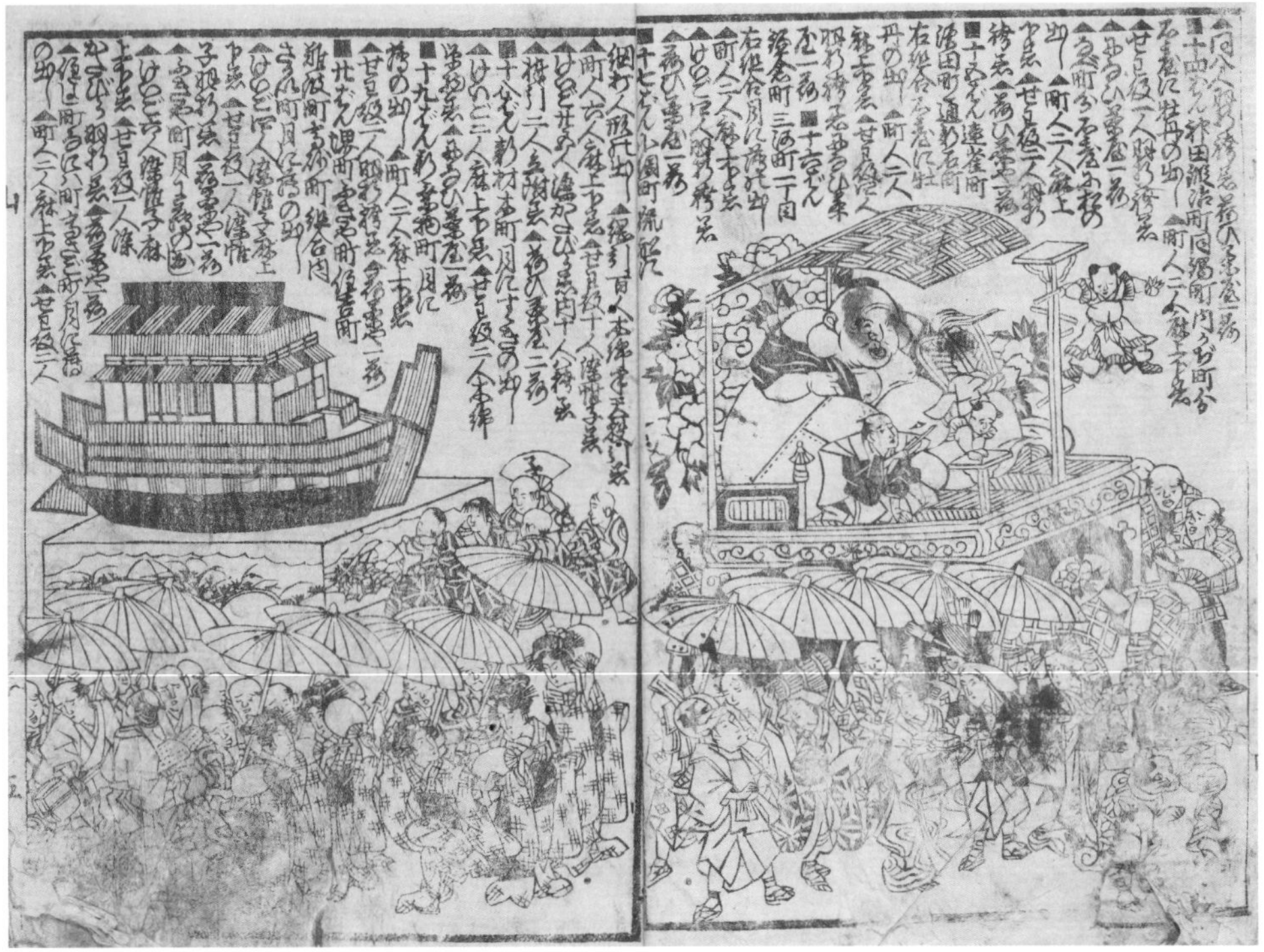

▲同八人羽折袴着荷ひ茶屋一荷
■十四ばん神田鍛冶町同鍋町内かぢ町分
石台に牡丹の出し▲町人二人麻上下着
▲せわ役一人羽折袴着
▲になひ茶屋一荷
▲なべ町分石台に松の
出し▲町人二人麻上
下着▲せわ役二人羽折
袴着▲荷ひ茶や一荷
■十五ばん連雀町
須田町通新石町
右組合石台に牡
丹の出し▲町人二人
麻上下着▲せわ役四人
羽折袴着になひ茶
屋一荷■十六ばん
鎌倉町三河町一丁目
右組合月に薄の出し
▲町人二人麻上下着
▲けいご四人羽折袴着
▲荷ひ茶屋一荷
■十七ばん小網町猟船に
網打人形の出し▲綱引百人木綿半天股引着
▲町人六人麻上下着■せわ役十人染帷子着
▲けいご廿五人染かたびら着内十人ハ袴着
▲棒引二人立附着▲荷ひ茶屋二荷
■十八番新材木町月にすゝきの出し
▲けいご二人麻上下着▲せわ役二人木綿
単物着▲になひ茶屋一荷
■十九ばん新乗物町月に
薄の出し▲町人二人麻上下着
▲せわ役二人羽折袴着▲荷茶や一荷
■廿ばん堺町ふきや町住吉町
難波町高砂町組合内
さかい町月に薄の出し
▲けいご四人染帷子麻上
下着▲せわ役一人染帷
子羽折着▲荷茶や一荷
▲ふきや町月に薄の出し
▲けいご六人染帷子麻
上下着▲せわ役一人染
かたびら羽折着▲荷茶や一荷
▲住よし町なにハ町高さご町月に薄
の出し▲町人二人麻上下着▲せわ役二人

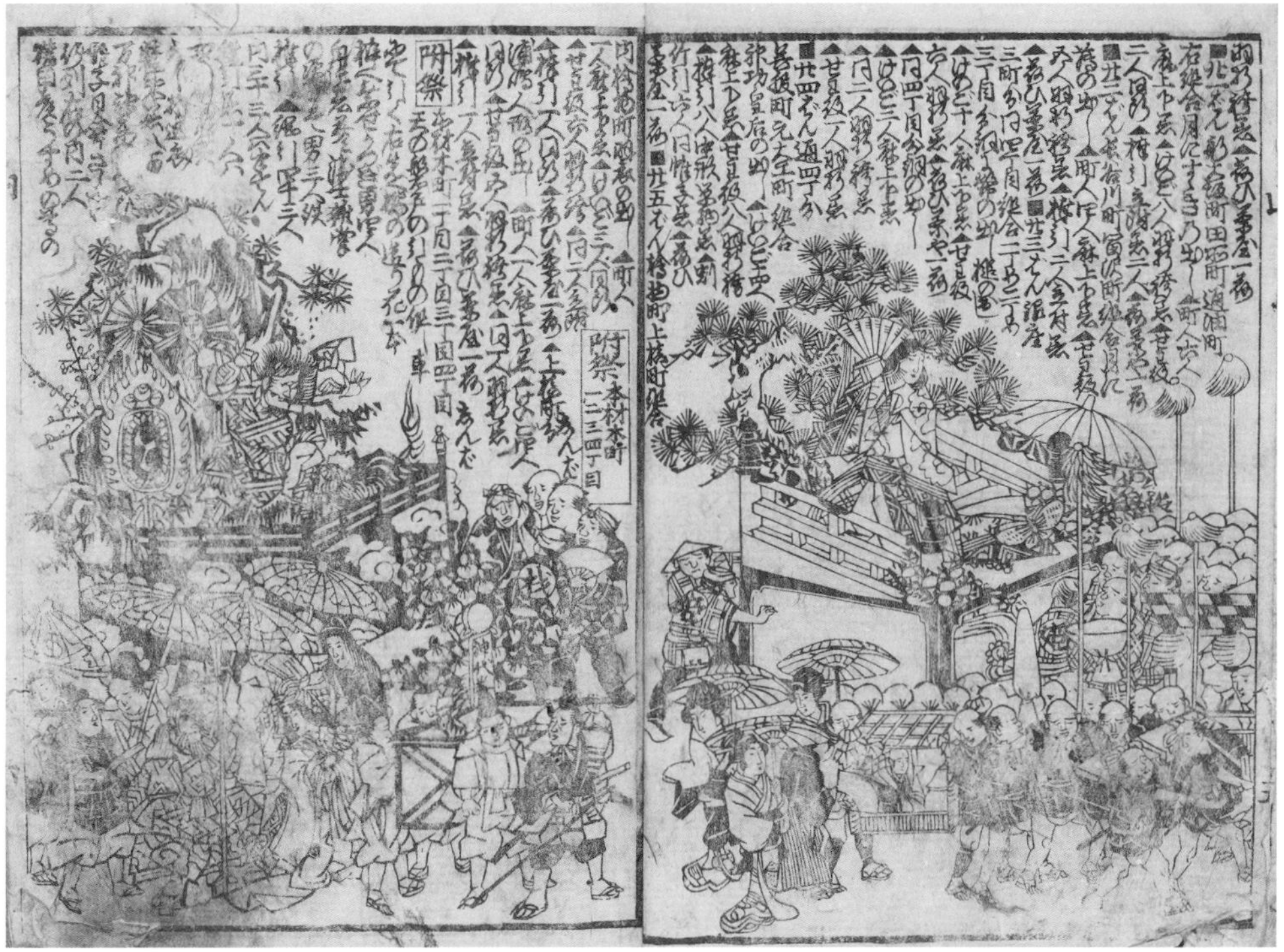

羽折袴着▲荷ひ茶屋一荷
■廿一ばん新大坂町田所町通油町
右組合月にすゝき乃出し▲町人六人
麻上下着▲けいご八人羽折袴着▲せわ役
二人同断▲棒引立附着二人▲荷茶や一荷
■廿二ばん長谷川町冨沢町組合月に
薄の出し▲町人四人麻上下着▲せわ役
五人羽折袴着▲棒引二人立付着
▲荷ひ茶屋一荷■廿三ばん銀座
三町分同四丁目組合一丁め二丁め
三丁目分銅に幣の出し槌の出し
▲けいご十人麻上下着▲せわ役
六人羽折着▲荷ひ茶や一荷
▲同四丁目分銅の出し
▲けいご二人麻上下着
▲同二人羽折袴着
▲せわ役一人羽折着
■廿四ばん通四丁分
呉服町元大工町組合
神功皇后の出し▲けいご十四人
麻上下着▲せわ役八人羽折袴
▲棒引八人中形単物着▲割
竹引六人同帷子着▲荷ひ
茶屋一荷■廿五ばん檜物町上槙町組合
内檜物町羽衣の出し▲町人
一人麻上下着▲けいご三人同断
附祭 本材木町 一二三四丁目
▲せわ役六人羽折袴▲同二人立附
▲棒引一人同断▲荷ひ茶屋一荷▲上槙町分
しんば
浦嶋人形の出し▲町人一人麻上下着▲けいご四人
同断▲せわ役五人羽折袴着▲同一人羽折着
▲棒引一人立付着▲荷ひ茶屋一荷 しんば
附祭 本材木町一丁目二丁目三丁目四丁目
天の磐戸の引もの但し車
にて引く右先へ橘の造り花一本
枠へ乗せかつぎ男四人
舟□□并ニ衛士雑掌
の姿ニて男三人鉄
棒引▲綱引四十三人
同三十三人ハ半てん
股引着十人ハ
奴□□□
□□精進衣
装束并八百
万神楽□(之)学び□(烏)
帽子日傘さしかけ
行列右之内二人
猿田彦うすめの尊の

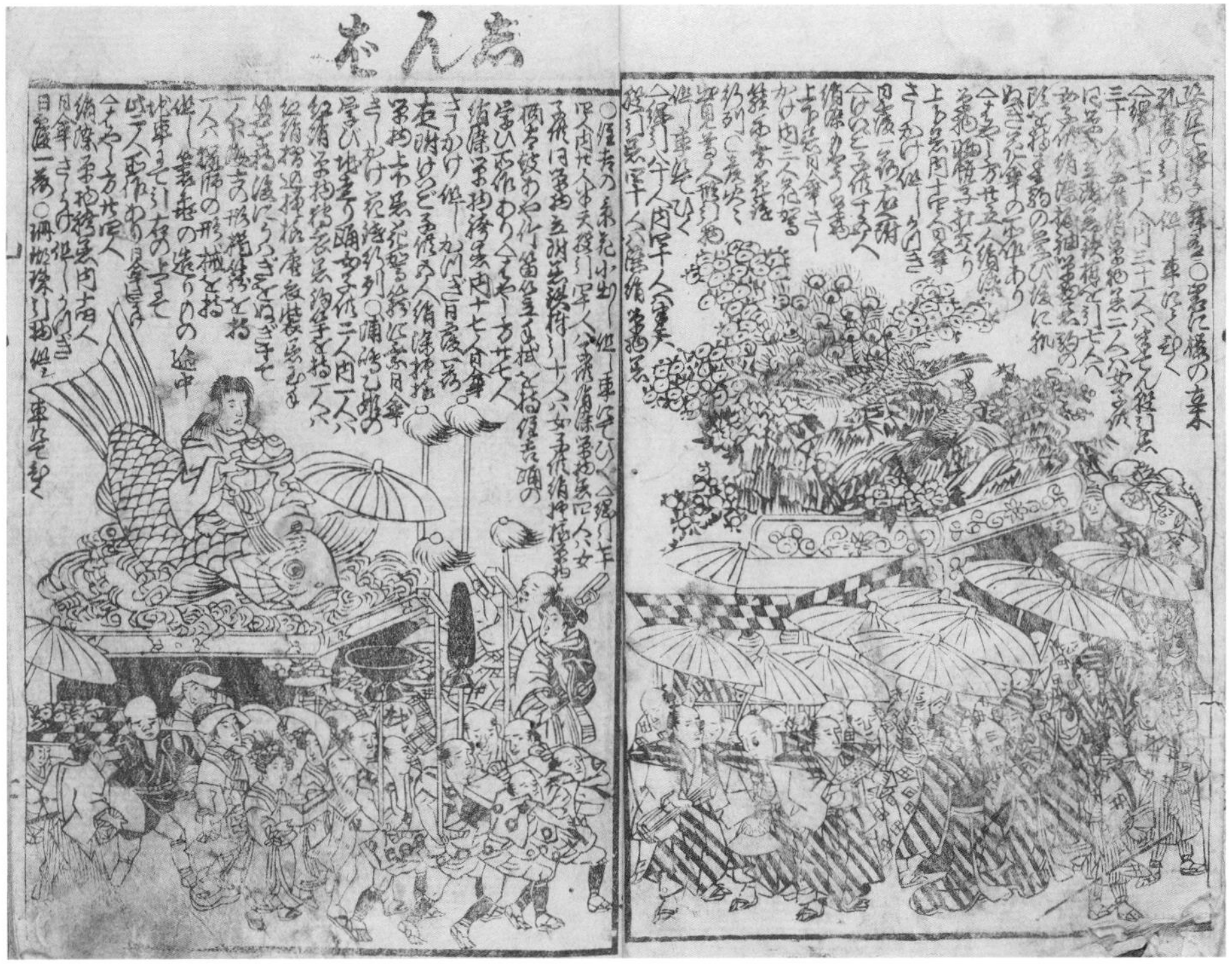

しんば

姿にて神子舞有○岩に桜の立木
孔雀の引物但し車にてひく
△綱引七十人内三十一人ハ半てん股引着
三十人ハ子供絹単物着二人ハ女子供
同単物立附着鉄棒を引七人ハ
女子供絹染振袖単物着駒の
頭を持春駒の学び後に肌
ぬぎ花傘の所作あり
△はやし方廿五人絹染
単物晒帷子打交り
上下着内十四人日傘
さしかけ但しかつき
日覆一荷右へ附
△けいご子供十五人
絹染もやう単物
上下着日傘さし
かけ内三人花駕
籠に乗花鑓
行列○彦火々
出見尊人形引物
但し車にてひく
△綱引八十人内四十人ハ半天
股引着四十人ハ染絹単物着
○住吉の景花小出し但し車にてひく△綱引七十
四人内廿人半天股引四十人ハ子供絹染単物着四人ハ女
子供同単物立附着鉄棒引十人ハ女子供絹模様単物
柄太鼓あや竹笛笠手拭を持住吉踊の
学ひ所作あり△はやし方廿七人
絹染単物袴着内十七人日傘
さしかけ但しかつぎ日覆一荷
右附けいご子供五人絹染模様
単物上下着花籠に乗日傘
さしかけ花鑓行列○浦嶋乙姫の
学び地走り踊女子供二人内一人ハ
紅絹単物狩衣着釣竿を持一人ハ
紅絹摺込模様唐衣装着玉手
箱を持後にうハぎをぬぎすて
一人ハ海士の形提籠を持
一人ハ獺師の形械(櫂)を持
但し蓑亀の造りもの途中
地車にて引右の上にて
此二人所作あり日傘さしかけ
△はやし方廿四人
絹染単物袴着内十四人
日傘さしかけ但しかつぎ
日覆一荷○珊瑚珠引物但シ車にてひく

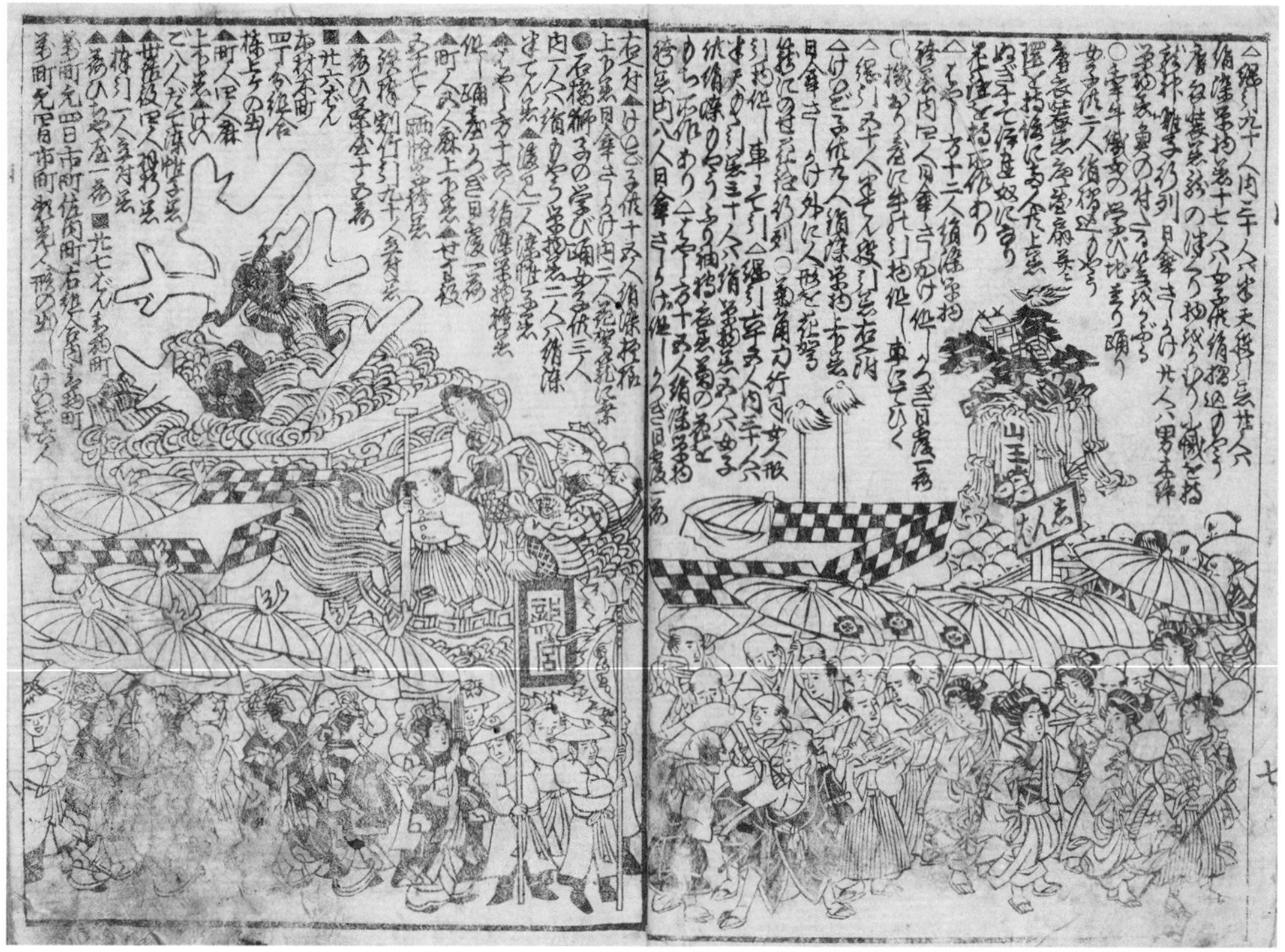

△綱引九十人内三十人ハ半天股引着廿人ハ
絹染単物着十七人ハ女子供絹摺込もやう
唐衣装着龍のつくり物をかむり小幟を持
龍神囃子行列日傘さしかけ廿人ハ男木綿
単物着魚の付たる笠をかぶる
○牽牛織女の学び地走り踊り
女子供二人絹摺込もやう
唐衣装着唐団扇并ニ
環を持後に両人形共上着
ぬぎすて伊達奴になり
花鑓を持所作あり
△はやし方十二人絹染単物
袴着内四人日傘さしかけ但しかつぎ日覆一荷
○機おり台に牛の引物但し車にてひく
△綱引五十人半てん股引着右へ附
△けいご子供九人絹染単物上下着
日傘さしかけ外に人形を花駕
籠にのせ花鑓行列○菊角力行事女人形
引物但し車にて引△綱引六十五人内三十人ハ
半天もゝ引着三十人ハ絹単物着五人ハ女子
供絹染もやうふり袖狩衣着菊の花を
もち所作あり△はやし方十五人絹染単物
袴着内八人日傘さしかけ但しかつぎ日覆一荷
右へ付▲けいご子供十五人絹染模様
上下着日傘さしかけ内二人花駕籠に乗
●石橋獅子の学び踊女子供三人
内一人ハ絹もやう単物着二人ハ絹染
半てん着▲後見一人染帷子着
▲はやし方十六人絹染単物袴着
但し踊台かつぎ日覆一荷
▲町人五人麻上下着▲せわ役
五十七人晒帷子袴着
▲鉄棒割竹引九十人立付着
▲荷ひ茶屋十五荷
■廿六ばん
本材木町
四丁分組合
棟上ヶの出し
▲町人四人麻
上下着▲けい
ご八人だて染帷子着
▲世話役四人羽折着
▲棒引一人立付着
▲荷ひちや屋一荷■廿七番青物町
萬町元四日市町佐内町右組合内青物町
萬町元四日市町頼光人形の出し▲けいご六人

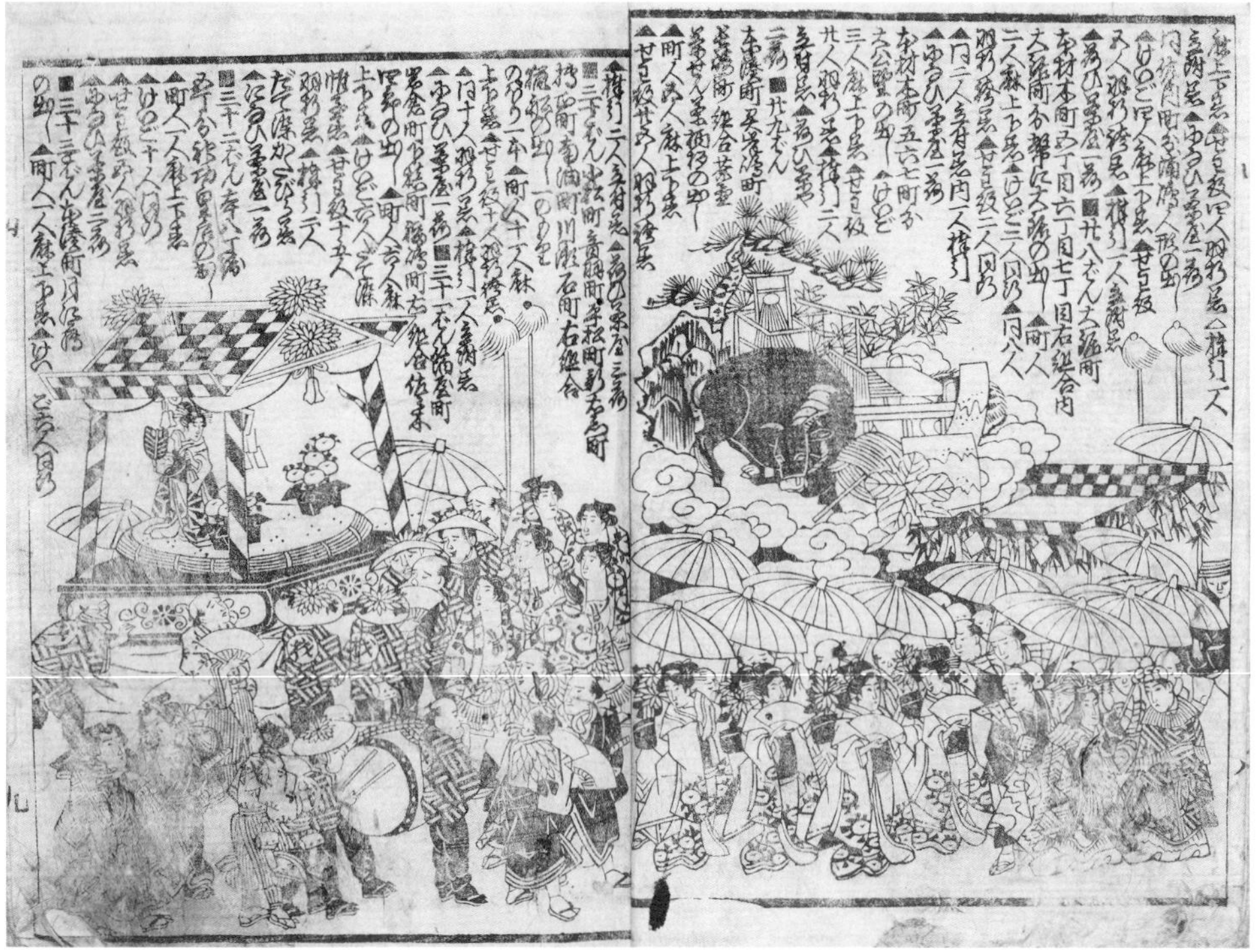

麻上下着▲せわ役四人羽折着△棒引一人
立附着▲になひ茶屋一荷
同佐内町分浦嶋人形の出し
▲けいご四人麻上下着▲せわ役
五人羽折袴着▲棒引一人立附着
▲荷ひ茶屋一荷■廿八ばん大鋸町
本材木町五丁目六丁目七丁目右組合内
大鋸町分幣に大鋸の出し▲町人
二人麻上下着▲けいご二人同断▲同八人
羽折袴着▲せわ役二人同断
▲同二人立付着内一人棒引
▲になひ茶屋一荷
本材木町五六七町分
大公望の出し▲けいご
三人麻上下着▲せわ役
廿人羽折着▲棒引二人
立付着▲荷ひ茶や
二荷■廿九ばん
東湊町霊岸嶋町
長崎町組合茶壷
茶せん茶柄杓の出し
▲町人五人麻上下着
▲せわ役廿五人羽折袴着
▲棒引二人立付着▲荷ひ茶屋三荷
■三十ばん小松町音羽町平松町新右衛門町
榑正町南油町川瀬石町右組合
猟船の出し一のもり(銛)
のぼり一本▲町人十一人麻
上下着▲せわ役十人羽折袴着
▲同十人羽折着▲棒引一人立附着
▲になひ茶屋一荷■三十一ばん箔屋町
岩倉町下槙町福嶋町右組合佐ゝ木
四郎の出し▲町人六人麻
上下着▲けいご六人だて染
帷子着▲せわ役十五人
羽折着▲棒引二人
だて染かたびら着
▲になひ茶屋一荷
■三十二ばん本八丁堀
五丁分神功皇后の出し
▲町人一人麻上下着
▲けいご十人同断
▲せわ役五人羽折着
▲になひ茶屋二荷
■三十三ばん本湊町月に薄
の出し▲町人一人麻上下着▲けいご六人同断

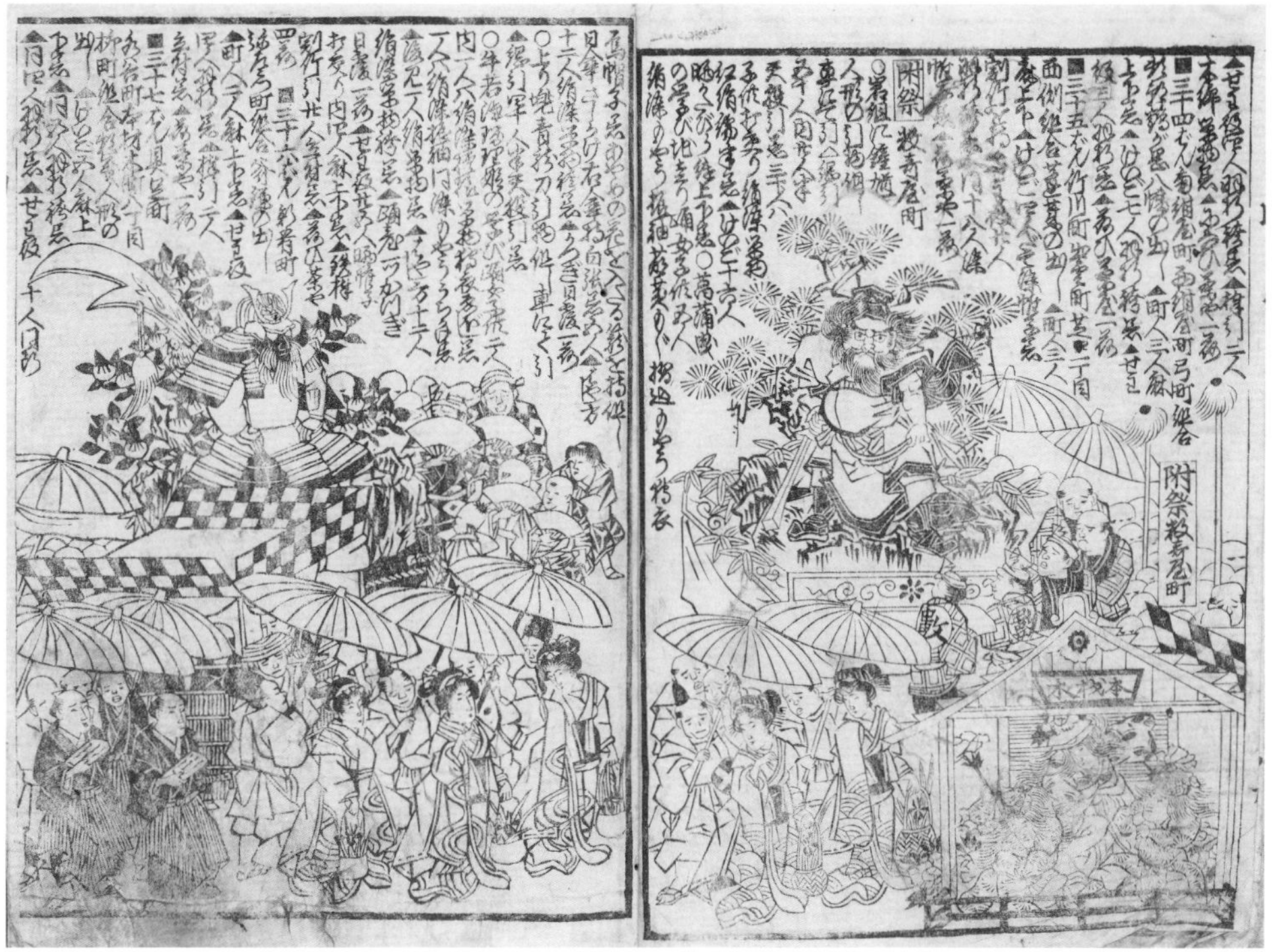

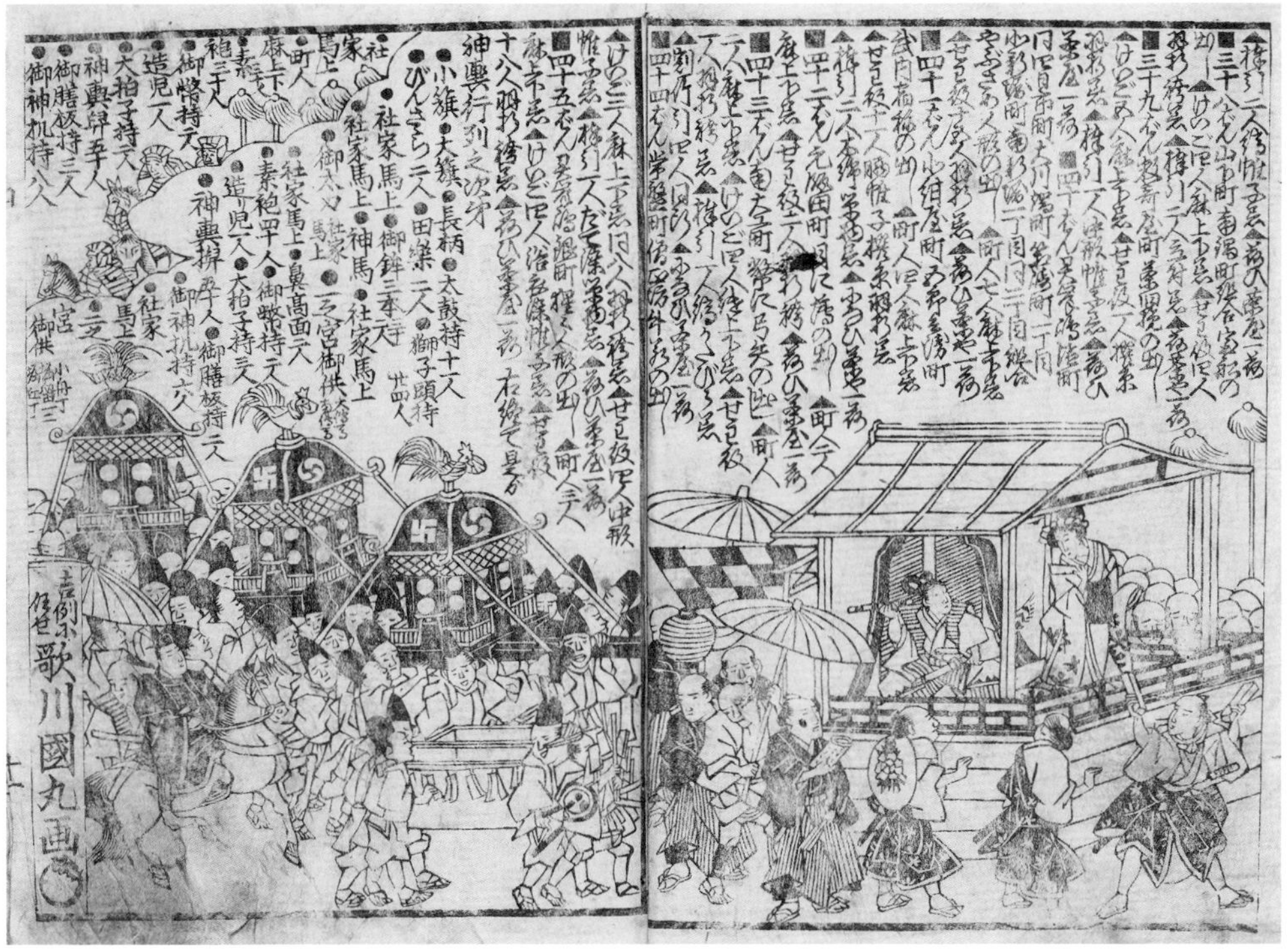

▲せわ役四人羽折袴着▲棒引二人
木綿単物着▲になひ茶や一荷
■三十四ばん南紺屋町西紺屋町弓町組合
頼朝鶴が岡八幡の出し▲町人三人麻
上下着▲けいご七人羽折袴着▲せわ
役三人羽折着▲荷ひ茶屋一荷
■三十五ばん竹川町出雲町芝口一丁目
西側組合蓬莱の出し▲町人三人
麻上下▲けいご四人だて染帷子着
割竹を持□□袴廿人
羽折袴着内十八人染
帷子着▲荷茶や一荷
附祭数寄屋町
○岩組に鍾馗
人形の引物但し
車にて引△綱引
五十人内廿人半
天股引着三十人ハ
子供打交り絹染単物
紅絹襦半着▲けいご十六人
晒かたびら継上下着○菖蒲曳
の学び地走り踊女子供五人
絹染もやう振袖萌黄もじ摺込もやう狩衣
烏帽子着あやめの花を入たる籠を持但し
日傘さしかけ右傘持白張着五人▲はやし方
十二人絹染単物袴着▲かつぎ日覆一荷
○上り兜青龍刀引物但し車にて引
▲綱引四十人半天股引着
○牛若浄瑠璃姫の学び踊女子供二人
内一人ハ絹染模様単物狩衣ゑぼし着
一人ハ絹染振袖同染もやううちかけ着
▲後見一人染単物着▲はやし方十二人
絹染単物袴着▲踊台一ツかつぎ
日覆一荷▲せわ役廿五人晒帷子
打交り内四人麻上下着▲鉄棒
割竹引廿人立付着▲荷ひ茶や
四荷■三十六ばん新肴町
弥左衛門町組合斧鎌の出し
▲町人二人麻上下着▲せわ役
四人羽折着▲棒引二人
立付着▲荷茶や一荷
■三十七ばん具足町
水谷町本材木町八丁目
柳町組合頼義人形の
出し▲けいご五人麻上
下着▲同五人羽折袴着
▲同四人羽折着▲せわ役十人同断

▲棒引二人縞帷子着▲荷ひ茶屋一荷
■三十八ばん山下町南鍋町組合宝船の
出し▲けいご四人麻上下着▲せわ役四人
羽折袴着▲棒引二人立付着▲荷茶や一荷
■三十九ばん数寄屋町茶臼挽の出し
▲けいご五人麻上下着▲せわ役一人撰糸
羽折着▲棒引一人中形帷子着▲荷ひ
茶屋一荷■四十ばん霊岸嶋塩町
同四日市町大川端町箱崎町一丁目
北新堀町南新堀一丁目同二丁目組合
やぶさめ人形の出し▲町人七人麻上下着
▲せわ役十五人羽折着▲荷ひ茶や一荷
■四十一ばん北紺屋町五郎兵衛町
武内宿祢の出し▲町人四人麻上下着
▲せわ役十一人晒帷子撰糸羽折着
▲棒引二人木綿単物着▲になひ茶や一荷
■四十二ばん元飯田町月に薄の出し▲町人二人
麻上下着▲せわ役二人羽折袴▲荷ひ茶屋一荷
■四十三ばん南大工町幣に弓矢の出し▲町人
二人麻上下着▲けいご四人継上下着▲せわ役
一人羽折袴着▲棒引一人縞かたびら着
▲割竹引四人同断▲になひ茶屋一荷
■四十四ばん常盤町僧正坊牛若の出し
▲けいご二人麻上下着同八人羽折袴着▲せわ役四人中形
帷子着▲棒引一人だて染単物着▲荷ひ茶屋一荷
■四十五ばん霊岸嶋銀町猩々人形の出し▲町人三人
麻上下着▲けいご四人浴衣染帷子着▲せわ役
十八人羽折袴着▲荷ひ茶屋一荷右終て是ゟ
神輿行列之次第
●小籏●大籏●長柄●太鼓持十一人
●びんさゝら二人●田楽二人●獅子頭持廿四人
●　●社家馬上●御鉾三本三十二人
社家　●社家馬上●神馬●社家馬上
馬上　●御太刀社家馬上●一之宮御供大傳馬南傳馬
●町人　●社家馬上●鼻高面二人
麻上下　●素袍四十人●御幣持二人
三十人　●造り児一人●大拍子持三人
●素袍　●神輿舁五十人●御膳板持二人
三十人
●御幣持二人　●御神机持六人
●造児一人　●社家
●大拍子持二人　馬上
●神輿舁五十人　●二之
●御膳板持三人　宮
●御神机持八人　御供　小舟丁
掘留一二
堀江丁
吉例に任せ　歌川国丸画

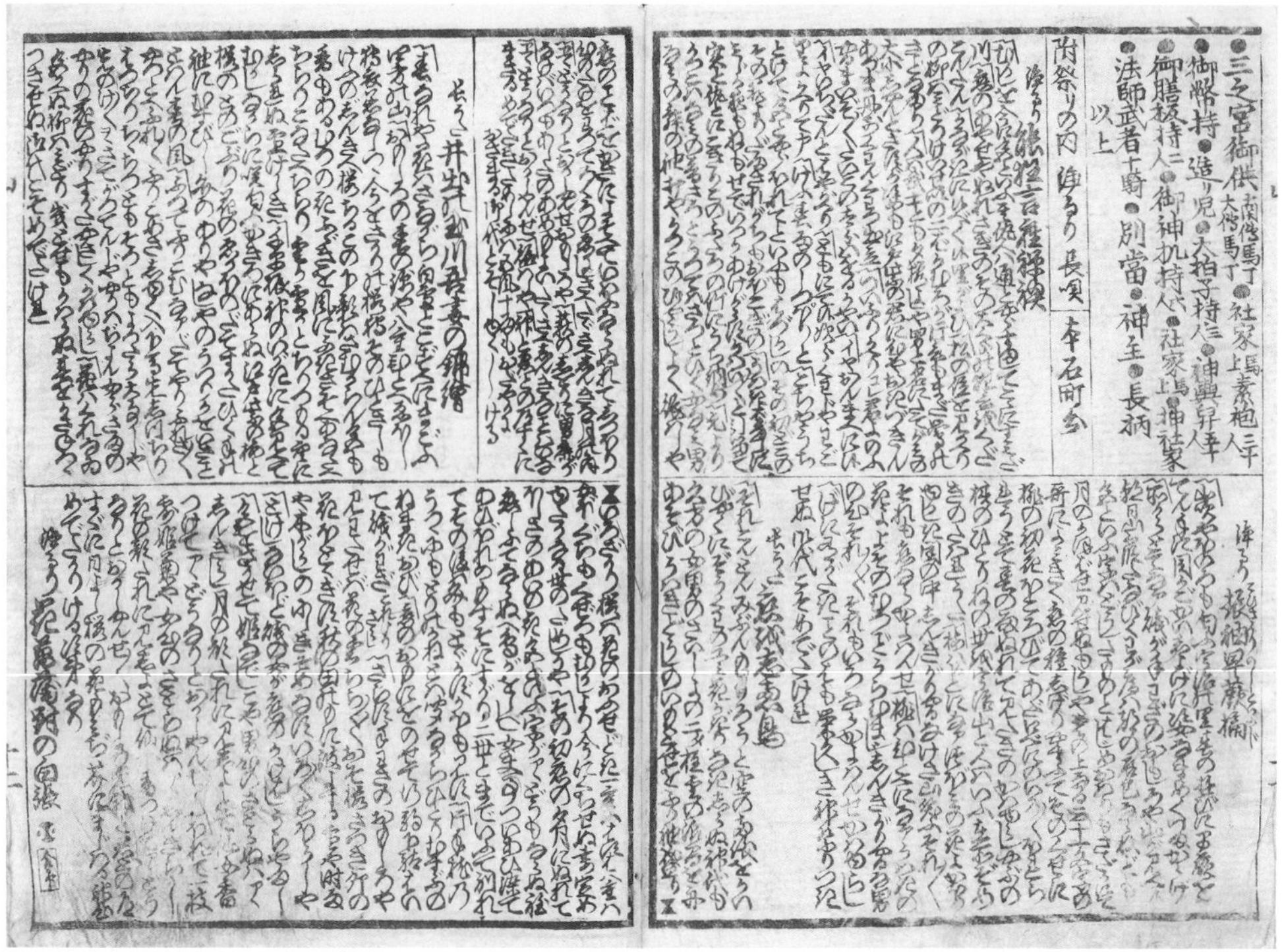

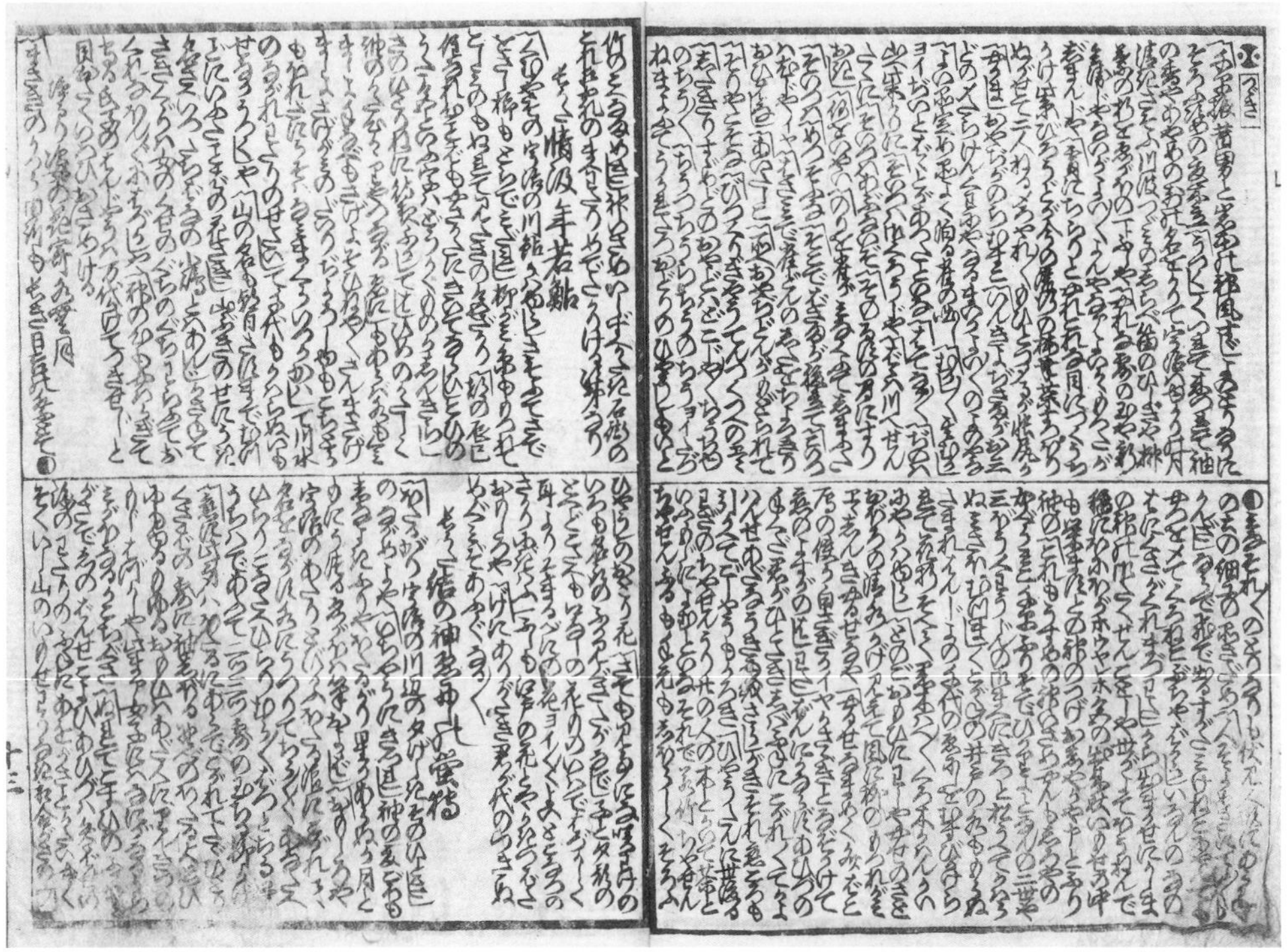

●三之宮御供南傳馬丁大傳馬丁●社家馬上素袍三十人
●御幣持●造リ児●大拍子持三人●神輿舁五十人
●御膳板持二人●御神机持六人●社家馬上
●押社家●法師武者十騎●別当●神主●長柄
以上

附祭りの内　浄るり　長唄　本石町分

浄るり　能狂言座禅襖

〽むかしを今に色といふ其仇人ハ通とやらすましてこゝにすミだ
川〽恋のあやせやぬれさぎのその大くらの狂言をくだ
こんたん〽かながきに候べく候里がよひ〽松の位を見かへり
の柳ハミどりけいせいの二ばかむろが片言もまだ鶯の
さとなまり〽人ハ武士とも夕桜よしや男と名にたてがミの
大小しやんとさすが姿も江戸紫の君に心やおきづきん
あづま丹前くわんくわつ出立〽ついふりかへりコレ君よのふ
やるまいぞ〱たいこの太郎ハをるかやい〽イヤおんまへに候
〽イヤいちだんとはやがへり〽ともにて候次郎くわじやわご
りよかへりてア〽けふ春雨のしつぽりと〽こちやうち
とけて色とやらほれていふもはづかしのその初どこの
その夜よりだまされがちもおぼこぎの〽うハきばなしに
ミじか夜もねもせでいつかあけがらすかハい〱と引留て
実と仇とにこきりこのふたつの竹にうち納め〽元より
かつこハなミの音さつとうつてハさつとひく女なミ男
なミの舞の袖打やかつこのひやうしよく賑ハしや
恋のことばをかさによそへていハふならぬれてしつほり
心のたけをわつてろくろのゐにしさへたゞさへしんきな月の色
〽ヱ、どうなりとおかしやんせおもしろや〽萩のしをりに男鹿が
なけバいつもあ、たのあめもよいた、さへしんきなことハのな
〽ヱ、とうなりとおかしやんせ〽賑ハしや〽神と君との道すぐに
まさるめでたきためしにハ五風十雨もおだやかに
おさまる御代とぞしゆくしける

長うた井出の玉川吾妻の錦絵

〽春なれや花ハさながら白雪とこずへにまごふ
四方の山〽おもしろの春の錦や八重ひとへゐほし
狩衣着なしつ、今をさかりの桜狩そのひとさしも
けふのじんきへ桜ちるこの下影ハさむからん色も
香もあるむつの花ふゞきを風にふきさそへあなたへ
ちらりこなたへちらり雲か雪かとちりつもる空に
しられぬ雪けしき〽千早振神のいがきに色見へて
むかしながらに咲匂ふかきつにあらぬ江戸紫の梅と
桜のとのごぶり花のゐかほのだてすかたひく手の
袖にむすびし文のありやなしやのうつりかをいさこと
とハん春の風〽ふつてふりこむなアだてやりふれさ〱
やつこへふれ〱ふりこめさしゆく入下馬先しつちり
はつちりち、ちつともそつともよつたら大事じや
先のけ〱ヲ、さてがつてんじややりハぢよんやらさまの
やりの花のやりすがたやさしくかハゆらし〽花ハくれなゐ
色かへぬ柳ハミどり幾とせもかハらぬ春をかさねつ、
つきせぬ御代こそめでたけれ

浄るり　振袖早蕨摘《こひさかりのしといふじ》

〽山吹やほいろも匂ふ宇治の里春の遊びに早蕨を
てん手に目かごかいしよげに姿なまめくつまからげ
〽所からとてなア賤が手わざのおもしろや山が見へ□
朝日山霞たなびくわが廬ハ都の辰巳ならねども
色といふ字はどうしたものとはじめおハりもさだかにて
月のかほばせ見せぬもうしや兎の上なる三十一文字の
哥によミきく恋の種しげりやすふてそのくせに
桃の初花ほころびてあだ口べにのい□〱ほれら
れうとて春の雨ぬれて見たさのかハゆらしやぶの
□のひとりねの世を宇治山と人ハいふ在所ぞめ
きのたハれうた〽梅ハかしこになアつぼミの花よかほり
ゆかしき園の中しんきがりやるなけさ山笑ふそれ〱
それも恋ならかよハんせ〽桃ハひとへになアうハきの
花よまよそのむつごとうらむまじしんきがりやるな男
の心それ〱〱それもいろならかよハんせかハゆらし
〽げに有がたきことのはも栄久しき神祭りつき
せぬ御代こそめでたけれ

長うた恋をしゑ鳥
〽それこんとんみぶんも□ろうと空の雨儀をかい
びやくにぞうくわの工(たく)ミ花かぎりなきしらぬ神代も
久方の女男のさいしよの二夕柱雲の浪間を舟
あそびうハきどうしのいもとせをふり袖盛り
いろざかり桜ハ花のおふせどき一重ハはすは八重ハ
やぼぐちくぜつもむかしより今にくちせぬ妻定め
ゆたかなる世のためしかや〽その初恋の夕月にぬれて
ほしさのあいの花色といふ字がア丶どうもならぬ程
恋しふてならぬへ鳥がをしへし女夫事ついあひ染て
あひぼれのもすそにすがり二世とまでいふて別れ
てその後ハ文もとゞかずかほもみす〽片手枕乃
うつ丶にもとりのかねとハ聞なからひとりむすぶの
ねまきおび〽恋のおもにをのせて行駒下駄はい
て賤がわざこれよりさうし〽さらす手わさのおもしろや
見わたせバ花の雲ちら〳〵〳〵おそ桜さつき卯の
花ほと丶ぎす秋の田のもに波よする雪や時雨
や木がらしのにしきそめなすいろ〳〵しほらしや
〽とけしないほど賤の女が恋のかけはしうらやまし
〽色をきかせて姫なでしこや男心のさとらぬハア丶
しんきらし月の顔たれに見しよとて仙女香
つけてア丶どうなりとおかしやんせ〳〵〽ほれて一枝
寄姫菊や女心のさとらぬハア丶しんきらし
花の顔たれに見しよとて仙女香つけてア丶どう
なりとおかしやんせ〳〵おもしろや〽神と君との道
すぐに日よし桜の花もミぢ芥にまじハる神心
めでたかりける次第なり

浄るり　花菖蒲対の白張
〽千早振昔男と岩本の神風すゞしよいとりなりに
そろふ姿の夏木立〽うつくしくつれて来つれて袖
の香やあやめの前の名をかりて宇治ハゆかりの月
清きさそふ川波つゞミのしらべ笛のひゞきや榊
葉の折をえがほの一トふしや〽やれな露の玉や新
兵衛じやないがよい〳〵よんやなア丶よいか丶もつたが
じまんじや〽宵にちらりとやれこれな目につくうち
かけ紫ひろうどが今の流行の梅□茶すつぽり
ぬがせて二人ねるメろやれ〳〵もひとつメるが帳尻か
〽やかましおやぢがのらむすこ〽いんきよぢさまがお三
どのメたらけんくわにやなるまいかよい〳〵のよいやな
〽よい品定め品よく泊る雀の啣し〽むかし〳〵其むかし
ヨイぢいとば丶とがあつたといな〽はてなア〳〵〽ぢいハ
山へ柴かりに〽そいつハ御くろうじや〽ば丶ハ川へせん
たくに〽そいつハあぶないぞ〽そのるすの間にすり
おきし〽何をいやい〽のりを雀がミなくふてしまふた
〽そいつハ〽めつそふな〽そこでばさまが腹立て〽こいつ
ハ尤じやイヤ〽はさミで雀どんのしたをちよつきり
おひはなし〽あいたしこ〽所へおやぢどんがもどられて
〽そりやこそな〽びつくりぎやうてんつくつへのヱゝ
〽したきりすゞめどのおやどハどこじや〳〵ちうちゆ
のちう〳〵〽ちうつちうらちうのちうヨイたづ
ねまよふてうかれたつおどりのひやうしもいと
竹のこえなまめきし神いさめいしずへかたき石衙の
これ祭礼のまへわたりめでたかりける次第なり

長うた情汲年若鮎
〽くむやその宇治の川鮎かハゆらしきそふてさで
をさし櫛もとらでミだれし柳がミ糸ももつれて
こしミのもねれて見たさの色ざかり〽都の辰巳
住なれ心ことばもやさかたにきいてならひしこひの
うた色といふ字ハどうかくものかしんきらし
さのひとりねに待夜ふかしてはしひめのかたしく
袖のかた心か丶りやつながるゑにしもあらバ水もくミ
ましよさげがミのだいりぢよろしゆもこちとら
もほれたにうそハなミまくらいつかかハして川水
のながれわたりのせたいして千代もかハらぬいも
せなかうつくしや〽山の名も朝日さすまでむつ
ごとにいふたことばの花さきし山ぶきのせにうき
名さへいろたちばなの小嶋とハあんじかさねて
さきくゞりハ女のくせのぐちのぐちわらふてお
くれなほん〳〵にはづかしや〽神の心もやハらぎて
守る氏子のはんじやうハ万代かけてつきせじと
目出たくいハひおさめける

浄るり　姿の花寄水無月
〽まさきのかつら田所も長き日吉の祭とて
ミなそれ〳〵のとりなりも伏見人形にあら□□
の土の細工の品さだめ〽人ぞよめきてふ〳〵も
かんざしならで飛で出るすがたミけねこにやんても
やつをメてくろねこぶちやばからしいなんのなの
はにくさがくれまづわたしから出まかせにかしま
の神の御たくせんことしや世がよてほうねんで
稲にほにほがホウヤレホ色の出来秋いもせの中
も栄ますとの神のつげおしやかや申とふり
袖の〽これもうすめの神いさめやんもしろやの
かぐらミこ千早ふりそでひかりよとなんの二世や
三ぼうくわうじん御まへにきつと松うへてかハら
ぬミさほむつましくこがねの井戸の水ももらぬ
たまれはんじよの千代のゑにしをむすびかけら
れて花折そへて黒木ハへ〳〵くろ木かハんかい
にやかハゆらし〽とのごおもひにわしややせのさと
おぼろの清水かげ見えて風に柳のもつれがミ
ヱ丶しんきやるせなや〽やるせなまめく文ばこ
鳫の使か白さぎかイヤかさ丶ぎとなぞかけて
恋のよすがのはしわたしばんにかならずあひづの
手くだ君がひとたきしバふねにこがれ〳〵てかよ
ハんせあだなうきなをさらしがきそれ恋ころも
引かへてごしやうもかろき〽ひやうたんに世渡る
わざのちやせんうり廿の人の木とかいて茶と
いふもじによむといなそれで若竹ちやせん
ちやせんふるも手元もしほらしくそろふ
ひやうしのおとり花〽さても見事にな咲わけの
いろも名取のふか見ぐさたがなでし子と夕顔の
とへどこたへも口なしの花ものいハではづかしく
耳よりそまるべにの花ヨイ〳〵〳〵よいとこなつの
おもしろや〽げにありがたき君が代のつきぬ
めぐミぞあふぐなる〳〵

長うた　結の神ゑにしの蛍狩
〽ほたるがり宇治の川辺の夕げしきそのひとさし
のながめよや〽いちやうにきつれし袖の夏ごろも
しなよきふりやほたるがり星かあらぬか月と
もにうつるゑがほハ筆およばし〽おもしろや
宇治のあたりとびかふほたる浪にこがれて
名をながす水にうつりてちら〳〵〳〵あなたへ
ひらりこなたへひらりむら〳〵ばつとちる蛍
うちハであふて二ツ三ツ露の玉ちる柳かげ
〽恋に此身ハほたるにあらでこがれてたゞひとり
くさばの露に袖しぼる野べのほたる火思ひ
にもゆるもゆるおもひハあだ人にりんきつの
もじはづかしや此まア女子にハなにがなるうら
ミがほなるかこちぐさ〽ぬれてこすひのふ□□
がさでしのばんせこよひあひづハ矢ばせの
海のわたりのふねにあをがさとかたいやく
そくいし山のいもせわりなき相合がさの
その袖がさにかきおくるかた田の
鳫のもんじ笠げにそふよのチ丶屋ヤうげに
そふよの屋ヤうげにもそふよにげにまこと
〽きミがよハひの仙女香かハらぬ国の神祭
やたひはなとぞしゆくける

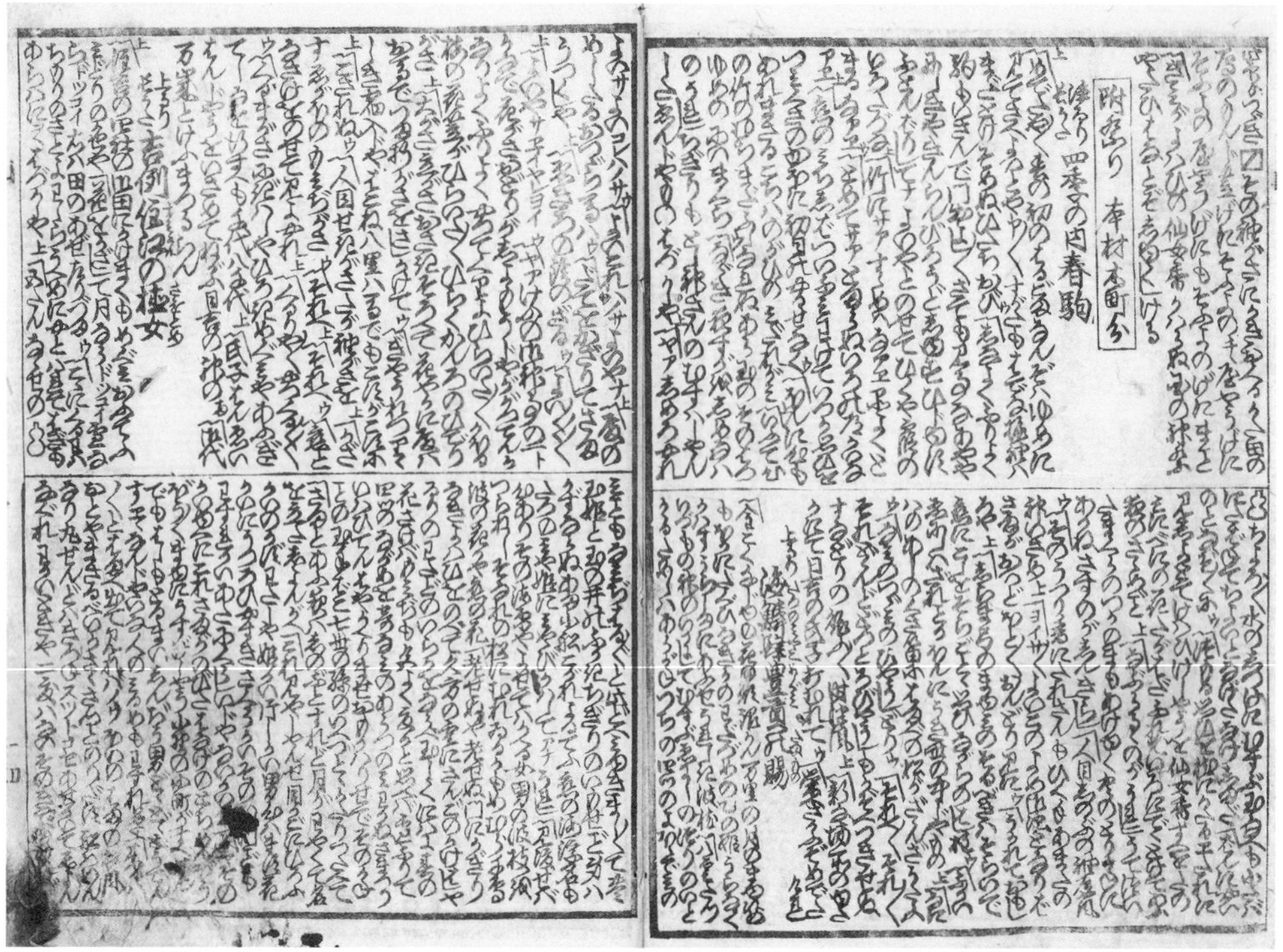

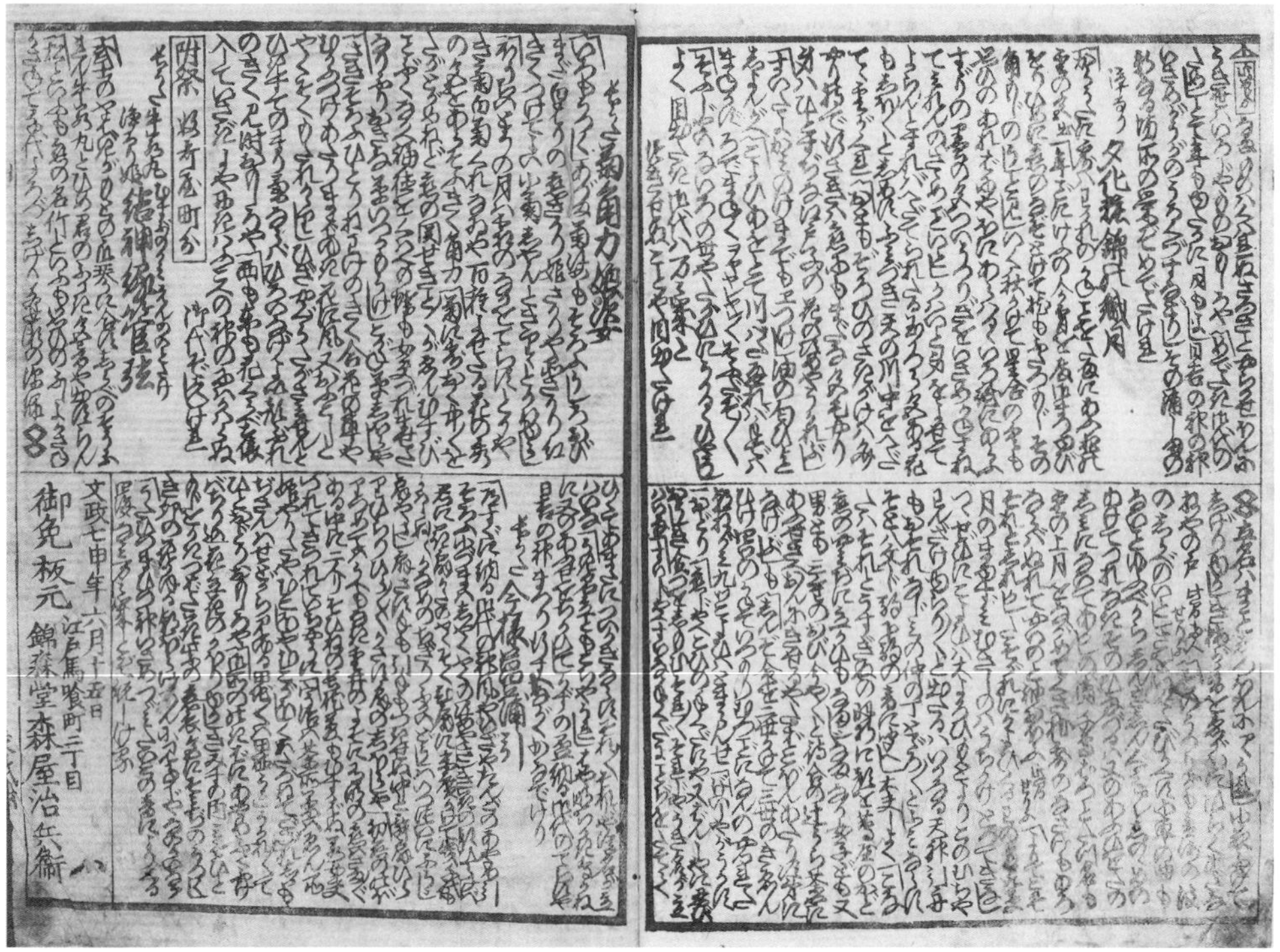

附祭り　本材木町分

浄るり
長うた　四季の内春駒

上〽めでたや〳〵春の初のはるごまなんぞハゆめに
見てさへよいとや申〳〵すがたもはでな振袖ハ
まだとけそめぬひたちおびゥ〽しなよくふりよく
駒もいさんで門出よし〳〵さても見事なあやや
にしきやきんらんびろうどじゆすひじゆす
ふとんばりしてナよいやとのせてひくや霞の
いろたづな上〽竹にサアす、めハなアヱ品よくと
まるなアヱゥ〽とめてサアとまらぬいろの道かいな
アヱ上〽恋のミちしばついふミわけていつか思ひを
つミくさのかほに初日のやるせなくゥ〽ほんに心も
あれまさるこちハのがひのミだれがミ〽いふて心
の竹のむちまだふしなれぬあら玉のそのはつ
ゆめのにハまくらゥ〽ながき夜すがをしめなハ
のうれしちぎりもとし神さんのむすハしやん
したゑんじやものはづかしや上〽ヤアしめろやれ
よいサよいコレハノサゥ〽よいこれハノサよいヤナ上〽殿の
めしたるおつゞら馬ハゥ〽だてをかざりてさま
うつくしや上〽ゑきろの鈴のざるゥ〽よい〳〵〳〵
上〽よいやサエイヤレヨイゥ〽ヤアけふの御神事の一ト
かなで花がさおどりがしよもうじやがつてんか
なりよくふりよくやつてくりよひらいた〳〵かほる
梅の花笠がひらいた〳〵ひらくかんろのひでり
がさ上〽大がさ立がさおさきそろへて花やかに殿ハ
お馬でつま折がさをさしかけてウ〽ぎやうれつり、
しき宿入じやはこね八里ハ馬でもこすがこすに
上〽こされぬゥ〽人目せきがさたが袖がさを上〽かざ
すゑがほのもミぢがさウ〽それへ上〽それへゥ〽恋と
なさけをのせて見よやれ上〽くるりや〳〵やつくる〳〵〳〵
ゥ〽くるまがさにぎハしやひろきめぐミやあふぎ
てしなを行すへも千代八千代上〽氏子はんゑい
はんじやうをいさめてねがふ日吉の神の両〽御代
万歳とけふまつるらん

上るり
長うた　吉例住江《すミえ》の植女《さをとめ》

上〽住吉の四社の御田にかけまくもめぐミおふてふ
ミどりの色や〽花をかざして月ならドッコイ雪な
らドッコイ右ハ田のあぜ左りづまゥ〽こ、にくるわハ
ちもりのさとよわしらうへめにやとハれてはぎも
あらハにてヲ、はづかしや上〽五たんな、せの
ちよろ〳〵水のしつけにむすぶ玉なへもゆたバ
にたばねてちよいとなげたなげしまだ〽ばんにやい
のとなぞ〳〵にゥ〽つもる思ひを枕にかたるヱたれに
見しよとてけハひけしやうを仙女香すへをたの
ミにべにの花たがはだふれていろにで、とけてあふ
夜のさ、めごと上〽なぶらる、がうれしうてつい
たまくらのつかのまもあけゆく空のとりかねに
あかねさすのがしんきらし〽人目しのぶの袖屏風
ゥ〽そのうつり香にたれさんもひく手あまたの
神いさめ上〽ヨイサ〳〵よいこのよめ御にとなりば
さまがおいどほと〳〵おんどり見にゥ〽うかれておもし
ろや上〽しらま弓のまゆミのそるべきハそらいで
恋にこしをそらごと、思ひながらのはし柱ゥ〽ふかい
ゑにしハざれごとかほんにうき世の中じやもの上〽なに
ハのあしのくさ笛にはまべの松がざんざうたふ
ゥ〽なミのつゞミのひやうしどりゥ〽それへ〳〵それ〳〵
それど、んどどつとろびやうしもかぞへつきせぬ
すなどりの賑ふ〳〵時津風上〽新な場所のゆた
かにて日吉の氏子打むれてゥ〽栄へさかふぞめでたけれ

上るり　海鱗肆豊貢《たつのミやこめぐミ》の賜《たまもの》

〽金こく千じゆの花の都銀かん万里の月のまゆ姿
もほかにたぐひなきかのわだづめの乙の姫うらなく
かハすうらしまにあふせうれしき波枕〽八雲たつ
いづもの神のいかにしてむすぶゑにしのつりのいと

かゝるためしハあかがねつちの四ツのよほゝでミの
ミこともなミぢはる〴〵と此どへミゆきまし〳〵て豊
玉姫と玉の井のふかきちぎりのいもせごと身ハ
かずならぬあま小舩こがれよるてふ恋の海浮名も
たつのミや姫にミやびかハしてアナうれし〽見渡せバ
心ありその海原やよせてはかへる女男の波枝を
つらねしそなれの松にむれゐるかもめむら千鳥
波の花かや恋の花〽老せぬや老せぬ門にかぎり
なきよハひをのべて久方の雲にさんごのかけはしや
るりのわたどのいらかをならべ玉しくにハに春の
花さけバもミぢも色よく夏かと思へバ雪ふりて
四ツのながめを寄なミのあうつのミわかぬさまつり
いハひてんはやかへりませおもかハりせでそのかね
ことの玉手ばこ七世の孫のいへづとゝかたりつたへて
〽さまとあふ夜ハしのぶとすれど月がわやくて名
を立たしよんがへ〽これ見やしやんせ目かごにひろふ
かいのかずわたしや姫かい片しかい男心ハまつ花
かいにうつろひやすきさくらかいそのむつごとも
わすれかいあたにくらしいじやないかいな□□その
かいゆへにこれさまがのびたはなげのとちやんぼう
ぼう〳〵まゆにうすげしやう小野の小町がまへ□□
でもはしもとるまいしんぢう男どゝどゝどうでん
すヱゝなんじやいな人のミるめもわすれ草〽来るハ
〳〵とはまへ出て見れバノウほいのはまの□風
おとやまさるべいかさゝさつとのりだす舩ハいん
なり丸せんどハきつねスツトコセあせかいてしよん
なぐれわかいときや二度ハないそのきで
なまものハくハれぬさつさとやらかせほんに
うき世ハいろじやものおもしろや〽めでたき御代の
ためしとて年もゆたかに月もよし日吉の神の神
いさめがうがのうろくづすなどりしその浦しまの
新なる場所の栄ぞめでたかれ

浄るり　夕化粧錦の織月

〽からうたに露ハわかれのかねことをたまにあふ夜の
雲の宮出〽年ごとにけふの今宵を殿御まつゆび
をりひめに恋のなぞとけて枕もふたつもじその
角もじのうしと見しいく秋かけて星合の空も
思ひのあればにやほにあらハるゝいろ紙にあらふ
すゞりの墨の色つゝいうつりぎをいさめかねすね
てミれんのさゝめごといとしかハいと身をよせて
よらんとすればへだてられたる玉かつら色ある花
もしほ〳〵としめすふミづき天の川中をへだ
てゝ雲がくれ〽おともぞろひのさきがけハ文
やり持で行さきハ恋にもまだな色毛やり
身ハひとすぢな江戸子の花の姿やうかれぶし
〽すいたよかミのけまでもヱつけし油の匂ひこと
しよんがへ〽こよひあをとて川バたなれバ手でハ
まねかずろでまねくヲヤヤレヤレ〳〵そふだぞ〳〵
〽そふじやいないろの世やたがひにうかるゝひやうし
よく目出たき御代ハ万〻歳と
つきせぬことや目出たけれ

長うた菊角力娘姿

〽いつもうつくしあづま菊姿もそろふうしろおび
まだ白はりの恋さかり娘さかりや品さかり紅
きくつけてよい小菊しやんときりゝとかわゆらし
〽ほうらいとうの月ハ霜のなかをてらすとかや
き菊白菊くれなゐや百種よせたる花の秀
の色をあらそふきく角力〽菊に露おく中〳〵を
たがとがめねど恋の関せきと〳〵がゑんむすび
ことぶくなかへ福徳をくハへの蝶も女夫づれませた
なりふりおきな草いつかもうけしこがね草しほらしや
〽さきそろふひとりねわけのきく合花の車や
むかふつけあたりまばゆき花に風又おふこしと
やくそくもたれかゝりしひざやぐらたがさミせんと
ひきすてのまり菊ならバひろいなげよい顔ぶれ
のきく見時おもしろや〽西も東も花くらべ土俵
入していさぎよやにきハふこへの神のにハかハらぬ
御代ぞ久しけれ

附祭数寄屋町分

長うた牛若丸
浄るり姫　結神縁管弦《むすぶのかミえんのいとたけ》

〽武士のヤはぎがもとの水琴に合すしらべのそうふ
れん牛若丸とひめ君のふかき色香や出すらん
〽松といふも恋の名竹といふも思ひのふしよかさね
かさねて千代よろづしげり逢瀬の深緑
立名ハまことしつほんにアゝうれし小夜ふけて
しげりゆかしき梅が香をゑがほにひらくあだな
ねやの戸此間両人せりふ〽そのうつりがも□海の波
のしらべのいとしさをいくたびかへす小車の曲も
ないことゆふべからしんきしんぐミアレしのゝめの
あけてつれなきそのひなづるハ又のあふひをたの
しミにないてあかしの浦千鳥ぱつとたつ名も
雲の上月をながめてくさ枕露のなさけもある
ならバぬれてやいのと袖おほふ此間せりふ〽よりてこそ
それとしれかしたそがれに今よひくるわの□取草
月のまゆずミむさしのハうちかけとつてきなし
つゝぜひにこよひハ大よろひもとよりこのむちや
わんざけゆらり〳〵と出たるハいかなる天神引舟
もおそれなじミの仲の丁とゝろ〳〵とふミならす
そと八文じ駒下駄の音に聞へし大夫しよく〽こな
たハそれとうすぎぬの羽折に顔を蔦屋のかど
恋のやミぢに立かひもなまじなまなり女子ども又
男とも三重のおび今や〳〵と待合の辻うら茶やに
あふせきへおんにきせるやたばこぼんあたり次第に
なげぶしも〽しんぞ命を二世かけて三世のきゑん
ひけ四ツのかねていつものむつごとになんのやつれた
朝ねがミ九ツこよひハとまらんせ〽げいしやがうかす
一おどり〽恋じやへこひの手くだにや又ばんしやに忍び
おかしき合づをしもむそれ〳〵それじやうき名が立
ハいな〽すいじやへすいな手くだにことぢをたてて
ひくてあまたについかきならすそれ〳〵それじや浮名が立
ハいな〽うき名立ともこちやうれしはや明ちかき鳥かね
に又のあふせをちかひてしかずの盃納る御代のてらすや
日吉の神まつり行すへながくかなでけり

長うた今様菖蒲引

〽道すぐに納る御代の神風やいざやたんごのあやめ引
そろふ小づまハしやくやくの姿やさしき花の顔ひらけバ
君に花扇かたいやくそくひ扇に末廣かけて幾千代も
かハらぬ〳〵かなめのちぎりふかいどうしハいつついにふうじ
扇やさし扇さす手も引手もつきせぬ仲と舞扇ひら
りひらりひら〳〵〳〵かさす扇のしほらしや〽初夜ののぼ
りつめてハうへもなき雲井のよそに有明の恋ハさま〴〵
ある中に二人りそひねの長枕□もむすばぬ若女夫
つれてきつれていちやうに〽宇治ハ茶所茶ハゑん処
娘やりたやむこほしやむこがほしくハたづねてござれしるも
ぢさんハせどから見ゆる田地〳〵ハ田植うたうかれ〳〵て
ひとおどりおもしろや〽御所ののきばにあやめふくふけ
バちり込花立花のかほりゆかしきみすの内ミそひと
もじをかきつばた花紫の恋衣色にそミぢのうつくし
き卯の花かほる朝ぼらけほんに見事じやないかいなア
〽うたひつまびつ神いさめつゞミたいこの音により□る
四海なミ万〻歳とぞ祝しける

文政七申年六月十五日
江戸馬喰町二丁目
御免板元　錦森堂森屋治兵衛

文政七年
「御免山王御祭礼番附」

三枚続、一部彩色
竹内道敬氏編著（竹内　二〇一七：五九～六二）に翻刻が載る

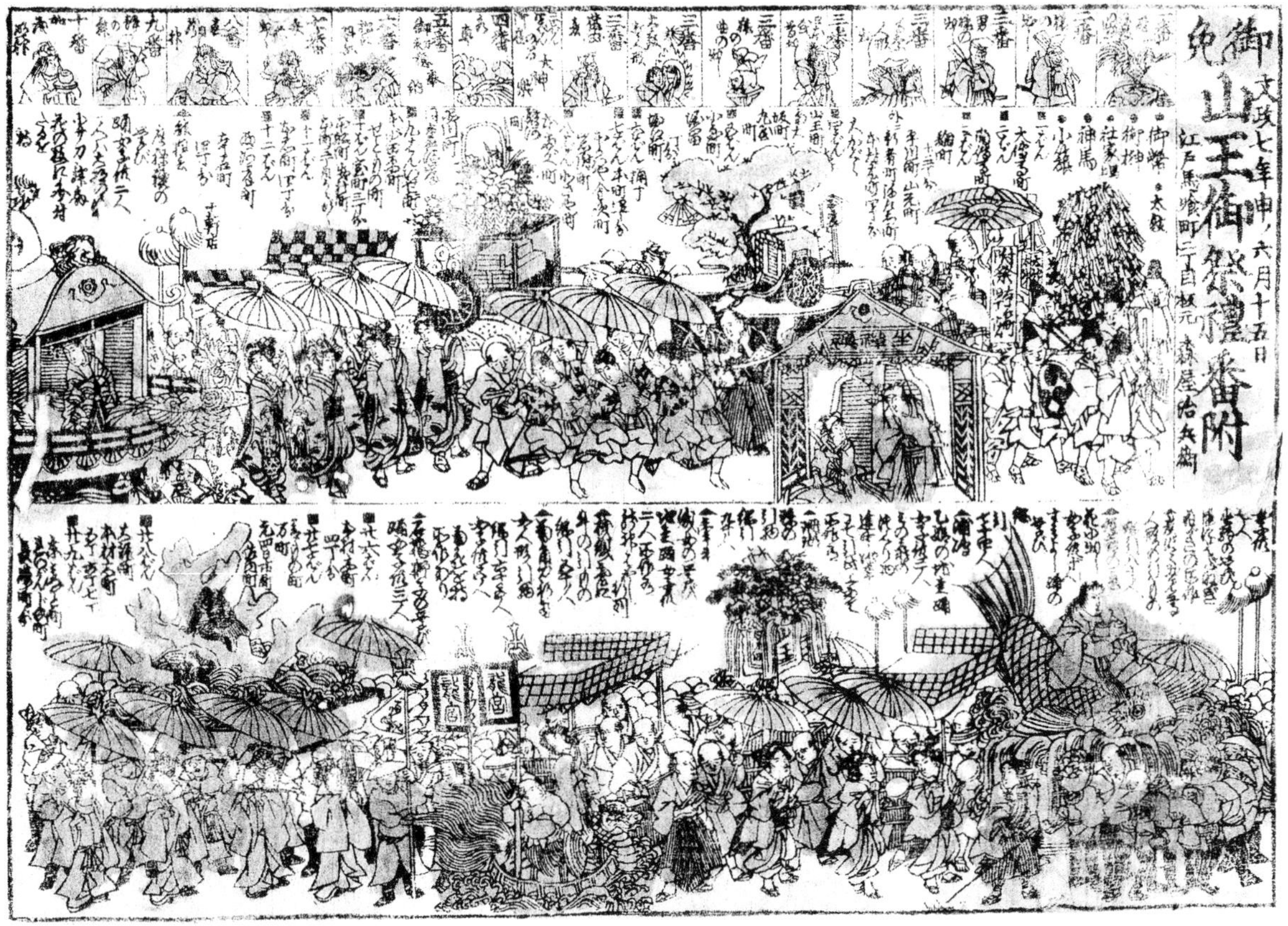

文政七年申ノ六月十五日
御免 山王御祭礼番附
江戸馬喰町二丁目板元　森屋治兵衛

一番
鶏□皷の出し
二番
猿の出し
三番
男猿の出し
三番
馬乗人形出し
三番
日本武尊出し
三番
猿の曲の出し
三番
太鼓打人形
三番
猿田彦
三ばん
四ばんの間
御雇　大神楽
四番
水車
五番
御初穂　奉納
六番
松に羽衣
七番
弁慶出し
八番
春日龍神
九番
静の舞
十番
加茂明神

●御幣　●太鼓
●御榊
●社家馬上
●神馬
●小旗
■一ばん
大伝馬町
■二ばん
南伝馬町
附祭 本石町 同丁十けん
■三ばん
麹町
十三丁分
平川町山元町
外ニ新肴町弥左衛門町
本材木町四丁分
大かぐら
■四ばん
山王町
南大坂町
丸屋町
■五ばん
小舟町
堀留
丁分
堀江町
■六ばん桶町
■七ばん本町四丁分
本かハや金吹町
岩附町
■八ばん北さや町
本両がへ町
駿河町
品川町
同裏河岸
■九ばんいせ町
本小田原町
せともの町
■十ばん宝町三丁分
本船町安針町
本町三丁目うらがし
■十一ばん
本石町四丁分
■十二ばん
西河岸町
本石町
四丁分　十軒店
▲能狂言
座禅襖の
学び
踊女子供二人
一人ハ大将の姿
小サ刀舞扇
花の枝に文付
たるを
持

女子供
七人
春駒の学び
後にはだぬぎ
花がさの所作
▲彦火〻出見尊
人形の引もの
綱引八十人
▲住吉の景
花小出し
女子供十人
すミよし踊の
学び
綱
引
七十四人
▲浦嶋
乙姫の地走踊
女子供二人
ミの亀の
つくり物
途中地車
にて引此上にて
所作有
▲珊瑚
珠の
引物
綱引
九十人
▲牽牛
織女の学び
地走踊女子供
二人所作有
龍神はやし行列
▲機織台に
牛の引もの
綱引五十人
▲菊角力行事
女人形引物
綱引六十五人
女子供五人
菊花を持
所作あり
龍宮
龍宮
▲石橋獅子の学び
踊女子供三人
■廿六ばん
本材木町
四丁分
■廿七ばん
青もの町
万町
元四日市町
佐内町
■廿八ばん
大鋸町
本材木町
五丁六丁七丁
■廿九ばん
東ミなと町
れいがんじま町
長崎町分

竹内道敬氏蔵

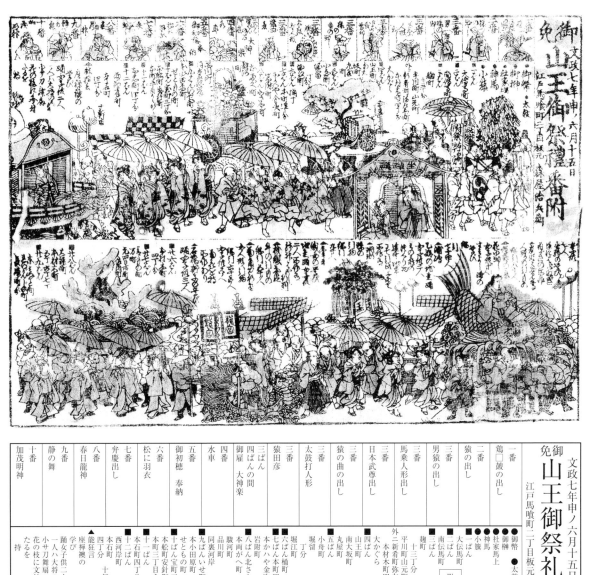

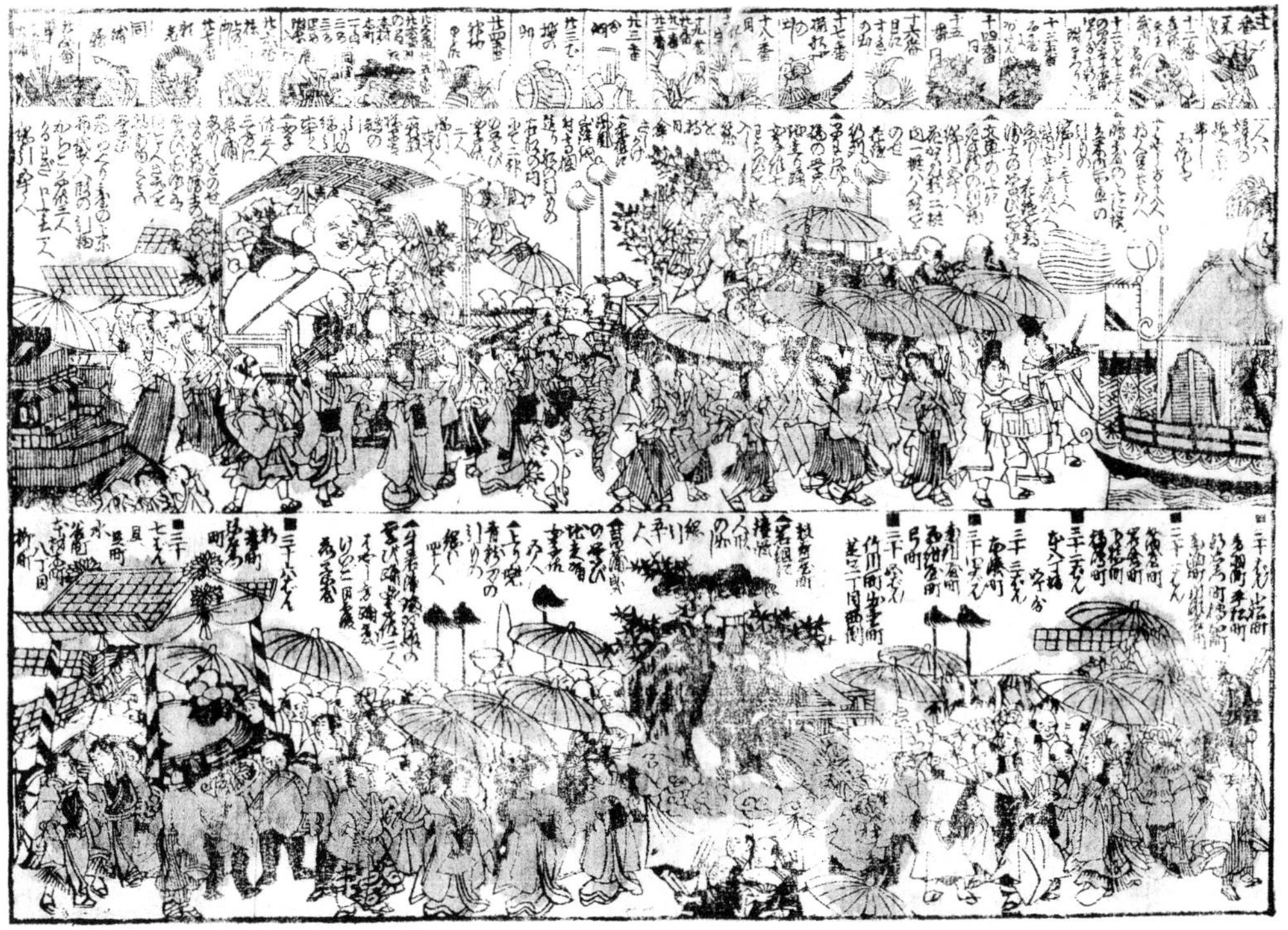

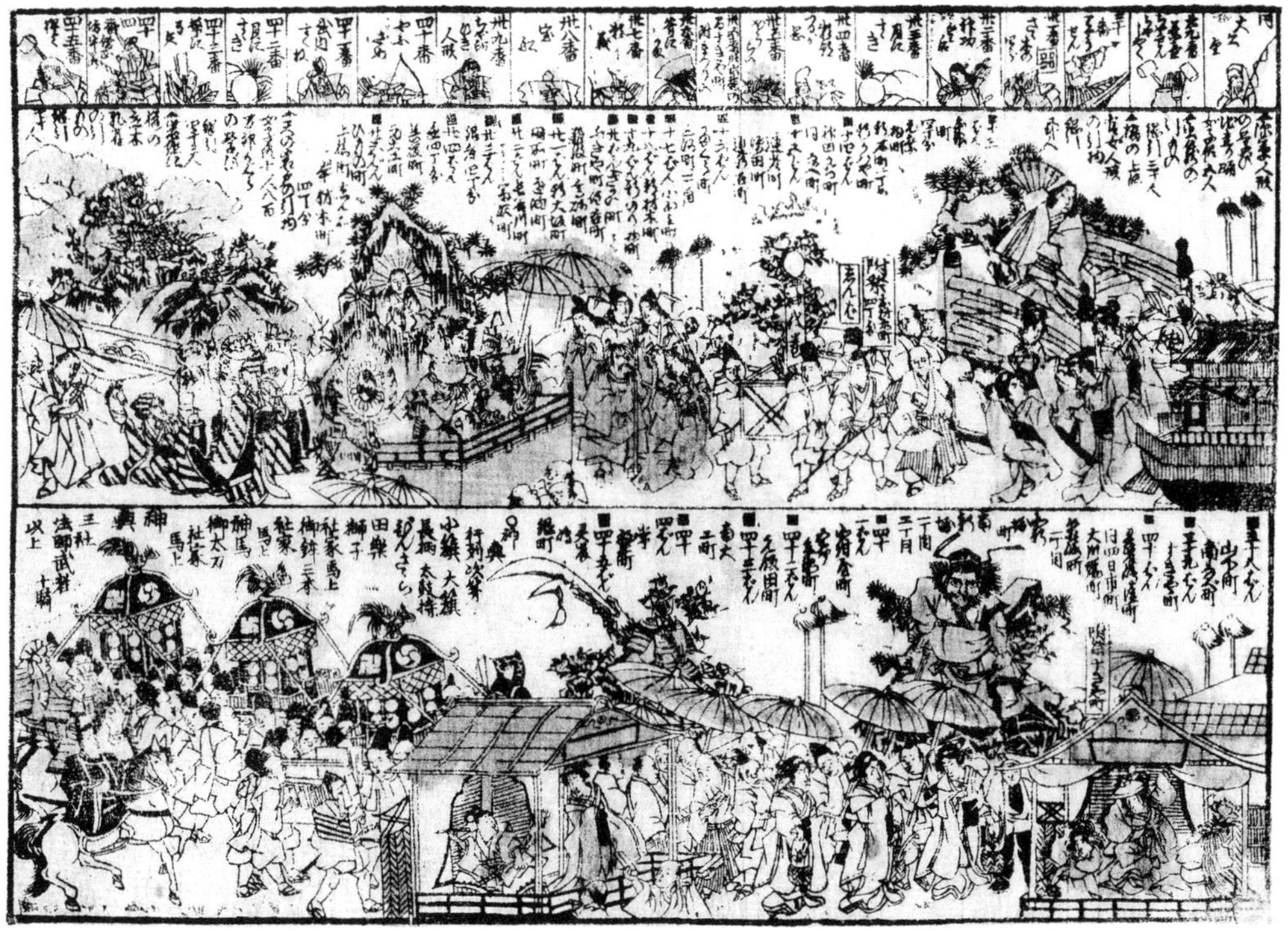

十一番 一来ほうし
十二番 応神天王 武内宿祢
十二ばん十三ばんの間本石町 四丁分十軒店 附まつり入
十三番 石台にぼたん
十四番 同
十五番 同
十六番 月にすゝきの出し
十七番 猟舩の出し
十八番 月□すゝきの出し
十九番 同断
廿 番
廿一番
廿二番
廿三番 分銅
廿三ばん 槌の出し
廿四ばん 神功皇后
廿五番 廿五番
廿六番 羽
の間 衣
本材
木町
一丁目 同浦
二丁め しま
三丁め
四丁め
附祭入
廿六番 棟上の出し
廿七番 頼光
同 浦嶋
廿八番 弊に大鋸

一人ハ
娘形の
拵へ大小を
帯し
所作有
▲はやし方十八人
持人足廿五人
▲嶋台の上に桜
立木御所車の
引もの
綱引三十人
此内女子供八人
ゑぼし花鑓を持
衛士の学び所作有
▲文車の上に
花籠の引物
綱引五十人
花駕籠二挺
内一挺ハ人形を
のせ
花鑓
行列
▲早わらび
摘の学び
地走り踊
女子供七人
わらびを
入し
籠を持日傘
さしかけ
▲家根に
鳳凰
山鉾を
付高欄
造り船の引もの
右船の内
にて二神
の学び
女子供
二人
綱引六十人
▲頼政
猪早太
鵺の
引もの
綱引
六十人
▲女子
供三人
三方に
菖蒲
ゑぼしをのせ
たるを持衛士の
学び所作有
同七人さでを
持あゆくミの
学び
▲からくり台の上に
布袋人形の引物
からこ子供三人
かるわざ 口上言一人
綱引五十人

■三十ばん小松町
音羽町平松町
新右衛門町樽正町
南油町川瀬石町
■三十一番
箔屋町
岩倉町
下槙町
福嶋町
■三十二ばん
本八丁堀
五丁分
■三十三ばん
本湊町
■三十四ばん
南紺屋町
西紺屋町
弓町
■三十五ばん
竹川町出雲町
芝口一丁目西側
数寄屋町
▲岩組に
鍾馗
人形
の出し
綱
引
五十
人
▲菖蒲曳
の学び
地走踊
女子供
五人
▲上り兜
青龍刀の
引もの
綱引
四十人
▲牛若浄瑠璃姫の
学び踊台子供二人
はやし方踊台
けいご日覆
荷茶屋
■三十六ばん
新
肴町
弥左衛門
町
■三十
七ばん
具
足町
水
谷町
本材木町
八丁目
柳町

同 大公望
廿九番 茶壺ちやせん ちやしやく
三十番 りやうせん
卅一番 さゝ木の四郎
卅二番 神功皇后
卅三番 月にすゝき
卅四番 頼朝つるが岡
卅五番 ほうらい
卅五番卅六番の 間すきや町 附まつり入
卅六番 斧にかま
卅七番 頼義
卅八番 宝船
卅九番 ちや臼ひき人形
四十番 やぶさめ
四十一番 武内すくね
四十二番 月にすゝき
四十三番 弊に弓矢
四十四番 僧正坊牛若
四十五番 猩ゝ

▲深草人形
の学び
地走り踊
女子供五人
▲虫籠の
引もの
綱引三十人
▲橋の上に
官女人形
の引物
綱引
五十人
■十三
ばん
本銀
町
四丁分
元乗
物町
新石町一丁目
新かハや町
附祭 本材木町 四丁分
■十四ばん
しんば
神田かぢ町
同なべ町
■十五
ばん
連雀町
須田町
通新石町
■十六ばん
かまくら町
三河町一丁目
■十七ばん小田原町
■十八ばん新材木町
■十九ばん新のり物町
■廿ばんさかい町
ふきや町住吉町
難波町高砂町
■廿一ばん新大坂町
田所町通油町
■廿二ばん長谷川町
冨沢町
■廿三ばん
銀座四丁分
■廿四ばん
通四丁分
呉服町
元大工町
■廿五ばん
ひもの町
上槙町しん石□
本材木町
四丁分
▲天の岩戸の引物
女子供十人八百
万神かぐら
の学び
綱引
四十三人
▲岩組に
桜の
立木
孔雀
の引
もの
綱引
七十人

■三十八ばん
山下町
南なべ町
■三十九ばん
すきや町
■四十ばん
霊岸嶋塩町
同四日市町
大川端町
箱崎町
一丁目
北新
堀
町
南
新堀
一丁目
二丁目
■四十
一ばん
北紺屋町
五郎
兵衛町
■四十二ばん
元飯田町
■四十三ばん
南大
工町
■四十
四ばん
常
盤町
■四十五ばん
霊岸
嶋
銀町
○神輿
行列次第
小籏 大籏
長柄 太鼓持
びんさゝら
田楽
獅子
社家馬上
御鉾三本
社家
馬上
神馬
御太刀
社家
馬上
神輿
三社
法師武者
十騎
以上

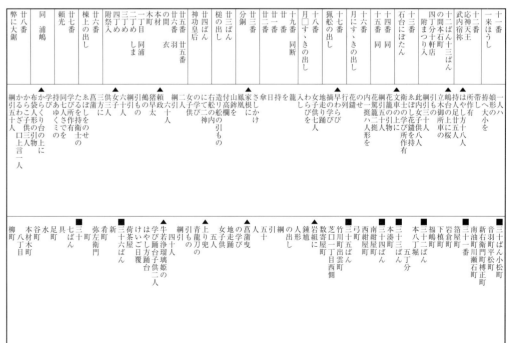

『享保撰要類集』「祭礼之部」山王祭関係記録

国立国会図書館蔵（請求記号８１４１５）

※解題は本書19頁参照

（目次）

祭礼之部

（本文）

壱

所々祭礼ニ付、ねりもの并人数
左之通、自今可相心得候
一屋たい一切無用ニ可仕候事
一ねりもの人数之儀、壱組合又は
一町切ニ差出候町々人数高、多キハ三分一
其次は半分、其餘は右ニ准し、相応ニ
減し可申候事
一ねりもの一通り之儀計ニ用候衣類
作り物等、兼而拵置候儀一切可為無用候
其節ニ至り、有合候品を用ひ可申候事
一惣躰ねり物結構ニ仕間敷候事
右之趣、町中江不残可触知もの也
享保六（一七二一）丑年四月
右御書付、丑四月廿九日詰番中山出雲守江
井上河内守殿、御渡被成候
当六月山王祭礼ニ付、練物并人数儀
左之通自今可相心得候
一屋躰一切無用可仕候事
一練物人数一組合百人以上差出候町々は
自今右之人数高、三分一可差出候事
一同五拾人より九拾人余差出候町々は
自今右人数高、半分可差出候事
附、無組合一町切ニ、右二ヶ條之人数高
差出候町々も同断之事
一同弐拾人より四拾人余差出候町々も、右准し
人数相応ニ減し可差出候
一練物一通り之義計ニ用ひ候衣類道具等
兼而拵置候事一切可為無用候、其節ニ
至り有来候品を用ひ可申候事
一惣躰練物結構ニ仕間舗候、金入繻子
等之衣類并金銀之箔ニ而粉色之儀
無用ニ可仕候事
右之通相心得可申候、此外所々祭礼も
人数練物等之儀、右ヶ條之通自今相守
可申旨、町々不残可触知もの也
右町触案、享保六年丑四月廿九日井上
河内守殿江上ル、即日御書付を以町触可申付旨
河内守殿、中山出雲守江被仰渡、町触申付ル

弐

向後祭礼ねりもの渡り懸候節、桟敷
より勿論往来之ものも芸所望
之儀、堅無之用ニ可仕候、尤前方約束
致置相対ニ而渡り物之方より致芸、見セ
候儀は可為格別候、右之趣相背もの
有之、後日ニ相聞候ハヽ、可為越度候
此段武家其外町方迄可被相触候
以上
享保六丑年五月
右御書付、丑五月廿八日水野和泉守殿、大岡
越前守江御渡被成候

四

覚
山王祭礼之儀、先年より跡先為警固

私共組与力弐拾人同心六拾人宛罷出
候得共、近年祭礼練もの少く罷成
候間、与力拾人同心三拾人宛罷出可申哉
去年以来柳原土手内出火防場、与力
同心大勢罷出候ニ付、近キ頃は
御成御道固も相止、見廻りニ罷成候、其上
祭礼ニ出候同心共江は、先規より帷子
壱、御絹単羽織壱宛被下置候、此御入用も
乍少し減申候、尤祭礼之方何之差支も
無御座候間、当年より右之通与力
同心人数減少可仕哉、奉窺候以上
五月　中山出雲守
大岡越前守
御下札
伺之通可被申付候
右は享保八卯年五月十四日、安藤対馬守殿江上ル
同廿三日窺之通可申付候、対馬守殿御下知相済

九

山王祭礼番附之外
曲太鞁打二組差出候儀申上候書付
覚
明十五日山王祭礼番附之内
通新石町
拾五番　須田町
連雀町
右之次江
曲太鞁　壱組差出申候
竹川町
三拾五番　出雲町
芝口町　一町目西側
右之次江
曲太鞁　壱組差出申候
右之通、臨時ニ差出申候間、申上候以上
六月十四日　大岡越前守
右書付、有馬兵庫頭殿江上候、松平伊賀守殿
大久保佐渡守殿松平能登守殿其外江も上達
可致旨、六月十四日兵庫頭殿被仰聞候

十一

元文二巳年（一七三七）六月十日、加納遠江守殿江上ル
山王祭礼之節、罷出候
品玉師之儀ニ付申上候書付
筵為敷可申旨、即日被仰聞候
巳六月十日
覚
来ル十五日山王祭礼之節、大神楽并
品玉師差出候様ニ此間被仰渡候、右之内
品玉師番組之内、布腰之曲仕候節
殊之外こみ立候
御用通ニ而恐多奉存候ニ付、此度は
花筵六枚程敷候而芸仕度候、左候得は
こみ立不申、芸も仕能御座候由
相願申候
右願之通花筵敷候様ニ可申付候哉
奉伺候、以上
六月　松波筑後守

十二

元文四未年（一七三九）六月三日、加納遠江守殿江上ル
山王御祭礼当日、大神楽品玉師
上覧所江差出候儀、御内意奉伺候書付
大神楽二組
品玉師勝三郎
右前〻六月十五日山王御祭礼之節
吹上　上覧所江差出申候、当年も
御祭礼当日差出可申哉、御内意奉
伺度申上候、以上
未六月三日　石河土佐守

十三

元文四未年六月七日、加納遠江守殿江上ル
人馬乗之儀ニ付申上候書付
馬喰町
佐々木平馬
弟子
人馬乗佐々木数馬
右数馬儀、京都三条猪熊東江入町
町人金吹屋与兵衛と申もの悴ニ而御座
候処、幼年より遊芸相このミ不如意ニ
罷成、不斗人馬之義存付、渡世之
為御当地江罷かり、右平馬を頼人馬
乗仕候由、申之候
大天狗市郎兵衛
小天狗善六
一的定七
右之もの共、大坂北濱出生ニ而、米持運
之働仕候もの共ニ御座候処、御当地江罷下り
人馬仕候由、申之候
右之もの共、咎メ構等は無之哉と、内〻
に而吟味仕候処、曽而障等有之もの共ニ而
無御座、何方江罷出候而も苦ヶ間敷奉存候
猶又所作等之儀吟味仕可申上哉、奉伺候
以上
未六月七日　石河土佐守
元文四未年六月八日、加納遠江守殿江上ル
曲馬乗佐々木平馬儀ニ付申上候書付
馬喰

神道流曲馬乗　佐々木平馬
右平馬儀、浪人常陸国先間村江引込
百姓仕候梅沢七郎左衛門と申もの之悴ニ而
御座候処、幼年より馬相撲之類相好ミ
荒業仕、御当地江罷出馬喰中次渡世
仕候由、申之候
右平馬儀、咎構等有之ものニ無御座候
曲馬番附差上申候
未六月八日　　石河土佐守

曲馬人馬乗候御場所之儀ニ付書付
馬喰
曲馬乗　佐々木平馬
同人弟子
人馬乗　佐々木数馬
右之もの共、来ル十五日御祭礼之節
罷出候付人馬之儀、砂利石等有之候而は
難仕御座候故、明十一日御場所見申候而
人馬之所作仕候間、数之内砂利石等
有之候ハヽ十五日前除直し申度由
申之候
一来ル十四日、御場所江六尺ニ八尺程之人馬
乗台、尤下にすたれ又は幕囲仕并
五間階子建置申度由申之、御目付中
并吹上奉行江被仰渡、御徒目付吹上
役所役人罷出、御場所等之儀致差図候様
仕度奉存候、尤右両日共ニ組与力相添
差出し、御徒目付并吹上役所役人江
引渡候様可仕候、依之申上候、以上
未六月十日　　石河土佐守
附札
此乗台等之御入用は町方地代金を以
相払可申候
元文四未年六月十四日、加納遠江守殿江上ル

曲馬乗
人馬乗　人数書付
覚
馬喰
曲馬乗　佐々木平馬
同人弟子
人馬乗　佐々木数馬
同
曲馬乗　成田団七
請太刀　奴子清六
人馬（大天狗市郎兵衛　小天狗善六　一的　定七）
木挽町
馬場守
忠兵衛
世話役手伝之者
拾六人
合弐拾四人
右之通罷出申候
未六月

曲馬乗
人馬乗　番附
曲馬
一再拝乗
人馬
一仁王指乗
是は中ためニ而、手のひらへ乗駈させ申候
人馬
一からかさ乗
是は傘弐本持、五間之階子江駈あかり
帰りにハからかさを遣ひ、いつさんニかけおり申候
曲馬
一居合用馬
人馬
一足合乗
是は足と足を合せ乗り候而、棒を遣ひ直ニ
座禅乗ニうつり申候
人馬
一座禅乗
是は片足ニ座を組、居合をぬき直ニ手へ
乗、居合抜申候
曲馬
一弓用場
人馬
一居合乗
是は一来法師と申頭之上ニ、片足ニ而立
居合ぬき申候
人馬
一長刀乗
是はいつさんニ駈候内ニ而長刀をつかひ、帰りは
片足ニ而乗、ちらしをふり申候
曲馬
一長刀鐙組合
人馬
一下り藤乗
是は駈候肩ニ乗り中頃ニ而落、片足をあこへ
懸ケ、後ロ江そり、扇子弐本ニ而地をはき申候
曲馬　　平馬弟子
一横添あひす扇子かけ　成田団七
人馬
一踏はつし乗
是は肩ニ乗なから、片足をふミはつし候
所ニ而、居合ぬき申候
人馬

一文字書乗
　是は肩之上ニ乗駈候内ニ、大文字真草
　仮名左り文字書申候
一かけ大まくり長刀
右之通朝之内ニ仕候
　附札
　　此所ニ而大神楽仕候
　曲馬　　平馬弟子
一下り藤乗　　成田団七
　人馬
一鴈木乗
　是は五間之階子江肩之上ニ乗なから
　上り申、上より片足ニ而肩ニ乗下江おり申、
　中途ニ而とひおり、則つなをなけ直ニ肩ニ乗
　片足ニ而駈させ申候
　人馬
一輪乗
　是はいつさんニ駈候内乗なから、車の輪の
　ことく廻り、はなをちらし申候
　曲馬　　平馬弟子
一立いつさん　　成田団七
　人馬
一羽のし乗
　是は頭ニ腹を付、いつさんに駈候、帰り候節
　三人乗ニうつり申候
　人馬
一花車乗
　是は片足ニ而肩ニ乗、階子江駈あかり
　帰りにハ肩をはなれ、乗人花車ニ而おり
　又肩へうつり申候
　曲馬　　平馬弟子
一からす飛　　成田団七
　帰り直ニ落花ちらしかけ乗申候
　同
一落花ちらしかけ　　同人
　人馬
一舞獅子
　是は獅子を遣ひ、牡丹ニたわむれ候所作仕
　五間階子之上江上りなから遣ひ、中返り仕
　獅子を舞しおり候節、蓬莱乗と申事千秋
　楽ニ仕候
右之通、御祭礼相済仕候以上
　未六月　　石河土佐守
元文四未年六月十九日、松平左近将監江上ル
　伺之通可申付旨被仰渡奉畏候
　　未六月十九日　　石河土佐守
曲馬
之もの共江被下物之儀奉伺候書付
人馬
　馬喰

　　　　曲馬乗　佐々木平馬
　　　　同人弟子
　　　人馬乗　佐々木数馬
右両人、去ル十五日御祭礼之節、於朝鮮
馬場曲馬人馬相勤申候ニ付、御金
被下置可然奉存候、成田団七曲馬相勤
申候得共□平馬俄ニ痛所出来仕、右之
代り相勤候儀ニ候得は、此者ニは被下置候ニ
及申間鋪と奉存候、右両人江被下置
候ハヽ、町方地代金を以相渡可申候、依之
奉伺候、以上
　未六月十九日　　町奉行
　白紙附札
　　□壱人ニ金七両宛
　　　可被下置候哉
　白紙附札
　○金拾三両　大神楽二組
　　金四両　品玉師勝三郎
右之通、去ゝ巳年被下之町方
地代金之内ニ而相渡し申候

　　　　十五

寛保元（一七四一）酉年六月十二日、加納遠江守殿江上ル
　大神楽二組番附
　　大神楽一組番附
一神楽獅子
一曲太皷
一京踊り
一鞠の曲色ゝ
一篭鞠の曲
　太神楽一組番附
一神楽獅子
一曲太皷
　鞠の曲品ゝ
一乱曲金獅子
一曲太皷
　水の曲傘の曲
　篭鞠
　盆の曲
一伊勢躍り
　以上
　酉六月十二日
　酉六月十五日
　山王御祭礼ねり物番付
山王御祭礼書附帳并太神楽番附
進達日録上り加納遠江守殿江
一山王御祭礼番附　　壱冊
一太神楽二組番附　　壱通
　此書附此方ニ而上ヶ書ニ認ル

但折返し名認ル内ニ留り等は、跡差出候通
伊豆守殿江上候処、御服有之由ニ而本多中務大輔殿江
上ル
一山王御祭礼番附　壱冊
板倉佐渡守殿江
一同断　壱冊
御目付衆江
一同断　壱冊
御留守居三宅周防守殿江
山王御祭礼番附　壱冊
一太神楽二組番附　弐通
但此二通上ヶ書紙ニ認、折返名認上り之通り
松平能登守殿江
一山王御祭礼番附　弐冊
但壱冊は上り之積り
水野壱岐守殿江
一同断　壱冊
右西丸御祐筆山中傳八郎江渡遣ス
田安附
建部民部少輔殿江
加藤甲斐守殿江
一同人数書付　弐通
一太神楽二組番附　被望候ニ付遣之　弐通
嶋長門守江
是は先格ニ付持参候得共、番附共ニ町年寄
月番市右衛門より差出候旨、依之不差遣
候処、寺社奉行衆被望候ニ付、遣之人数書
除之
一山王御祭礼番附　壱冊
一太神楽二組番附并人数書共　弐通
一右同断　壱冊
弐通
一太神楽名面書付　弐通
右は控之名面書は何方江も不遣、為心得
持参候事
酉六月十二日
右之通酉六月十一日月番奈良屋市右衛門
方より差出候ニ付、夫〻江見出し小札
付上ル、但太神楽番附遠江守殿并
御留守居中江遣候共〻、三通は此方ニ而
上ケ紙ニ認ル、其外ねり物番附等市右衛門
より差出候を上候事、被下物は定例ニ而
一組六両弐分宛市右衛門方ニ而相渡ス、此度
序ニ弐組共、田安御屋形江被召呼候ニ付
弐組江金三両弐分田安より被下之候事

十六

寛延二巳年(一七四九)六月十四日、松平右近将監殿江渡候
御書付
町奉行江

明十五日山王祭礼之行列御繰出し候
刻限等之儀、諸事去〻卯年之通
可被心得候
六月十四日
寺社奉行
大目付　江
町奉行

寛延二巳年六月十四日、松平右近将監殿御渡候御書付
寺社奉行　壱人
大目付　壱人
町奉行　壱人
右明十五日山王祭礼ニ付、如前〻吹上
上覧所江可被相越候、相詰候場所は御目付
可被申談候
六月十四日

十八

寛延四未年(一七五一)六月十四日、本多伯耆守殿御渡候御書付
寺社奉行
大目付　江
町奉行
寺社奉行　壱人
大目付　壱人
町奉行　壱人
右明十五日山王祭礼ニ付、如前〻吹上
上覧所江可被相越候、被詰候場所は御目付
可被申談候
六月十四日

寛延四未年六月十四日、本多伯耆守殿御渡候御書付
町奉行江
明十五日山王祭礼之行列繰出し候
刻限等之儀、諸事去〻巳年之通り
可被心得候
六月十四日

文化五年（一八〇八）

「山王御祭礼一件帳」

国立歴史民俗博物館蔵（H－488－68）

※解題は本書24頁参照
本史料はウェブサイト上での写真公開はないため、原文通り改丁記号（」）を付けた

（表紙）
「文化五戊辰年
　御勤番中
　六月十五日
　御勤之例
山王御祭礼一件帳」

山王御祭礼一件帳」

　山王御祭礼之一件
一御当番御目付中様ゟ御小人目付を以
山王御祭礼付、当御番所勤方之儀并
立固場所絵図面を以当番申談
相伺候様、御達有之御請書差出候
文面左之通
　従遠山左衛門様被仰下候は来ル」
十五日
山王御祭礼ニ付当御番所前言
之通相心得、立固等之儀両番
申合絵図面を以明十一日
御城中ノ口江持参相伺可申旨
奉畏候以上
　神田橋御門当番」
　何之何之守内
六月十日　何之何某
御祭礼懸御小人目付御達江相見候人□□
　何之何某殿
但当年は右御請書ニ不及、口上ニ而御請相済
候得は先例入来居候様、後〻見合
可相成ニ付記置候事
一右御達有之候得者御屋敷并御向番様
以手紙申越候事」
　但一昨年毛利甲斐守様ゟ被差出
　御差図相済候絵図面壱枚伺書
　其節之通伺書出来可差出旨
　申遣候事
一右御達ニ付御組合御門江二廻状ニ而
仕出候事
一同断付御両番申合差出候伺書
左之通」

来ル十五日
山王御祭礼ニ付当御番所勤方
之儀并固場所絵図面を以相伺
候様昨日被仰下候付相調候処
文化三寅六月毛利甲斐守様被
差出御附札を以御差図相済候
絵図面写壱枚差上申候勤方
之儀も其節之通相心得」
可申哉奉伺候以上
　神田橋御門当番
　松浦肥前守内
六月十一日　井上三郎左衛門
　小関三七
同非番
　仙石越前守内
　依田市右衛門
　會田五郎八」
右之通大奉書切紙相認上包
美濃紙打懸ヶ上書は上之文字斗
右伺書ニ絵図面相随
御城中ノ口江御番目付持参可致
筈之処、右御達ニ参り候御小人目付
取斗差出呉候様相頼置候処
御番所江右之御小人目付参り候付
相頼差出相添候事」
一十三日右伺書ニ御附札を以、書面并
絵図面之通可被相心得旨との
御差図相済候段、右伺書絵図
面は懸り之御小人目付を以、御差戻
被成候事
一同日御目付様ゟ御小人目付を以被
仰下候は、明後十五日御祭礼ニ付
御当番書差上可申旨被仰下候得は」
御当番書御清書左之通
従何之何某様被仰下候は明後
十五日
山王祭礼ニ付当番書
差上可申旨被仰下則別紙
当番書差上申候以上
　神田橋御門当番

松浦肥前守内」
六月十三日　井上三郎左衛門
御達之御小人目付左覚
何之何某殿

□上は幅三寸位
にして恰好
見合之事

辰六月十五日　当番
神田橋御門　松浦肥前守

右之通両様書大奉書切紙ニ相認
上包美濃紙打懸ニ〆上書上之文字」
斗ニ而可被包別ヶ候事
一右差出候得は御屋敷并御向番様江
手紙申越候事
一同断付御組合御門ミ江廻状仕出
候之事
一当年は右之御達無之相済候へは
先例相見得候処記置候事
一一ツ橋様神田橋御屋形江之御届書
左之通」
同十五日
山王御祭礼ニ付大番所下陳口
前より御屋形御長屋下江
明早朝ゟ立固差出申候段
御届申上候已上
神田橋御門当番
松浦肥前守内
六月十四日　井上三郎左衛門」
右之通大奉書切紙ニ相認、神田橋
御屋形江小頭夫ニ而差出候事
六月十五日
一今暁寅上刻ゟ相仕廻日中刻ニ至
面番所戸障子取払、燭台等出之
面番張三ツ組餞平桶出之、御番士
以上染帷子麻上下御徒士同断小頭」
弓下看板等相改、諸事御規式ニ而
勤番之事
一御祭ニ付花出其外御祭礼附之品
当御門朝六時前通候ハヽ、跳御門より
打通候事、尤跳ゟ不通品は大御門
片扉ゆるめ通シ来候□、尤左候ハヽ
前夜御祭礼町ゟ相断参候得ハ
右之通取斗致来候段承伝有之」
候旨但仙石様衆江向合候処、右之通
申来候、今日は右花出頼行参
不申事故相通不申候得は、後ミ
為見合記置候事
一今日六時例之通御門啓候事
一公方様吹上　御上覧場江
御成之事
一右　御成一番之御払ニ而立固之事」
一御祭礼付従早朝
殿様例之御人数被召連、神田橋
御番所江　御詰被遊候事
一右就而之御手数左之通
一左之御門ミミ江　御詰被成候御案内
御徒士夫被遣候事
大手　内桜田　西丸大手　外桜田
常盤橋　一ツ橋　和田倉」
但此使御供之内ゟ両人手当テ
有之候様、御供頭衆江御用人衆ゟ
差図之事、尤御名札は
御番所江認置御番頭ゟ御用人
衆江被相渡候事
一御口上之趣は、今日
山王御祭礼付御番所江相詰
罷在候、若相替儀も御座候ハヽ
被仰合可被下候、右為御案内」
以夫被申述候段、御使之者
演説之事
一御服穢御改之事
但御家来中ハ忌中之外無構事
一竹橋御門江見歩使差出置
神輿竹橋御門大手通常盤橋
御門江　渡御之節
殿様面番所江」
御出、御家老御用人御留守居
非番之番頭、御武器之間江
罷出、御番士御徒士下座台江
罷出小頭已下白洲江罷出並居
渡御相済候は右之通
御勤番　御見通相済
御座之間江　御入、常盤橋御門
御出門相済候段被遊
御承知　御退引増詰之」
人数も引取有之、以後御規式
引払平日之通勤番之事
一神田橋両御屋形之間御見通
渡御相済候後、下陳口道固之分ハ
引払候事
一面番所御見通之所　渡御相済候上
外張道固引払候事
一御退引相済候上、御用番様江
以御留守居使者、御届被遊候事」
但御口上御届之事
一右相済候上、御手紙を以御向番様江

被　仰遣候御先例之処、此節は
御番頭ゟ之付札ニ而被仰遣候様、被
仰合ニ付付札仕出候事
一同断付御番頭中江御番頭より
案内手紙仕出候事
一御組合御門ゝ江廻状仕出候事
一御詰ニ付応意頼御小人目付両人」
勝手詰前日頼置詰有之
候之事
一今日増詰左之通
御家老　長村内蔵助
御用人　金木兵橘
非番之番頭小関三七
御留守居　村尾覚助
〆」
一立固左之通
大番所下陳口前様一文字
侍壱人
徒仕壱人
小頭壱人
下座見壱人
足軽六人
右手代下座見以上壱人宛
足軽は三人
右同所往来之者制役足軽四人
此手代は四人」
外張番所前
右同断
同四人侍
同四人徒士目付
一惣御人数合五拾人
同四人小頭
同四人下座見
同三拾四人足軽
右外ニ見歩使足軽貳人
右之通御人高手当置候処、外張は
大勢雑人混雑致候付、足軽弐人相増
候事
一一橋様ゟ御長屋下御堀端ニ制人差出」
呉候様御小人目付を以御頼来候付手代共
小頭貳人下座見貳人足軽六人
差出候処、中ゝ常之人数ニ而ハ制方
行届不申候ニ付、増足軽九人差遣
漸雑人制相整相済候上、御同所
御小人見付ゟ致太義候旨之挨拶有之
引取候事
一右立固惣人数拾九人
内弐人小頭
同弐人下座見
同拾五人足軽」
一御番所詰初立固之御人数迄約而

強食被下候事
一小頭ゟ足軽迄御酒代百文宛中間は
八拾文ツヽ被下候事
但当日一日切之御雇之者は被下無之
一御祭礼懸之御徒目付衆江金二百疋宛
同御小人目付中江も同百疋ツヽ
一一ツ橋御徒目付御小人目付中江右同様
一勝手詰之御小人目付中江も百疋宛」
一御祭礼ニ付伺書上ヶ下ヶ之御小人目付江も
百疋宛被下候御先例尤御用懸之
内ニ而候得は二重ニは被下ニ及不申候
此節も御用懸之内ゟ不届有之候
右何も御祭礼為御使儀被下事
一客前賄
一酒肴等
一増詰其外臨時賄方之儀前日」
用意之儀及差図候事
鈴木勘右衛門
一青銅壱貫文宛　山川伊助
萬屋五兵衛
右之通何角致右義候付為酒
代被下之候事
一御祭礼ニ付伺候絵図面左之通
但美濃紙一枚絵図ニ相認、上包同紙打懸取調候事」
「山王御祭礼ニ付立番之図」(100頁図版)
文化五戊辰年御祭礼御当番ニ而被遊
御勤候節、御手数取調候事
御番頭　井上三郎左衛門
小関　三七
右筆方
藤田　左衛門
書役
御徒士方
重村八郎助

山王御祭礼ニ付立番之図（神田橋御門）

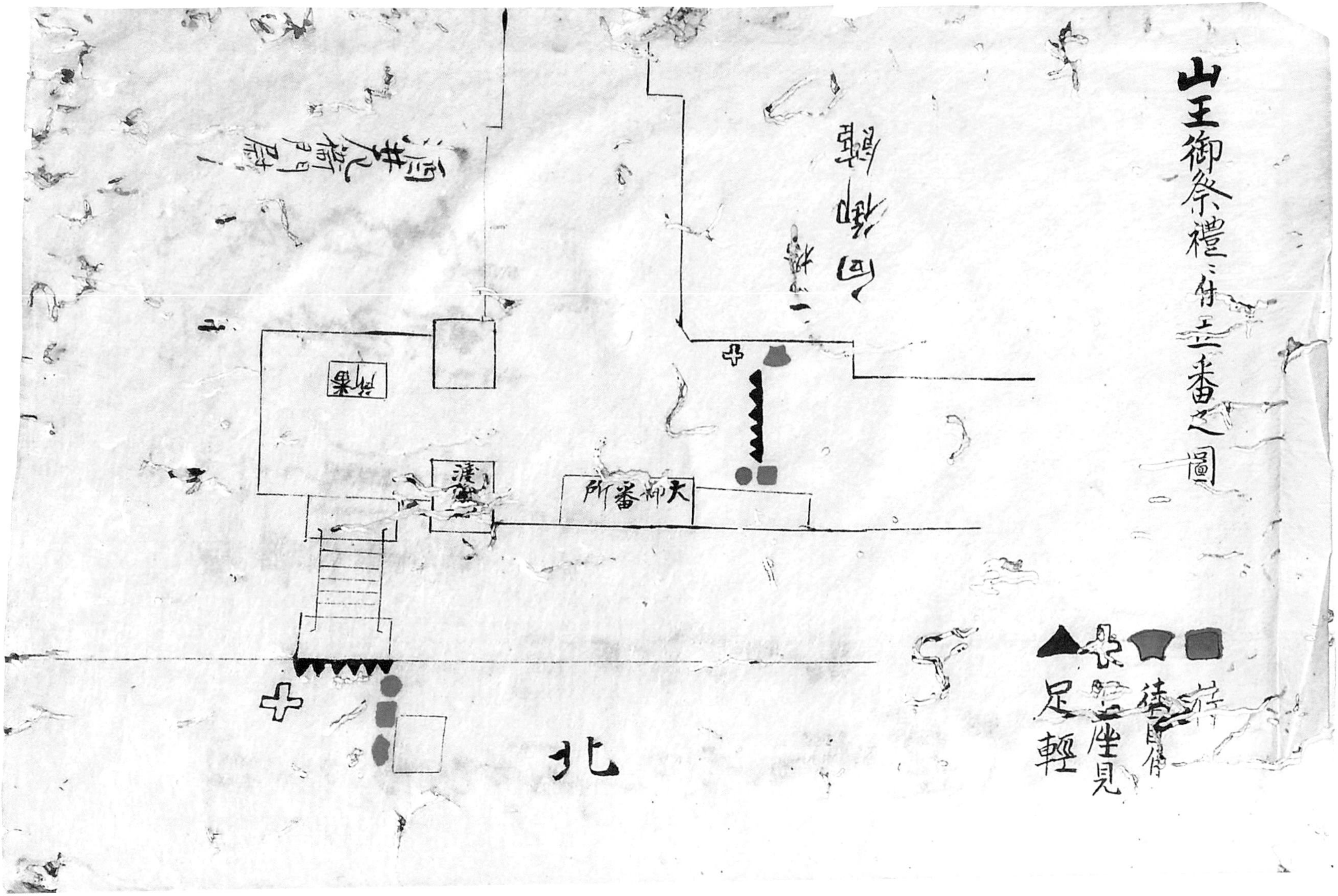

酒井左衛門尉

回御番所

一ツ橋

大御番所

渡櫓

番所

■（朱）侍

（朱）徒目付

下座見

▲足軽

文政七年（一八二四）「山王祭礼踊子囃子方明細書」

東京都立中央図書館蔵（特別買上文庫２８３２）

※一〜廿二の漢数字は朱字　解題は本書13頁参照

（表紙）

「文政七年甲申六月

山王祭礼踊子囃子方明細書

附祭

本石丁四丁分

同十軒店

本材木丁四丁分

数寄屋丁分」

附祭世話番　本石町四丁分　同十軒店

大神楽品替

一（朱字）　踊台　能狂言座禅襖之学ひ女子供二人

男形　笹屋丁七兵衛店万吉娘　たけ十四才

女形　新和泉丁傳兵衛店利兵衛娘　すミ十三才

後見　新和泉丁□□店豊次郎娘　よし十五才

浄瑠璃　本石丁三丁目清蔵店　清元栄寿大夫

同　同人方同居　同　理喜大夫

同　雉子丁新蔵店　同　佐賀大夫

同　同人方同居　同　佐喜大夫

三味線　同人方同居　同　徳兵衛

同　深川東仲丁喜兵衛店　同　金助

同　同所仲丁仁兵衛店　同　延三

笛　堀江六間丁久次郎店　住田彦八

同　元大坂丁庄兵衛店　中村佐吉

大つゝミ　通旅篭丁清吉店　福原門左衛門

同　同人方同居　太田市五郎

小つゝミ　金沢丁長七店　田中傳右衛門

同　須田丁二丁目庄九郎店　大西友三郎

太コ　本郷壱丁目利助店　田中長三郎

同　小石川春日丁吉兵衛店　福原万之助

手替わり　本郷新町家忠右衛門店　大西傳蔵

同　新和泉丁彦右衛門店　同　豊次郎

同　本石丁十軒店徳兵衛店　同　徳蔵

二　衛士学ひ踊女子供八人

踊子　神田紺や丁三丁目清兵衛店高助娘　たき十六才

同　長谷川喜兵衛店弥助娘　この十七才

同　同人娘　ゆき十五才

同　北鞘丁忠七店忠左衛門娘　きん十七才

同　神田紺や丁三丁目五兵衛店清左衛門娘こと十六才

同　室丁三丁目清蔵店弥七娘　へん十六才

同　神田松下丁三丁め代地三右衛門店豊次郎娘たき十七才

同　呉服丁源蔵店伊八娘　てる十八才

長唄　深川佐賀丁清兵衛店　岡安喜八

同　湯嶋天神前丁弥兵衛店　芳村幸吉

同　新石丁壱丁め利助店　錦屋平次

同　神田小柳丁二丁め佐兵衛店　岡安幸三郎

三味線　三河丁四丁め吉兵衛店　錦や喜美蔵

三味線　通新石丁由兵衛店　同　喜三郎

同　永冨丁二丁め三之助店　杵屋次郎吉

同　小傳馬丁三丁め与七店　同　平次郎

笛　神田佐久間丁三丁め彦兵衛店　住田新吉

同　同所仲丁壱丁め吉助店　皆川吉七

小つゝミ　下谷坂本二丁め忠右衛門店　小西七五郎

同　小傳馬丁二丁め勘兵衛店　太田安次郎

大つゝミ　源兵衛店　六郷安五郎

同　豊嶋丁壱丁め儀八店　堅田徳次郎

大コ　源兵衛店　六郷源次郎

同　長谷川丁新吉店　坂田重蔵

三　早蕨摘学ひ地走踊女子供七人

踊子　尾張丁二丁目市兵衛店長次郎娘　ミつ十八才

同　元大坂丁文右衛門店安五郎娘　らく十八才

同　桶丁壱丁め家主傳右衛門　くに十六才

同　檜物丁新兵衛店安五郎娘　ちせ十七才

同　同丁十兵衛店惣八娘　しけ十七才

同　新和泉丁彦右衛門店安五郎娘　うた十七才

同　堺丁金三郎店幸右衛門娘　よし十八才

浄瑠璃　下柳原同朋丁新兵衛店　冨本常大夫

同　同人店　同名尾大夫

同　品川前丁新一丁め三郎兵衛店　同　仲大夫

同　同人店　同冨士大夫

同　深川仲丁吉十郎店　同　米大夫

三味線　同丁弥七店　名見崎長作

同　同人店　同　長助

同　同丁茂兵衛店　鳥羽や軍八

笛　甚左衛門丁平兵衛店　平田門吉

笛　同人店　住田幸吉

小つゝミ　柳原岩井丁小七店　望月太七

大つゝミ　南小田原丁一丁め藤四郎店　吉岡権二郎

大コ　本郷元丁清七店　福原百次郎

大コ　新材木丁武助店　堅田喜三郎

四　二神之学ひ踊女子供両人

（踊子）南傳馬丁三丁め家主武助娘　しゅん十五才

（踊子）堀江丁三丁め芳助店徳右衛門娘　そめ　十四才

長唄　天王丁市右衛門店　冨士田新蔵
同　同人方同居　同　藤蔵
同　本所花房町喜兵衛店　同　仙五郎
三味線　馬喰丁四丁め佐吉店　杵や勝五郎
同　本銀丁清兵衛店　同　和五郎
同　難波丁平助店　同　和太郎
笛　神田橋丁二丁め十右衛門店　皆川源次郎
同　本郷新丁家喜兵衛店　田川久次郎
小つゝミ　神田外花房丁代地喜右衛門店　皆川源太郎
大つゝミ　同所平永丁代地卯兵衛店　太田市十郎
大コ　同所花房丁代地喜右衛門店　小西庄吉
皆川源太郎同居
金沢丁金左衛門店　増田金次郎
手替わり浅草北馬道傳吉店　福原常吉
同　堀江六間丁仁兵衛店　太田弥五郎

五　仕丁学ひ踊女子供三人
踊子　三河丁一丁め忠兵衛店長助娘　ちよ十四才
同　同二丁め利兵衛店清兵衛娘　りつ十三才
同　松田丁助右衛門店孫三郎娘　もと十二才
浄瑠璃　三河丁二丁め喜六店　清元儀兵衛
小傳馬丁壱丁め忠次郎店　同　栄次郎
三河丁四丁め惣八店　同　千之助
三味線　同人店　清沢藤次郎
大和丁長兵衛店　同　伊之助
三河丁一丁め清兵衛店　名見崎利助
大コ　同弐丁め利兵衛店　坂田辰次郎
同　神田佐久間丁一丁め彦右衛門店　同　長次郎
大つゝミ　雉子丁善助店　同　鉄五郎
小つゝミ　新鍋丁伊兵衛店　同　長蔵
笛　本所林丁卯兵衛店　住田安太郎
大たいこ三河丁壱丁め喜平次店　西川音次郎

六　鮎汲学ひ踊女子供七人
踊子　芝中門前壱丁め金蔵店嘉吉娘　西川吾吉十八才
同人内弟子　同　扇芝十七才
下柳原同朋丁源蔵店弥助娘　むめ十六才
本石丁三丁め久右衛門店久兵衛娘　たよ十五才
馬喰丁壱丁め庄左衛門店忠右衛門娘　まめ十六才
橘丁三丁め常吉店傳蔵娘　喜ミ十七才
室丁三丁め与兵衛店佐兵衛娘　亀次十七才
長唄　源右衛門店　中村矢蔵
赤坂新丁壱丁め又七店　坂田五郎次
麻布長坂丁喜兵衛店　松永鉄五郎
下柳原同朋丁源右衛門店中村　中村伊久四郎
矢蔵方同居
三味線　伊勢丁平助店　杵や佐吉
平松丁与七店　鳥羽や三之助
三味線　伊勢丁平助店佐吉同居　杵屋佐市

笛　東湊丁半七店　藤間和三郎
本鍋丁二丁め藤兵衛店　住田長五郎
同人店　同　太吉
小つゝミ横山丁二丁め源七店　六郷新三郎
大つゝミ銀座二丁め平五郎店　望月太次右衛門
大こ　本所松井丁二丁め万吉店　福原次左衛門
木挽丁三丁め吉右衛門店　小ノ若長蔵

七　唐子学ひ軽業男子供二人
(踊子)　巣鴨丁三丁め小八店磯七倅　又吉九才
(踊子)　同人店栄蔵倅　兵吉十一才
(後見)　伊勢丁次兵衛店都楽事　熊吉
三味線　同　都楽娘　てう
同　小網丁壱丁め喜右衛門店冨次郎娘　ちゑ
太皷　豊辺(島)丁三丁め庄蔵店　吉蔵
同　同人倅　房吉
笛　伊勢丁伊惣次店　卯之助
同　岩村丁徳兵衛店　鍋五郎

八　深艸人形学ひ地走踊女子供五人
文使　堀江六間丁平吉店要助娘　たけ十六才
鉢敲　同丁弥兵衛店藤助娘　とり十七才
黒木うり同丁平吉店要助娘　せん十七才
神子　田所丁市右衛門店安蔵娘　きん十六才
鹿嶋踊　堀江六軒丁平吉店長五郎娘　かね十七才

九　深竹(艸)人形学ひ之内
蝶之影　神田旅篭丁二丁め八兵衛店　常吉十八才
猫之影　三河丁三丁め清五郎店　鉄五郎十九才
浄瑠璃　本石丁三丁め清蔵店　清元延寿大夫
同　尾張丁三丁め新地久八店　同　冨大夫
同　元大坂丁惣兵衛店　同　政大夫
同　堀江六間堀平吉店　同　磯大夫
三味線　品川新宿二丁め音四郎店　同　東三郎
同　堀江六間丁久次郎店　同　語兵衛
同　小石川大塚上町儀助店　同　市次
同　南傳馬丁一丁め源蔵店　杵屋兼次郎
同　小舟丁三丁め金兵衛店　鳥羽や三之助
笛　牛込横寺丁家主長左衛門倅　坂田政太郎
同　堀江六間丁久次郎店　住田彦七
小つゝミ山王丁幸助店　田中傳二郎
大つゝミ源助丁利助店　西川源蔵
大コ　南小田原丁一丁め八兵衛店　小西権兵衛
同　通新石丁喜兵衛店　坂田十三郎
摺鉦　神田紺や丁一丁め七兵衛店　坂田次郎吉
大大皷　芝中門前二丁め利助店　西川源八

十　蛍狩学ひ踊女子供八人
踊子　長谷川丁源助店弥助娘　留吉十五才
同　同人娘　くめ十五才

同　長五郎屋敷安兵衛店清助娘　ミて十四才
同　堀江六間丁平吉店惣助娘　とわ十五才
同　呉服丁佐右衛門店長次郎娘　ます十五才
同　長谷川丁源助店平吉娘　いよ十五才
同　箱崎丁一丁め百助店半兵衛娘　きく十四才
同　亀井丁甚吉店冨士田つミ娘　ミち十四才
長唄　本石丁四丁め長兵衛店　冨士田善太郎
同　同三丁め善蔵店　同　多喜蔵
同　神田紺屋丁三丁め茂兵衛店　同　千徳
三味　本銀丁三丁め惣兵衛店　杵屋和喜太郎
同　鉄炮丁甚三郎店　同　八五郎
同　北鞘丁十右衛門店　同　藤三郎
笛　神田横大工丁八兵衛店　錦屋三次郎
小つ、ミ　新両替丁四丁め源兵衛店　住田長五郎
同　同人店　同　長三郎
大つ、ミ（神田紺屋丁壱丁め七兵衛店
坂田次郎吉方同居　坂田重助
大こ　神田紺や丁壱丁目七兵衛店　坂田次三郎
同　同所鍛冶丁壱丁め五兵衛店　同　吉蔵
太こ　下谷坂本四丁め金兵衛店　西川源之助
手代り　永冨丁四丁め三郎右衛門店　坂田平八
同　三河丁三丁め新七店　福原幸吉
同　三河丁四丁め吉右衛門店　堅田吉五郎

十一　伊達警固付女子共七人
三河丁二丁め忠右衛門店冨五郎娘　そて十五才
堺丁清兵衛店清蔵娘　ゑん十七才
元大工丁栄吉店初太郎娘　ひて十七才
同丁十兵衛店十五郎娘　やす十六才
坂本町二丁メ傳右衛門店徳次郎娘　ろく十八才
本石丁壱丁め彦兵衛店助七娘　てい十五才
上槙丁茂右衛門店三次郎娘　きん十六才
本材木丁四丁分　新肴場共

十二　天ノ岩戸引物綱引之内女子供万神之神楽之学ひ十人
猿田彦　大傳馬丁壱丁め家主傳兵衛娘　たミ十六才
米沢丁一丁め太郎兵衛店喜兵衛娘　はま十五才
堀江丁三丁め要助店勘兵衛娘　八重十七才
同丁四丁め清八店長右衛門娘　ちか十六才
高砂町利兵衛店円三娘　てう十四才
堀江丁二丁め七兵衛店雄次郎娘　よし十四才
南傳馬丁二丁め弁三郎店安兵衛娘　やえ十七才
本材木丁一丁め家主儀兵衛娘　ほの十四才
同丁四丁め兵助店万之助娘　つね十七才
南傳馬丁二丁め忠七店伊三郎娘　ミき十八才

十三　孔雀引物綱引之内鉄棒引女子供弐人
浅艸南馬道丁定右衛門店九左衛門娘いと十八才
甚左衛門丁定右衛門店三五郎娘　かね十六才

十四　春駒之学ひ踊女子供七人
踊子　太七店　美代吉十八才
通油丁茂兵衛店九兵衛娘　まゑ十五才
神田平永丁粂右衛門店孫三郎娘　しづ十八才
音羽丁家主新右衛門娘　せい十八才
葺ヤ丁平右衛門店次郎兵衛娘　まん十七才
岩代丁儀三郎店弥助娘　かめ十六才
新乗物丁安兵衛店清助娘　とミ十七才
長唄　南傳馬丁壱丁め作兵衛店　坂田千四郎
同　本所花(房)丁十右衛門店　冨士田千五郎
同　通一丁め新道十左衛門店家主方同居冨士田藤三郎
同　坂本丁二丁め善右衛門店　三國為助
三味線　上槙丁半六店　杵や大次郎
同　馬喰丁二丁め藤兵衛店　杵や福太郎
南傳馬丁一丁め作兵衛店千四郎倅　同　房之助
本石丁一丁め次兵衛店勝五郎倅　同　慶次郎
笛　本所松井丁二丁め幸兵衛店　中村由兵衛
同　同人方同居　同　由三郎
小つ、ミ　大傳馬丁二丁め幸助店　田中傳左衛門
大つ、ミ　牛込御箪笥丁喜兵衛店　小泉長三郎
同　同人方同居　同　長八
大こ　通一丁め新道十左衛門店　坂田重兵衛
同　本郷二丁め七右衛門店　田中左傳次
長(唄)　大傳馬丁二丁め与右衛門店　大薩摩文太夫
同　同人方同居　同　金太郎
浄瑠璃　堀江六軒丁平吉店　清元宮路大夫
同　神田山本丁代地金左衛門店　同　志喜大夫
市谷田丁一丁め久右衛門店　同　八十大夫
小網丁壱丁め半左衛門店　同　倉大夫
浅草材木町三右衛門店　同　岩登大夫
三味線　青物丁次兵衛店　同　斎兵衛
同　本石丁一丁め孫兵衛店　同　清三
同　小傳馬丁二丁め吉右衛門店　同　式八

十五　住吉景万度引物綱引之内住吉踊女子供十人
踊子　高輪北丁茂兵衛店儀八娘　たつ十六才
新両替丁三丁め庄兵衛店忠兵衛娘　しな十七才
長谷川丁徳兵衛店利兵衛娘　よし十七才
堀江丁三丁め幸助店徳右衛門娘　きく十八才
坂本丁壱丁め八郎左衛門店伊之助娘しけ十六才
浅草瓦丁次郎右衛門店又兵衛娘　猶松十七才
下柳原同朋丁善右衛門店半次郎娘　ます十六才
同人方同居　らく十七才
岩代丁左七店金七娘　とく十六才
坂本丁一丁め宇兵衛店幸次郎娘　やす十六才
(浄瑠璃)　浅草芳町一丁め代地清兵衛店　冨本大和太夫
同人方同居　同　豊美大夫
左内丁兵助店　同　里大夫

浅草三好丁清右衛門店　同　宮戸大夫
坂本丁二丁め善右衛門店　同　麓大夫
小網町一丁め九兵衛店　同　安和大夫
三味線　浅艸田原丁二丁め次兵衛店　宮崎忠五郎
同　同所森田丁代地長兵衛店　名見崎与惣次
佐内丁兵助店里大夫方同居　同　里七
長唄　新両替丁二丁め庄兵衛店　松永忠五郎
神田平永丁平助店　同　兼五郎
葺屋丁宗兵衛店　同　忠次郎
尾張丁二丁め伊助店　同　忠吉
三味線　池之端仲丁長兵衛店　杵屋六三郎
同　同人方同居　同　六之助
五郎兵衛丁弥平店　同　吉左衛門
本材木丁三丁め市兵衛店　同　勘九郎
笛　具足町忠七店　住田金七
新両替丁三丁め市兵衛店　同　弥市
小つゝミ　麻布長坂丁新助店　望月太左衛門
同人方同居　同　太次郎
大つゝミ　通四丁め藤蔵店　小泉蝶十郎
南小田原町二丁め吉右衛門店　同　長蔵
太こ　長谷川町小兵衛店　堅田喜三郎
南小田原丁二丁め宇右衛門店　小西権兵衛
（新両替丁二丁め市兵衛店　住田又蔵
弥市方同居
神田紺屋丁三丁め弥兵衛店　同　庄五郎

十六　浦嶋乙姫之学ひ地走踊女子供二人
浦島　菊野下丁助右衛門店傳蔵娘　ふし十二才
乙姫　通壱丁め新道儀右衛門店五兵衛娘　まつ十二才
浄るり　檜物丁作兵衛店　常磐津小文字大夫
新両替丁四丁め吉右衛門店　同　造酒大夫
三田台丁二丁め源三郎店　同　兼大夫
露月丁喜三郎店　同　和哥大夫
檜物丁作兵衛店　同　瀧大夫
三槙丁清兵衛店　同　世喜大夫
山下丁清兵衛店　同　喜野大夫
本材木丁五丁め金兵衛店　同　理喜大夫
植田善右衛門丁弁蔵店　同　津賀大夫
三味線　浅草瓦丁平四郎店　岸沢仲次
高砂丁八兵衛店　同　松蔵
麻布日ヶ窪太兵衛店　同　和助
同人方同居　同　式蔵
松川町惣七店　同　八五郎
笛　豊嶋丁壱丁め勘次郎店　住田鉄五郎
同　本丁三丁め徳兵衛店　同　新七
小つゝミ　新両替丁四丁め半蔵店　望月太次右衛門
同　長谷川丁源兵衛店　福原百次郎
大つゝミ　神田佐久間丁四丁め代地利八店　西川源次郎

同　同鍛冶丁二丁め宇兵衛店　坂田吉蔵
同　四谷大宗寺門前重右衛門店　福原百吉
太こ　本石丁十軒店徳兵衛店　大西徳蔵
同　芝濱松丁三丁め喜八店　柏崎半次郎
同　同金杦通三丁め次右衛門店　望月平次郎

十七　珊瑚珠引物之内龍神はやし女子供十七人
西川岸丁重蔵店宗次郎娘　さく十八才
右さく妹粂吉十六才
福嶋丁紀兵衛店昌作娘　しま十九才
数寄ヤ丁源兵衛店善次郎娘　くめ十七才
福島丁源蔵店庄七娘　ます十八才
同人方同居　なか十六才
新右衛門町八兵衛店又右衛門妹　のへ十七才
右のへ妹つや十二才
同人方同居　さた十五才
元濱丁家主喜右衛門娘　たつ十九才
長谷川(丁)新七店長蔵娘　ふで十八才
高砂丁家主半兵衛娘　きて十八才
通四丁め藤蔵店長十郎娘　ふさ十七才
長谷川丁茂右衛門店喜惣次娘　いの十九才
同丁茂八店藤七娘　ゑい十九才
新和泉丁平兵衛店定次郎娘　和歌吉十九才
同人店久兵衛娘　かね十八才

十八　牽牛織女之学ひ地走り踊子供弐人
牽牛　住吉丁六兵衛店半右衛門娘　鉄次十八才
織女　具足丁喜右衛門店虎次娘　梅次十七才
浄るり　通三丁め忠蔵店　常盤津若狭大夫
同　弓丁吉兵衛店古藤次方同居　同喜久大夫
三味線　同人店　岸沢佐藤次
同　山下町源六店　同　益吉
笛　新乗物丁宇兵衛店又七娘　たか十九才
同　堀江丁二丁め伊兵衛店喜兵衛娘　かつ十六才
（数寄や丁五人組持店　とよ十八才
喜三郎娘
小つゝミ　宇田川丁七兵衛店作十郎娘　さつ十六才
大コ　（大傳馬丁二丁め幸助店　せい十五才
傳左衛門娘
常盤丁五右衛門店傳次郎娘　まき十五才
（南傳馬丁三丁め新五郎娘　八重十五才
与兵衛娘
大つゝミ　鉄炮丁吉兵衛店卯之介娘　さく十六才

十九　菊角力の学ひ五人
（霊岸嶋長崎丁二丁め喜右衛門店登喜次十八才
与兵衛娘
南塗師丁茂八店吉兵衛娘　ふさ十八才
常盤丁又右衛門店傳次郎娘　ちよ十七才
南大工丁佐助店甚蔵娘　きせ十七才

南八丁堀二丁め代地庄八店　やえ十八才
長唄　岡安喜三郎
同　同　喜久三郎
同　芳村長三郎
同　岡安長右衛門
三味線　杵屋作十郎
同　同　金蔵
同　同　作太郎
同　同　作之助
笛　住田彦吉
同　同　虎七
小つゝミ　田中佐十郎
大つゝミ　同　傳次郎
同　同　万五郎
大こ　同　長吉
同　小泉長吉

二十　石橋の学ひ女踊子三人
石橋　下柳原同朋丁善右衛門娘　きく十九才
相方　豊嶋丁二丁め七兵衛店由兵衛娘　じう十五才
同　（大傳馬丁二丁め与右衛門店　千大夫方同居）　らく十五才
後見　（下柳原同朋丁善右衛門店　半次郎方同居）　こう十七才
長唄　芳村幸次郎
同　同　幸三郎
同　岡安喜二郎
同　同　喜平次
三味線　杵屋錦次郎
同　同　庄兵衛
同　同　三五郎
同　同　六太郎
笛　平田門十郎
同　同　門次郎
小つゝみ　田中涼玉
大つゝみ　西川源蔵
太こ　堅田喜惣次
同　太田市兵衛
三味線　杵や三郎助
同　同　善太郎

数寄屋町
廿一　菖蒲引地走り
（踊子）　（四ッ谷塩丁一丁め太郎兵衛店　岩次郎娘）　きん十七才
芝中門前二丁め家主甚兵衛娘　きの十七才

麹丁十三丁め家主弥兵衛娘　やゑ十六才
芝七軒丁傳兵衛店彦次郎娘　さき十六才
銀座四丁め喜右衛門店弥助娘　ミき十八才
長唄　神田鍛冶丁三丁め幸蔵店　冨士田勇蔵
同　四ッ谷坂丁庄衛門店　芳村幸十郎
同　岩井丁半助店　同　鉄五郎
三味線　品川本宿二丁め重蔵店　杵屋円蔵
同　同　錦十郎
同　芝土手跡丁六兵衛店　同　三之助
笛　芝金杦通三丁め三郎兵衛店　田中傳三郎
同　芝田町三丁め吉兵衛店　住吉彦八
小つゝミ　糀丁五丁め半兵衛店　西川冨次郎
同　芝中門前二丁め利助店　同　吉五郎
大つゝミ　露月丁与兵衛店　同　源次
太こ　三田四丁め仁三郎店　田中傳之助

廿二　牛若丸浄るり姫おどり台
踊子　銀座丁一丁め平兵衛店傳兵衛娘　たま十七才
同　同　ふて十五才
後見　同　福次十四才
長唄　深川黒松丁小兵衛店　岡安喜八
同　糀丁平川丁二丁め平兵衛店　同　喜代八
同　深川三十間堀八丁め甚八店　同喜与三郎
三味線　赤坂新町二丁め源兵衛店　杵屋弥十郎
同　長沢丁十兵衛店　同　新三郎
同　宇田川丁七兵衛店作十郎方同居　同　作十郎
笛　芝田川(町)二丁め平次郎店　住田正七
同　南鍛治丁二丁め弥兵衛店　同　千蔵
小つゝミ　京橋太田屋敷傳二郎方同居　田中長蔵
大つゝミ　本芝二丁め権左衛門店　望月吾吉
太こ　具足丁藤兵衛店　田中時之助
同　芝西應寺町源六店　西川正蔵

（裏表紙）
津屋氏

文化九年「日吉山王御祭礼番附」二枚続

竹内道敬氏蔵（竹内　二〇一七：一七～一九）

※番付上部の絵の部分は省略した

日吉山王御祭礼番附

文化九年申の六月十五日

一	大傳馬町	かんこのふきながし けいご大ぜいのぼり廿本
二	南傳馬町	岩にさるの出し てこまへあまたのぼり廿本
三ばん	麹町一二三	岩にさるの出し
	同　四五六	笠鉾馬のり小僧人形出し
	同　七八九十	笠鉾高さごの出し
	同　十一十二十三	かさぼこまハり桜の出し
	同　平川町一二	笠鉾小ぞう太こ打の出し
	同　平川町三 山元町	笠鉾猿田彦の出し
四	山王町　丸屋町 大坂町	水車にけんの出し
五	小舟町堀江町 堀留ほり江六軒町	二の宮御供
六	おけ町 附祭	松に羽衣の出し 楽器の造り物の出しひき物 三保の浦の景牽物 地踊末廣かり底ぬけ踊子二人 踊台羽衣おどり子壱人
七	本町一二三四 岩附町　金吹町 かわや町	弁てんの出し
八	駿河町両替町 鞘町品かわ町	春日龍神の出し
九	伊勢町せと物町 本小田わら町	氷室明神の出し
十	室町一二三 本舟町安針町 本町四丁め裏がし	加茂能人形の出し
十一	本石町一二三	一らい法師の出し
十二	西河岸町	高砂の出し
十三	本白銀町	佐ゝ木四郎の出し
十四	元乗物町　新石町 新かハや町　なべ町 かぢ町	せきだいに花の出し
十五	通新石町　須田町 連雀町	せきだいに牡丹の出し
十六	三河町かまくら町	月にすゝきの出し
十七	小網町一二三	あミうちの出し
十八	新材木町	月にすゝきの出し
十九	新乗物町	月にすゝきの出し
廿	さかい町　高砂町 ふきや町　住吉町 なにハ町	武さし野の出し

廿壱ばん	田所町 通油町 新大坂町 附祭り	龍神の出し 蜃気楼引物珊瑚珠造物 乙姫の御所龍の造物 踊やたい磯馴松対の汐汲 濱辺貝拾ひ手踊上下けいご大ぜい
廿二	長谷川町冨沢町	月にすゝきの出し
廿三	銀座町一二三四	ふんどうの出し
廿四	日本橋通一二三四 呉服町元大工町	神功皇后の出し
廿五	ひもの町 上まき町	おとひめの出し 浦島太郎の出し
廿六	本材木町一二三四	せきだいに花の出し
廿七	萬町　青物町 元四日市町	頼光の出し
同	佐内町	浦島太郎の出し
廿八	おが町 本材木町五六七	大鋸の出し
廿九	長崎町　本材木町 東湊町	茶せん茶びしやくの出し
三十	平松町　川セ石町 音羽町　南鍋町 新右衛門町	鯨つきの出し
卅一	箔屋町岩くら町 下槙丁福しま町	佐ゝ木の四郎出し
卅二	本八丁堀一二三四五	神功皇后の出し
卅三	本湊丁	ごへいにいかりの出し
卅四	附　にしこんや丁 祭　南こんや町 弓町	頼朝鶴ヶ岡の出し 四季の学ひ大六方引物 碁盤人形手踊子供大ぜい
卅五	竹川町いつも町丁 しばぐち町	素盞烏(鳴)尊の出し
卅六	弥左衛門町 新肴町	まさかり打違の出し
卅七	柳町本材木町八丁め 水谷町ぐそく町	頼義人形の出し
卅八	山下町南鍋町	玉の井龍神
卅九	新すきや町	作り花の出し
四十	南新堀南しほ町 霊岸嶋四日市町 箱崎町北新堀 大川ばた	やぶさめの出し
四十一	五郎兵へ町北こんや町	武内宿祢の出し
四十二	元飯田町	月にすゝきの出し
四十三	南大工町	ほうらいの出し
四十四	常盤町	僧正坊牛若の出し
四十五	れいがんじま 白銀町一二三四	しやぐ〴〵の出し
御輿三社　法師武者十騎		
附祭	弥左衛門新肴町	太神楽

板元　馬喰町壱丁目　木村屋しげ蔵

寛政四年（一七九二）「山王御祭礼出候町々小間割」表

（江戸町触九八四六号　近世史料研究会　一九九八：二三一～二三八）

※「〇間半」とあるのは原本通りとする

番組	町名	小間高	小間除
一	大伝馬町	369間	小間除
二	南伝馬町三丁分	370間	小間除
三	麹町一丁目	125間	
	同　二丁目	113間4尺6寸3分	
	同　三丁目	106間4尺2寸	
	同　四丁目	111間6尺4分	
	同　五丁目	111間5尺2寸	
	同　六丁目	101間4尺8寸	
	同　七丁目	113間5尺2寸	
	同　八丁目	108間3尺9寸	
	同　九丁目	88間5尺7寸	
	同　十丁目	61間5尺6寸	
	同十一丁目	118間半	
	同十二丁目	143間半	
	同十三丁目	128間1尺9寸	
	平河町一丁目	145間	
	同　二丁目	132間5尺8寸5分	
	同　三丁目	130間5尺8寸5分	
	山元町	142間3尺9寸	
	三番組合計	1985間4尺2寸7分	
四	山王町	97間5尺	
	南大坂町	75間1尺3寸6分	
	丸屋町	37間3尺4寸8分	
	四番組合計	210間3尺3寸4分	
五	小船町三丁分	182間4尺5分	小間除
	堀留町二丁分・堀江町・同六軒町	255間半	小間除
六	桶町	194間	
七	岩附町	36間	
	本町一丁目	127間	
	同　二丁目	112間半	
	同　三丁目	120間	
	同　四丁目	130間	
	本革屋町	54間半	
	金吹町	41間	
	七番組合計	620間	
八	駿河町	80間	
	品川町	75間	
	同裏河岸	91間半	
	北鞘町	123間半	
	本両替町	108間半	
	八番組合計	478間半	
九	伊勢町	189間	
	瀬戸物町	145間	
	本小田原町一丁目	121間2尺6寸5分	
	同　二丁目	46間半	
	九番組合計	501間半2尺6寸5分	
十	本船町	150間	
	室町一丁目	86間	
	同　二丁目	80間	
	同　三丁目	96間	
	安針町	41間半	
	本町三丁目裏河岸	9間	
	十番組合計	462間半	
十一	本石町一丁目	204間5尺3寸	
	本石町二丁目	160間半	
	本石町三丁目	160間半	
	本石町四丁目	216間5尺1寸5分	
	十一番組合計	742間3尺9寸5分	
十二	西河岸町	106間	
十三	本銀町一丁目	123間	
	同　二丁目	84間3尺2寸5分	
	同　三丁目	80間	
	同　四丁目	98間半	
	十三番組合計	386間	

寛政改革の「町法改正」による山王祭規制として同四年（一七九二）四月に町触九八四六号（近世史料研究会　一九九八）が出され、上表下「小間割減」の町々が附祭入用出銀免除となった。残りの氏子町に「小間三分掛」で徴収し、合計「銀四貫六百弐匁　此金七拾六両弐歩　銀拾弐匁六分五毛」を出銀させ、三組の附祭年番（世話番）町に対し、大神楽一組入用金二十両、附祭二組入用金（一組各二十八両）、計金七十六両が与えられた。

三組に限定された山王祭附祭のローテーションとして、例えば、文政元年（一八一八）より起算した「山王御祭礼附祭順番」（竹内　二〇一七：三三～三五）があり、一八四四年（弘化元）までの十四グループの附祭担当予定が記されている。一・二・五番組及び十四・十五番組（神田明神との二重氏子）は入っていないものの、御雇祭大神楽を担当する三十六番組は組み入れられている。文政元年のみ、「三番麹町　定踊台定太神楽　出銀多ニ付再度相勤候」、「四十四番　常盤町　定踊台」の二組であり、鬮で決められたのではない、と記されており、それ以外の十三グループは鬮引の予定と思われる。

「山王御祭礼附祭順番」

（竹内　二〇一七：三三～三五）

干支	附祭予定西暦年	山王祭番組
丙申	一八三六	三・十九・三十二
戊戌	一八三八	四・二十・三十三
庚子	一八四〇	六・二十一・三十四
壬寅	一八四二	七・二十二・三十五
甲辰	一八四四	八・二十三・三十六
戊寅（文政元年）	一八一八（起算）	三・四十四
庚辰	一八二〇	九・二十四・三十七
壬午	一八二二	十・二十五・三十八
甲申	一八二四	十一・二十六・三十九
丙戌	一八二六	十二・二十七・四十
戊子	一八二八	十三・二十八・四十一
庚寅	一八三〇	十六・二十九・四十二
壬辰	一八三二	十七・三十・四十三
甲午	一八三四	十八・三十一・四十五

組	町名	間数	備考
	元乗物町	８２間１尺１寸６分	小間除
	新革屋町	８６間５尺３寸５分	小間除
	新石町一丁目	１２２間	小間除
	本乗物・新革屋・新石町合計	２９１間１分	小間除
十四	神田鍛冶町一丁目	１２２間１尺６寸２分	小間除
	同　二丁目	１３０間半	小間除
	同　鍋町	１２０間	小間除
	同　東横町	４３間	小間除
	同　西横町	４１間	小間除
	同　北横町	５７間	小間除
	十四番組合計	５１３間半１尺６寸２分	小間除
十五	通新石町	１２０間	小間除
	須田町一丁目	６１間	小間除
	同　二丁目	１０９間	小間除
	連雀町	９５間	小間除
	十五番組合計	３８５間	小間除
十六	三河町一丁目	１２８間	小間除
	鎌倉町	９４間４尺３寸	小間除
	十六番組合計	２２２間４尺３寸	小間除
十七	小網町一丁目	６２間半	
	同　横町	３７間	
	小網町二丁目	９８間半	
	同　三丁目	１７７間半	
	十七番組合計	３７５間半	
十八	新材木町	１３６間	
十九	新乗物町	９９間	
二十	堺町	１０２間２尺	
	葺屋町	１０７間	
	住吉町	１２２間６尺３寸	
	同裏河岸	６０間２寸	
	難波町	１３２間	
	同裏河岸	７５間５尺４寸	
	高砂町	１２７間	
	二十番組合計	７２７間９寸	
二十一	新大坂町	８１間５尺	
	田所町	１７１間半	
	通油町	１５０間	
	二十一番組合計	４０３間１尺７寸５分	
二十二	長谷川町	１９８間半	
	富沢町	１６５間半	
	二十二番組合計	３６４間	
二十三	銀座一丁目	１１８間	
	同　二丁目	１２０間	
	同　三丁目	１３５間半	
	同　四丁目	１２５間	
	二十三番組合計	４９８間半	
二十四	通一丁目	１２０間	
	同二丁目	１２０間	
	同三丁目	１０８間１尺５寸	
	元大工町	９５間４尺５寸	
	呉服町	２５１間	
	二十四番組合計	８１４間６尺３寸	
二十五	檜物町	１９２間１尺６寸	
	上槙町	１３３間半	
	二十五番組合計	３２５間４尺８寸５分	
二十六	本材木町一・二丁目	１０３間	
	同　三・四丁目	１４１間	
	二十六番組合計	２４４間	
二十七	万町	６２間半	
	元四日市町	４７間	
	青物町	９４間	
	佐内町	９４間	
	二十七番組合計	２９７間半	
二十八	大鋸町	１０２間	
	本材木町五・六丁目	１０６間	
	同　七丁目	３７間	
	二十八番組合計	２４５間	

番組	町名	間数	
二十九	長崎町一丁目	１３３間	
	同　二丁目	８９間	
	霊岸島町	８４間	
	本湊町二丁分	３０３間	
	二十九番組合計	６０９間	
三十	平松町	８０間	
	音羽町	２６間半	
	小松町	３０間	
	川瀬石町	６３間半	
	南油町	３０間	
	新右衛門町	１５３間	
	榑正町	９２間	
	三十番組合計	４７５間	
三十一	箔屋町	８０間	
	岩倉町	２９間	
	下槇町	８０間	
	福島町	２９間	
	三十一番組合計	２１８間	
三十二	本八丁堀五丁分	２９４間３尺	
三十三	東湊町	１９９間半	
三十四	西紺屋町	１６２間半	
	南紺屋町	１７２間２尺５寸３分	
	弓町	１７９間５尺１寸３分	
	三十四番組合計	５１４間４尺４寸１分	
三十五	竹川町	１４０間５尺７寸２分	
	出雲町	４０間	
	芝口一丁目西側	１０１間半	
	三十五番組合計	２８２間２尺４寸７分	
三十六	新肴町	１２０間	
	弥左衛門町	１２０間	
	三十六番組合計	２４０間	
三十七	本材木町八丁目	３４間	
	柳町	９３間	
	具足町	８０間	
	水谷町一丁目	６１間半	
	三十七番組合計	２６８間半	
三十八	山下町	１２７間半	
	南鍋町一丁目	１２０間	
	三十八番組合計	２４７間半	
三十九	新数寄屋町	１２０間	
四十	南新堀町一丁目	１０７間	
	同　二丁目	９０間	
	霊岸島四日市町	１５０間	
	南塩町	１０８間	
	北新堀町	１３０間	
	箱崎町一丁目	２９間	
	大川端町	２５間	
	四十番組合計	６３９間	
四十一	五郎兵衛町	１１４間半	
	北紺屋町	９２間	
	四十一番組合計	２０６間半	
四十二	元飯田町	３０２間６尺２分	
四十三	南大工町	９５間１尺５寸	
四十四	常盤町	６０間２尺４寸	
四十五	霊岸島銀町一丁目	７０間	
	同　二丁目	１２３間	
	同　三丁目	３６間半	
	同　四丁目	２３間半	
	四十五番組合計	２５３間	

	計一六二町	
旅所	南茅場町（小間除）	１９８間半
惣小間高		１８２８８間５尺７寸９分
引	大伝馬町他十四ヶ所小間除	２９４８間５尺６寸８分
残		１６８３０間半２尺４寸５分
引	神田祭分	１３１６間半６尺５寸３分５厘
残		１５３４０間１寸１分

絵巻寸法一覧表（単位㎝）

測定／福原敏男

「江戸山王祭礼絵巻」 神田神社蔵

見返し	三〇・〇
切(布)地	一三・六
第一紙	一二・四
第二紙	四七・六
第三紙	四四・〇
第四紙	三・七
第五紙	四七・八
第六紙	四七・八
第七紙	三〇・〇
第八紙	一・四
第九紙	三四・五
第十紙	四八・〇
第十一紙	四八・〇
第十二紙	四七・七
第十三紙	五六・八
第十四紙	一五・〇
第十五紙	一・九
第十六紙	一四・六
第十七紙	八・三
第十八紙	六・〇
第十九紙	五・四
第二十紙	四七・六
第二十一紙	四七・七
第二十二紙	四八・〇
第二十三紙	四七・七
第二十四紙	三一・六
第二十五紙	五・五
第二十六白紙	二八・八
総長	八二二・四
天地	三一・三
天地本紙	二九・八

「江戸山王社天下祭絵巻」 たばこと塩の博物館蔵

第一紙	二五・五
第二紙	二九・七
第三紙	二九・七
第四紙	二九・七
第五紙	七・五
第六紙	八・〇
第七紙	二九・五
第八紙	二九・八
第九紙	二九・六
第十紙	二九・七
第十一紙	二九・八
第十二紙	二九・八
第十三紙	一〇・六
第十四紙	二八・七
第十五紙	二九・七
第十六紙	二九・六
第十七紙	二九・六
第十八紙	二九・六
第十九紙	二九・七
第二十紙	二九・六
第二十一紙	二九・八
第二十二紙	二九・九
第二十三紙	二七・九
第二十四紙	二九・一
第二十五紙	二九・七
第二十六紙	二九・六
第二十七紙	二九・一
第二十八紙	二九・〇
第二十九紙	二九・八
第三十紙	二九・八
第三十一紙	二九・七
第三十二紙	二九・七
第三十三紙	二九・四
第三十四紙	二九・四
第三十五紙	二九・七
第三十六紙	二九・九
第三十七紙	二九・七
第三十八紙	二九・七
第三十九紙	二九・八
第四十紙	二九・五
第四十一紙	二八・五
第四十二紙	二九・四
第四十三紙	二九・七
第四十四紙	二九・八
第四十五紙	二九・五
第四十六紙	二九・六
第四十七紙	二九・七
第四十八紙	二九・五
第四十九紙	二九・七
第五十紙	二九・八
第五十一紙	二九・五
第五十二紙	二九・七
第五十三紙	二八・二
第五十四紙	一二・九
本紙総長	一五一一・一
天地	四〇・〇
第八紙上貼紙縦寸	三九・三
第五二紙上貼紙縦寸	三九・二

「文政七年山王祭日本橋本石町・十軒店附祭絵巻」 個人蔵

見返し	三四・五
第一紙	三九・〇
第二紙	三九・六
第三紙	三八・二
第四紙	二五・四
第五紙	三二・二
第六紙	三九・五
第七紙	三二・三
第八紙	一三・七
第九紙	二八・五
第十紙	二二・四
第十一紙	一七・〇
第十二紙	三九・九
第十三紙	三九・八
第十四紙	三九・五
第十五紙	三九・二
第十六紙	二八・七
第十七紙	二二・七
第十八紙	二七・二
第十九紙	三九・三
第二十紙	三六・四
第二十一紙	四〇・〇
第二十二紙	三九・七
第二十三・二十四紙	七六・三
第二十五紙	三九・四
第二十六紙	一六・六
第二十七紙	三八・五
第二十八紙	三七・〇
第二十九・三十紙	六四・八
第三十・三十一紙	七九・二
第三十二紙	三八・八
第三十三紙（白紙）	二一・九
総長	一一六七・二
以下四ヶ所上貼紙縦寸	
墨染桜	一〇・〇
鵺退治	一一・八
布袋唐子	一〇・〇
官女	一二・八
天地幅	二七・五

※第二十三・二十四紙、第二十九・三十紙、第三十・三十一紙の三ヶ所のほぼ中間に紙継ぎがあるが、計測上の不備により詳細は不明である。

参考文献

朝倉治彦監修　一九七〇『古板地誌叢書』8　すみや書房

朝倉無声　一九二八『見世物研究』　春陽堂

渥美清太郎編著　一九三八『名曲解題　邦楽舞踊辞典』　冨山房

岩崎均史　一九九八「『江戸天下祭図屏風』の考察—祭礼史研究の観点から—」『國華』一二三七　朝日新聞社

植木行宣　二〇〇一『山・鉾・屋台の祭り—風流の開花—』　白水社

植木行宣・福原敏男　二〇一六『山・鉾・屋台行事—祭りを飾る民俗造形—』　岩田書院

植木行宣　二〇一七「笠鉾とその流れ—山・鉾・屋台の祭り研究拾遺Ⅰ—」『京都民俗』三五　京都民俗学会

江戸文化研究会編　一九八三『江戸祭り・縁日地図』　主婦と生活社

岡田万里子　二〇一三『京舞井上流の研究』　思文閣出版

亀川泰照　二〇〇七「祭礼番附の見方」都市と祭礼研究会編『天下祭読本—幕末の神田明神祭礼を読み解く』　雄山閣出版

亀川泰照　二〇〇八「祭礼番附と江戸地本問屋　森屋治兵衛」江戸東京近郊地域史研究会編『地域史・江戸東京』　岩田書院

川添裕・木下直之・橋爪紳也編著　二〇〇三『見世物はおもしろい』　平凡社

菊池貴一郎　二〇〇三『江戸府内絵本風俗往来』　青蛙房　（初出）一九〇五

岸川雅範　二〇一七『江戸天下祭の研究　近世近代における神田祭の持続と変容』　岩田書院

喜田川守貞・宇佐見英樹校訂　二〇〇一『守貞謾稿』四　岩波文庫

木下直之・福原敏男編著　二〇〇九『鬼がゆく—江戸の華　神田祭—』　平凡社

京都文化博物館・京都新聞社編　二〇〇一『こころの交流　朝鮮通信使』展図録　京都文化博物館・京都新聞社

近世史料研究会編　一九六六『正宝事録』三　日本学術振興会

近世史料研究会編　一九九四a『江戸町触集成』一　塙書房

近世史料研究会編　一九九四b『江戸町触集成』二　塙書房

近世史料研究会編　一九九五『江戸町触集成』四　塙書房

近世史料研究会編　一九九八『江戸町触集成』九　塙書房

近世史料研究会編　一九九九『江戸町触集成』一二　塙書房

窪徳忠　一九六〇「庚申縁起話」『庚申』一七　庚申懇話会

黒板勝美・国史大系編修会編　一九六四～六六『徳川実紀』『改訂増補　国史大系』三八～四七　吉川弘文館

黒板勝美・国史大系編修会編　一九六六～六七『続徳川実紀』『改訂増補　国史大系』四八～五二　吉川弘文館

黒田日出男・ロナルド＝トビ　一九九四『朝日百科日本の歴史別冊　歴史を読みなおす』一七「行列と見世物」　朝日新聞社

黒田日出男　二〇一〇『江戸図屏風の謎を解く』　角川書店

小玉道明編著　二〇一五『伊勢商人西村広休の本草物産学』　光出版

小藤田正夫　二〇一三「試論　山王・神田明神に見る大祭礼の成立と変遷」『翟巣通信』六　市井人・斎藤月岑に学ぶ会

小藤田正夫　二〇一六「最古の神田祭礼番附—『宝永三年神田祭礼番附道筋』を読む—」『翟巣通信』九　市井人・斎藤月岑に学ぶ会

斎藤月岑・朝倉治彦校注　一九七〇『東都歳事記』二　平凡社東洋文庫

斎藤月岑・今井金吾校訂　二〇〇三a『定本　武江年表』上　筑摩書房

斎藤月岑・今井金吾校訂　二〇〇三b『定本　武江年表』中　筑摩書房

榊原悟　一九九八「『江戸天下祭図屏風』について」『國華』一二三七　朝日新聞社

作美陽一　一九九六『大江戸の天下祭』　河出書房新社

常誉摂門・山田勘蔵補記　一九七五「相可」『南勢雑記』　三重県郷土資料刊行会

鈴木棠三・小池章太郎編　一九八七『藤岡屋日記』一　三一書房

鈴木淳・小高道子編　二〇〇〇『近世随筆集』新編日本古典文学全集八二　小学館

滝口正哉　二〇一三「解題」千代田区教育委員会編『千代田区の古文書』2　千代田区教育委員会

滝口正哉　二〇一七「麹町三丁目伝来の山車人形・神酒所幕—山王祭解明の手掛かりとして—」『風俗史学』六四　風俗史学会

多気町多気郷土資料館編　二〇一六「多気町郷土資料館だより『遙　たき』」八二（十月一日号）　多気町多気郷土資料館

竹内道敬編著　二〇一七『江戸の祭礼　資料集成　その壱　一枚番付』　南窓社

たばこと塩の博物館編　二〇〇三『大見世物　江戸・明治の庶民娯楽』展図録　たばこと塩の博物館

たばこと塩の博物館編　二〇〇七『風俗画と肉筆浮世絵　たばこと塩の博物館所蔵肉筆絵画撰』　たばこと塩の博物館

千代田区編　一九九八「第七章　第七節　天下祭」『新編　千代田区史　通史編』（豊田和平執筆）　千代田区

千代田区教育委員会編　一九七〇『江戸型山車のゆくえ』（村田桂一執筆）　千代田区

千代田区教育委員会・千代田区立四番町歴史民俗資料館編　二〇〇一『江戸の郷土誌』　千代田区教育委員会・千代田区立四番町歴史民俗資料館

千代田区教育委員会編　二〇〇八「与力同心諸出役勤方」『原胤昭旧蔵資料調査報告書（1）』（滝口正哉翻刻ｐ170～171）　千代田区教育委員会

千代田区図書館編　一九七〇『神田の祭—その周辺—』（鈴木理生執筆）　千代田区

千代田区役所編　一九六〇『千代田区史　上巻』　千代田区役所

千代田区教育委員会・千代田区立四番町歴史民俗資料館編　一九九九『続・江戸型山車のゆくえ～天下祭及び祭礼文化伝播に関する調査・研究報告』（豊田和平・村田桂一執筆）　千代田区教育委員会・千代田区立四番町歴史民俗資料館

辻惟雄　一九九八「新出『江戸天下祭図屏風』の特輯について」『國華』一二三七　朝日新聞社

土浦市立博物館編　二〇〇二『土浦藩絵師岡部洞水—知られざる狩野派の画人—』展図録　土浦市立博物館

帝国図書館編　一九三六『帝国図書館和漢図書書名目録　自明治四十五年一月至大正十五年十二月　増加　第四篇　ア—サ』　帝国図書館

東京国立博物館編　一九八五『朝鮮通信使—近世二〇〇年の日韓文化交流』展図録　東京国立博物館

東京市日本橋区　一九三七『新修日本橋区史　上巻』　東京市日本橋区

東京市役所編　一九三九『東京市史外篇　四　天下祭』（安藤直方執筆）　東京市役所

東京大学史料編纂所編　一九六三「諸問屋再興調」旭『大日本近世史料』「諸問屋再興調」五　東京大学出版会

東京都編　一九三八『東京市史稿』市街篇二一　東京都

東京都編　一九七二『東京市史稿』産業篇一六　東京都

都市と祭礼研究会編　二〇〇七『天下祭読本—幕末の神田明神祭礼を読み解く』　雄山閣出版

都市と祭礼研究会編　二〇一一『江戸天下祭絵巻の世界—うたい　おどり　ばける—』　岩田書院

豊田和平　一九九九「天下祭と江戸の祭礼文化」加藤貴編著『大江戸　歴史の風景』　山川出版社

内藤正人　二〇〇五『浮世絵再発見　大名たちが愛でた逸品・絶品』　小学館

内藤正人　二〇一二『勝川春章と天明期の浮世絵美人画』　東京大学出版会、

仲尾宏　二〇〇一「馬上才」『朝鮮通信使とその時代』　明石書店

日本随筆大成編輯部編　一九七四『江戸雀』『日本随筆大成』第二期第十巻　吉川弘文館

日本随筆大成編輯部編　二〇〇七『半日閑話』『日本随筆大成』第一期第八巻　吉川弘文館

野島寿三郎編　一九九二『歌舞伎浄瑠璃外題事典』　日外アソシエーツ

八反裕太郎　二〇一一「国立国会図書館蔵『神田明神御祭礼御用御雇祭絵巻』について—浮世絵師の肉筆祭礼絵巻研究序説—」都市と祭礼研究会編『江戸天下祭絵巻の世界—うたい　おどり　ばける—』　岩田書院

八反裕太郎　二〇一八『描かれた祇園祭—山鉾巡行・ねりもの研究』　思文閣出版

日枝神社編　一九七九『日枝神社史　全』　日枝神社御鎮座五百年奉賛会

日比谷孟俊　二〇一四「浮世絵から見た歌舞伎、吉原俄、天下祭における相互の関わりと吉原男芸者の役割—河東節　山彦新次郎父子を例として—」太田記念美術館編『太田記念美術館紀要　浮世絵研究』五号　太田記念美術館

平賀源内先生顕彰会編　一九三四『平賀源内全集』下巻　平賀源内先生顕彰会

福井県立若狭歴史民俗資料館編　一九九八『おまつり　おはやし　おどり—若狭の祭礼・山車・風流—』展図録　福井県立若狭歴史民俗資料館

福原敏男　二〇〇七「国芳が描いた天下祭」都市と祭礼研究会編『天下祭読本—幕末の神田明神祭礼を読み解く』　雄山閣出版

福原敏男　二〇一二a『江戸最盛期の神田祭絵巻—文政六年御雇祭と附祭—』　渡辺出版

福原敏男　二〇一二b「行列のパフォーマンス—練る・踟る・邌る—」『行列にみる近世—武士と異国と祭礼と—』展図録　国立歴史民俗博物館

福原敏男　二〇一二c「行列を読む⑫江戸天下祭図屏風」『行列にみる近世—武士と異国と祭礼と—』展図録　国立歴史民俗博物館

福原敏男　二〇一二d「行列を識る⑨国芳が描いた江戸山王祭駿河町踊台」『行列にみる近世—武士と異国と祭礼と—』展図録　国立歴史民俗博物館

福原敏男・八反裕太郎　二〇一三『祇園祭・花街ねりものの歴史』　臨川書店

福原敏男　二〇一五『江戸の祭礼屋台と山車絵巻—神田祭と山王祭—』渡辺出版

福原敏男　二〇一七a「描かれた近世の祭礼」『國學院大學研究開発推進機構紀要』九　國學院大学研究開発推進機構

福原敏男　二〇一七b「江戸後期神田祭の曳物と山車」神田神社編『江戸総鎮守神田明神論集Ⅰ』　神田神社

福原敏男　二〇一七c「祭礼風流の万度・万灯・額—近世都市祭礼の事例—」『日本民俗学会第69回年会要旨集』　日本民俗学会年会実行委員会編集・発行

福原敏男　二〇一七d「文化十一年（一八一四）山王御祭礼附祭共一式控　岩附町—江戸山王祭第七山車番組史料—」『武蔵大学人文学会雑誌』四八—二

福原敏男　二〇一八「小林永濯が描いた幕末の山王祭—『温古年中行事　第三集』より—」『山王』一三二　日枝神社

平凡社地方資料センター編　二〇〇二『東京都の地名』　平凡社

前原恵美子　二〇一七「江戸祭礼と歌舞伎をめぐる三味線音楽演奏者の動向—常磐津節を中心に—」神田神社編『江戸総鎮守神田明神論集Ⅰ』　神田神社

松浦静山・中村幸彦・中野三敏校訂　一九七七『甲子夜話』1　平凡社東洋文庫

森銑三・鈴木棠三・朝倉治彦　一九七一『我衣』『日本庶民生活史料集成』一五　都市風俗　三一書房

森銑三・北川博邦監修　二〇〇七『寛保延享江府風俗誌』『続日本随筆大成別巻8　近世風俗見聞集』8　吉川弘文館

山路興造　一九七九「祭礼　序」『日本庶民生活史料集成』二二　祭礼　三一書房

山路興造他編　一九七九『茉莉花』『日本庶民生活史料集成』二二　祭礼　三一書房

李燦雨　二〇一四「日韓身体運動文化交流史に関する一考察—日本に伝承する朝鮮曲馬—」『いばらき健康・スポーツ科学』三一　日本体育学会茨城支部

李燦雨　二〇一五「江戸時代における朝鮮馬術の伝来と継承：藤森神社の駈馬神事を中心に」『筑波大学体育系紀要』三八　筑波大学体育系

国立国会図書館「デジタルコレクション」www.ndl.go.jp/

国立歴史民俗博物館「歴博画像データベース」www.rekihaku.ac.jp/

蹉跎庵主人「見世物興行年表」http://blog.livedoor.jp/misemono/

謝辞

先ず、貴重な御所蔵史料の写真掲載・翻刻を快く御許可いただいた神田神社・国立国会図書館・国立歴史民俗博物館・竹内道敬氏・たばこと塩の博物館・東京都立中央図書館・日枝神社（五十音順）に深く感謝する次第です。

また、岸川雅範・木塚久仁子・小玉道明・小藤田正夫・伊久裕之・塩谷弘子・清水祥彦・大東敬明・滝口正哉・竹内道敬・田中興平・谷田有史・西岡陽子・西瀬英紀・西村修久・平野恵・松田清・山瀬一男の諸氏（個人五十音順）には多くの御協力・御教示をいただきました。

さらに、日枝神社（宮西修治宮司）・神田神社（大鳥居信史宮司）・東京建物（株）・三重県多気町の多気郷土資料館・（株）南窓社・千代田区立日比谷図書文化館・土浦市立博物館に多大なる御協力をいただき、篤く御礼申し上げます。

本書掲載の文政七年「山王御祭礼御免番附」（東京都立中央図書館蔵）の翻刻は、筆者担当の武蔵大学の演習にて行ったものです。参加した学部学生の沼賀健一郎・中島美芙由・福島千尋・児玉寿美諸君に教えられることも多く、最終的には筆者の文責で原稿化しました。

いつもながら、学術的ビジュアル本をセンス溢れるレイアウトで仕上げてくださったニューカラー写真印刷（株）の西岡幸一郎氏、快く委託販売をお引き受けくださった岩田書院、岩田博氏に感謝申し上げます。

第二次大戦真珠湾攻撃直前の一九四一年秋、柳田国男は現東京大学において、主として理工農医学部の幹部候補の学生（文学部は少なかった）に対して、六回にわたって祭についての講義を行いました（『日本の祭』柳田國男全集13、ちくま文庫、一九九〇）。その「祭から祭礼へ」の冒頭に、有名な一文があります。

日本では「祭」というたった一つの行事を透《とお》してでないと、国の固有の信仰の古い姿と、それが変遷して今ある状態にまで改まって来ている実情とは、窺い知ることはできない。

柳田は表面的なニュアンスの「通して」ではなく、固有信仰を求めて、夾雑物をフィルターで漉し、眼光紙背に徹するが如き「透して」の字を使いました。現在だけでなく、古い姿から今ある状態への変遷を知り、つなぐことが自らの使命だと語りかけました。

今改めて、この研究姿勢に学びたいと思います。

江戸時代中期から幕末まで、江戸の山王祭と神田祭こそ徳川幕府権力を背景とする日本最大の祭りでした。氏子町人たちは自ら楽しむのみでなく、支配者に経済的な援助を受けつつも、ここぞとばかり、意地を立てようとする機会でもありました。

しかしながら明治以降、特に戦後の首都大変貌により、この二つの祭礼も大きな影響を蒙り、祭礼研究史においても遅れをとりましたが、近年、ようやく江戸祭礼の出し物（氏子側行事）研究も活発になりつつあります（贔屓目かもしれませんが）。

本書は山王祭における氏子町人の活動に焦点を絞ったので、山王権現の祭神や神輿渡御、神職や別当については触れる余裕がありませんでした。もちろん、祭礼とは「有機的に一体化した総合的文化」であり、本書ではその氷山の一角をなぞったに過ぎません。

また、山王祭を神田祭と対比し、江戸祭礼全体のなかで位置付け、さらに関東（東日本）の練物・傘鉾・山車・屋台文化の拠点として考察すること等、多くの課題が残されていますが、微力ながら今後に期したいと思います。

最後になりますが、本書刊行に際し、勤務校の「武蔵大学研究出版助成」を受けたことを記します。

著者略歴

一九五七年東京生。国学院大学大学院文学研究科修士課程修了、同大学論文博士（民俗学）。大阪市立博物館学芸員・国立歴史民俗博物館助教授・総合研究大学院大学助教授・日本女子大学教授を経て、現在、武蔵大学人文学部教授、国学院大学大学院非常勤講師。

主な単著・共著・編著書に、大阪市立博物館編『社寺参詣曼荼羅―絵は誘う 霊場のにぎわい―』（大阪市立博物館、一九八七）、大阪市立博物館編『社寺参詣曼荼羅』（平凡社、一九八七）、国立歴史民俗博物館編『描かれた祭礼』（国立歴史民俗博物館、一九九四）以上三著には福原敏男全文執筆記載有。単著『祭礼文化史の研究』（法政大学出版局、一九九五）、単著『神仏の表象と儀礼―オハケと強飯式―』（国立歴史民俗博物館振興会、二〇〇三）、木下直之・福原敏男編著『鬼がゆく―江戸の華 神田祭―』（平凡社、二〇〇九）、単著『江戸最盛期の神田祭絵巻―文政六年 御雇祭と附祭―』（渡辺出版、二〇一二）、単著『西条祭礼絵巻―近世伊予の祭礼風流―』（西条市総合文化会館、二〇一二）、単著『幕末江戸下町絵日記―町絵師の暮らしとなりわい―』（渡辺出版、二〇一三）、単著『京都の砂持風流絵巻―武蔵大学図書館蔵絵巻―』（渡辺出版、二〇一四）、福原敏男・八反裕太郎共著『祇園祭・花街ねりものの歴史』（臨川書店、二〇一三）、福原敏男・笹原亮二編著『造り物の文化史―歴史・民俗・多様性―』（勉誠出版、二〇一四）、笹原亮二・西岡陽子・福原敏男共著『ハレのかたち―造り物の歴史と民俗―』（岩田書院、二〇一四）、単著『江戸の祭礼屋台と山車絵巻―神田祭と山王祭―』（渡辺出版、二〇一五）、福原敏男・西岡陽子・渡部典子編著『一式造り物の民俗行事―創る・飾る・見せる―』（岩田書院、二〇一六）、植木行宣・福原敏男共著『山・鉾・屋台行事―祭りを飾る民俗造形―』（岩田書院、二〇一六）、単著『円覚寺弁才天洪鐘祭附祭絵巻研究成果報告書』（かながわの伝統文化の継承と創造プロジェクト実行委員会、二〇一七）、福原敏男他編著『金屋子神縁記―たたらの神の物語―』（武蔵大学福原敏男研究室、二〇一八）など。

江戸山王祭礼絵巻
―練物・傘鉾・山車・屋台―

発行日　二〇一八年三月三〇日　第一刷発行

著　者　福原敏男

発行所　有限会社 岩田出版
代表　岩田　博
〒一五七-〇〇六二
東京都世田谷区南烏山四-二五-一〇三
TEL〇三-三三二六-三七五七
FAX〇三-三三二六-六七八八
http://www.iwata-shoin.co.jp

印　刷　ニューカラー写真印刷株式会社

編　集　西岡幸一郎

デザイン　清水ますみ

ISBN978-4-86602-806-4 C3039